刑事复审程序中的证据规则

以问题和案例为中心

郑未媚／著

中国检察出版社

图书在版编目（CIP）数据

刑事复审程序中的证据规则——以问题和案例为中心 /郑未媚著. —北京：中国检察出版社，2017. 7
ISBN 978 - 7 - 5102 - 1943 - 6

Ⅰ. ①刑… Ⅱ. ①郑… Ⅲ. ①刑事诉讼 - 证据 - 规则 - 研究 - 中国 Ⅳ. ①D925. 213. 4

中国版本图书馆 CIP 数据核字(2017)第 197549 号

刑事复审程序中的证据规则——以问题和案例为中心

郑未媚　著

出版发行：中国检察出版社
社　　址：北京市石景山区香山南路 109 号（100144）
网　　址：中国检察出版社（www. zgjccbs. com）
编辑电话：(010)86423704
发行电话：(010)86423726　86423727　86423728
　　　　　(010)86423730　68650016
经　　销：新华书店
印　　刷：河北省三河市燕山印刷有限公司
开　　本：A5
印　　张：7. 625
字　　数：202 千字
版　　次：2017 年 7 月第一版　　2017 年 7 月第一次印刷
书　　号：ISBN 978 - 7 - 5102 - 1943 - 6
定　　价：30. 00 元

引　言

从语词的角度而言，证据规则一词来自于英美法系，是对英美法中“evidence”或者“rule of evidence”的翻译。在我国台湾地区将其译为“证据法则”。在英美法系，证据规则是指“那些在庭审中或者审理中对证据的可采性问题起支配作用的规则”。[①] 英美证据规则作为普通法的一部分存在，也体现在美国《联邦证据规则》以及英国《1984 年警察与刑事证据法》中，其重点在于证据的可采性。而大陆法系严格意义上并没有典型的可采性规则，但是对证据的规定也有自己的特色，比如自由心证及制约规则、德国的证据禁止。

在我国证据理论中，对于证据规则的研究和讨论由来已久。对于证据规则的界定并没有统一的概念。一般认为证据规则是指在诉讼中收集、审查、判断证据应当遵循的规则。[②] 20 世纪 90 年代初，伴随着对证据立法的关注，学术界对证据规则的研究也呈现出一片欣欣向荣的局面，当时主要集中在对英美法系相关证

---

① 宋英辉：《刑事诉讼法学研究述评（1978—2008）》，北京师范大学出版社 2009 年版，第 589 页。

② 参见陈光中主编：《证据法学》，法律出版社 2011 年版，第 226 页。笔者认为，应当区分证据原则、证据制度和证据规则，证据原则是证据运用的一般原则，而证据制度和证据规则有交叉，是原则的细化，前者侧重制度，而后者侧重于规则，更加有操作性。

据规则的介绍上。[①] 随着研究的深入，尤其是1997年《刑事诉讼法》贯彻实施以后，学术界的关注重点转为如何在中国构建自己的证据规则体系。既有专门的证据立法的研究，[②] 也有作为《刑事诉讼法》再修改重要组成部分的研究。[③] 随着《刑事诉讼法》再修改的推进，对于证据规则的研究日益深入。笔者认为真正从理论层面到实践层面的飞跃发生在2010年。最高人民法院、最高人民检察院、公安部、国家安全部和司法部联合颁布了《关于办理死刑案件审查判断证据若干问题的规定》《关于办理刑事案件排除非法证据若干问题的规定》（以下简称《办理死刑案件证据规定》《非法证据排除规定》，合称“两个证据规定”）两个有关刑事证据的重要司法解释性文件。自此，我国从立法层面上有了初步的具有自己特色的证据规则体系。其中，《非法证据排除规定》最受人瞩目。正如陈瑞华教授指出的“这两部具有司法解释效力的法律文件的颁布实施，标志着中国非法证据排除规则的框架结构初步形成”“无论在实体构成性规则还是在程序实施性规则上，中国新实施的两部司法解释都确立了一种新的

---

① 参见毕玉谦、郑旭、刘善春主编：《诉讼证据规则研究》（中国法制出版社2000年版）等综合性证据规则著作；《刑事证据法大全》（〔美〕乔恩·R. 华尔兹著，何家弘译，中央民族大学出版社1995年版）、《外国证据法选译》（何家弘、张卫平主编，人民法院出版社2000年版）、《外国证据法》（何家弘主编，法律出版社2003年版）、《美国证据规则》（刘晓丹主编，中国检察出版社2003年版）等介绍外国的教材和著作；江伟主编：《证据法学》（法律出版社1999年版），何家弘、刘品新：《证据法学》（法律出版社2004年版）等证据法学教材。

② 当时影响比较大的项目和著作有：陈光中主编：《中华人民共和国刑事证据法专家拟制稿（条文释义与论证）》，中国法制出版社2004年版；张保生主编：《〈人民法院统一证据规定〉司法解释建议稿及论证》，中国政法大学出版社2008年版；江伟主编：《中国证据法草案（建议稿）及立法理由书》，中国人民大学出版社2004年版；毕玉谦等：《中国证据法草案建议稿及论证》，法律出版社2003年版。还有一些民法学者如中国人民大学王利明教授主持起草民事证据立法活动，建议将民事证据立法纳入实体法范畴。

③ 参见陈卫东：《模范刑事诉讼法典》，中国人民大学出版社2005年版；徐静村：《中国刑事诉讼法（第二修正案）学者拟制稿及立法理由》，法律出版社2005年版。

非法证据排除规则。甚至可以说，两部证据规定的颁行，意味着出现了非法证据排除规则的‘中国模式’”。[①] 2012 年《刑事诉讼法》的修改以法典的形式巩固了“两个证据规定”的主要成果，紧接着出台的最高人民法院《关于适用〈中华人民共和国刑事诉讼法〉的解释》（以下简称最高人民法院《司法解释》）细化了个别内容，以专章形式规定了证据。[②] 上述立法关于证据规定的细化体现了证据理论研究的贡献，更为重要的是为证据规则的具体适用提供了法律依据，而司法实践的探索又为促进理论深入和立法完善提供了操作范本和实践的素材。

可以说，我国学者近 10 年来对刑事证据法尤其是刑事证据规则给予了很大的关注，其研究也已经从单纯的介绍转向如何在中国确立和适用。但总体而言，研究的细致、深入程度还不够，还不能很有效地指导司法实践，理论和实践存在一定的脱节。笔者从事法官教育培训工作十余年，每年接触大量从事审判实践一线的刑事法官，法官们反映由于社会处于转型期，存在相当的问题法律没有规定或者规定过于粗疏，而理论上的指导也不够。从研究内容而言，目前对证据规则的研究往往自觉不自觉地局限在初审程序里，本课题涉及的刑事复审程序中的证据规则尚没有专门研究成果；从研究视角而言，对中国问题、中国特色挖掘不够；从研究方法看，实证研究、其他部门法学及法学之外的其他学科知识的借鉴还有待深入。

因此，笔者试图从刑事复审程序的角度出发，立足中国实践，从刑事法官提供的问题和案例出发，尝试用证据法基本理论分析探讨实践中的证据运用问题（重点在于证据规则），并加以理论上的总结。笔者认为，由于中国复审程序中事实审的存在和

---

① 陈瑞华：《刑事证据法的理论问题》，法律出版社 2015 年版，第 60 ~ 61 页

② 这部共 24 章、548 条、7 万余字的司法解释，是最高人民法院历史上条文最多、篇幅最长的司法解释，它自 2013 年 1 月 1 日起与修改后的《刑事诉讼法》同步施行。其中证据规定在第 4 章（第 61 ~ 112 条，共 52 条），包括非法证据排除等 9 节内容。

重要性，证据规则非常重要；除了一些共性的东西外，由于初审程序和复审程序有着不同的功能定位，决定了直接规范诉讼证明活动的证据规则在复审程序中的具体内容和运用有着自身的特点。笔者在书中首先对证据规则运用的程序法背景、复审程序与证据规则以及几个主要的证据规则进行了探讨，着重于理论上和比较法上的分析。然后从收集到的问题和案例出发，分别探讨二审程序、死刑复核程序和再审程序中的证据运用，着重于实务分析。由于能力、时间和篇幅的限制，本书主要是从刑事审判的视角出发，围绕认证活动研究证据规则。

笔者希望通过自己微薄的努力，丰富证据理论，深化对刑事证据规则的研究，有助于中国司法实践中证据问题的解决，有助于提升刑事法官办案能力。

目 录

下篇　司法适用

上篇

理论探讨

第一章 刑事证据规则的程序法背景

第一节 《刑事诉讼法》和司法制度的宏观背景

一、2012 年《刑事诉讼法》的修改

现行《刑事诉讼法》是 1979 年制定，经过了 1996 年和 2012 年两次修改。由于我国立法采取的是诉讼法和证据法合一的模式，刑事诉讼法所确立的原则和制度包括规范证据运用的原则和制度。同时，刑事诉讼基本原则和具体程序的规定与证据的运用是密切相关的，一系列证据规则是在正当程序的背景下展开的。

2012 年《刑事诉讼法》的修改具有里程碑的意义。全国人大常委会法工委从 2009 年初[①]开始着手《刑事诉讼法》修改方案的研究起草工作。在多次听取全国人大代表和各方面意见的基础上，经反复与中央政法机关和有关单位共同研究，形成了《刑事诉讼法》修正案草案稿。2011 年 8 月，十一届全国人大常委会第二十二次会议对《刑事诉讼法》修正案草案进行了初次审议。会后，将草案印发中央有关部门和有关方面征求意见，中

① 其实 2012 年《刑事诉讼法》修改历程远比这要艰难，2000 年左右理论界就开始关注证据立法，2003 年《刑事诉讼法》再修改列入十届人大立法规划。2006～2007 年召开几次专家座谈会，存在意见分歧，因此立法一直没有推进。2007 年开始随着司法改革进程的深化，如死刑复核权回收，《律师法》修改，“两个证据规定”出台，量刑规范化改革等，再修改也得到了推进。2009 年再次列入十一届人大的立法规划。

国人大网站全文公布草案向社会征求意见。根据常委会组成人员的审议意见和各方面意见，对修正案草案进行了修改完善。2011年12月，常委会第二十四次会议对《刑事诉讼法》修正案草案进行了再次审议。委员们认为，修正案草案经过常委会两次审议，吸收了常委会组成人员的审议意见和各方面意见，已趋成熟。会议决定将修正案草案提请十一届全国人大五次会议审议。2012年3月14日，十一届人大五次会议通过《关于修改〈中华人民共和国刑事诉讼法〉的决定》。

根据立法部门的说明，在修改过程中注意把握了以下几个问题：一是坚持从我国基本国情出发，循序渐进地推进我国刑事诉讼制度的完善。二是坚持统筹处理好惩治犯罪与保障人权的关系。《刑事诉讼法》的修改完善，既要有利于保证准确及时地查明犯罪事实，正确应用法律，惩罚犯罪分子，又要保障无罪的人不受刑事追究，尊重和保障人权，保护公民的诉讼权利和其他合法权利。三是坚持着力解决在惩治犯罪和维护司法公正方面存在的突出问题。通过深入调查研究，加强与各有关方面的沟通协调，努力形成共识，解决司法实践中的突出问题。同时，注意发挥法律的引导作用，为刑事诉讼活动提供明确的法律规范。①

概括而言，这次立法修改围绕人权保障的主线，对证据制度、辩护制度、审判程序等都进行了修改：将“尊重和保障人权”写入《刑事诉讼法》；重点完善了非法证据排除制度，强化证人出庭和保护制度；重点完善了逮捕、监视居住的条件、程序和采取强制措施后通知家属的规定；重点完善了讯问犯罪嫌疑人的程序和必要的侦查措施，同时，强化对侦查措施的规范和监督，防止滥用；进一步完善了审判程序中的重要环节，调整简易程序适用范围，完善第一审程序以及二审、再审和死刑复核程

① 参见全国人民代表大会常务委员会副委员长王兆国关于《中华人民共和国刑事诉讼法修正案（草案）》的说明——2012年3月8日在第十一届全国人民代表大会第五次会议上。

序；增加特别程序规定，即未成年人刑事案件诉讼程序，公诉案件的和解程序，犯罪嫌疑人、被告人逃匿、死亡案件违法所得的没收程序，依法不负刑事责任的精神病人的强制医疗程序等。这次修改增删改共计149条，增加66条，修改82条，删除1条，涉及面非常广。

审判是决定被告人是否构成犯罪和判处刑罚的关键阶段，因此刑事审判程序的完善特别受到关注。

第一，调整简易程序适用范围，完善第一审程序。在保证司法公正的前提下，适当调整简易程序的适用范围，实行案件的繁简分流，有利于提高诉讼效率。将适用简易程序审判的案件范围，修改为基层人民法院管辖的可能判处有期徒刑以下刑罚、被告人承认自己所犯罪行的案件。同时，根据审判工作实际，对第一审普通程序中的案卷移送制度、开庭前的准备程序、与量刑有关的程序、中止审理的程序等作了补充完善。其中庭前会议是一项崭新的制度设计。

第二，明确第二审应当开庭审理的案件范围，对发回重审作出限制规定。为保证案件的公正审理，进一步明确了第二审应当开庭审理的案件范围，增加规定：上诉人对第一审认定的事实、证据提出异议，可能影响定罪量刑的，被告人被判处死刑的上诉案件等，第二审人民法院应当开庭审理。为避免案件反复发回重审，久拖不决，增加规定：对于因事实不清楚或者证据不足，第二审人民法院发回原审人民法院重新审判的案件，原审人民法院再次作出判决后，被告人提出上诉或者人民检察院提出抗诉的，第二审人民法院应当依法作出判决或者裁定。

为落实上诉不加刑原则，避免发生在上诉案件中第二审人民法院发回重审，下级人民法院在重审中加刑的情况，增加规定：第二审人民法院发回重新审判的案件，除有新的犯罪事实，人民检察院补充起诉的以外，原审人民法院也不得加重被告人的刑罚。

第三，对死刑复核程序的改革。为体现适用死刑的慎重，进一步保证死刑复核案件质量，加强对死刑复核程序的法律监督，增加规定：最高人民法院复核死刑案件，应当讯问被告人，辩护律师提出要求的，应当听取辩护律师的意见。在复核死刑案件过程中，最高人民检察院可以向最高人民法院提出意见。最高人民法院应当将死刑复核结果通报最高人民检察院。

第四，对审判监督程序进行补充完善。通过审判监督程序对确有错误的生效判决、裁定予以纠正，有利于确保案件质量，维护司法公正。规定对申诉案件决定重审的条件，指令原审人民法院以外的下级人民法院审理，人民检察院派员出席法庭，再审案件强制措施的决定程序，原判决、裁定的中止执行等内容作了补充完善。

2012 年《刑事诉讼法》修改过程反映了刑事诉讼涉及的公权力主体的多样性，权力重新配置的难度；而且这次修改过程司法机关介入高，许多制度都是司法改革成果的立法化，这样也便于《刑事诉讼法》的贯彻实施。

二、刑事证据制度的新发展

1996 年《刑事诉讼法》第一次修改后，随着我国审判方式改革的深化，理论界和实务部门逐渐意识到我国刑事证据立法内容单薄，条文较少，难以满足我国刑事司法实践的要求。我国刑事证据立法在“两个证据规定”出台之前，条文非常简单和粗疏。1996 年《刑事诉讼法》及司法解释对证据规则的规定比较原则，《刑事诉讼法》除侦查中有关于证据收集的规定外，“证据”一章只规定了八条，内容涉及证据及其种类，证据收集的一般原则，运用证据的原则，向单位和个人收集证据，重证据、重调查研究、不轻信口供的原则，证人证言的审查判断，证人的资格与义务，证人及其近亲属的保护等。

因此，立法机关在本次修改《刑事诉讼法》时，将完善证据制度列为重点内容之一。在本次《刑事诉讼法》修改之前，最高人民法院、最高人民检察院、公安部、国家安全部和司法部于2010年联合颁布了《办理死刑案件证据规定》和《非法证据排除规定》两个有关刑事证据的重要司法解释。①

本次《刑事诉讼法》修改，在重点吸收这两个司法解释的基础上，对我国刑事证据制度作了较大的修改，将我国原《刑事诉讼法》证据章仅8个条文修改为16个条文，② 其中完全新增加条文8个，对现有条文在内容上进行修改的有5个，仅有3个条文未作修改，修改内容涵盖了证据概念和种类、反对强迫自证其罪、非法证据排除、证人保护和经济补偿等内容。紧接着最高人民法院《司法解释》依据《刑事诉讼法》，吸收1998年司法解释和"两个证据规定"的内容，对证据制度进行了系统的规定。③

第一，明确反对强迫自证其罪原则。不得强迫自证其罪原则是一项重要的诉讼原则，有助于维护犯罪嫌疑人、被告人的合法权益。实践中在禁止采取强迫手段获取犯罪嫌疑人、被告人供述的同时，应当积极鼓励犯罪嫌疑人自愿回答问题甚至自愿认罪，并在量刑时充分予以体现。

第二，修改证据概念和种类。新《刑事诉讼法》修改了证据的概念，规定"可以用于证明案件事实的材料，都是证据"，

① "两个证据规定"亮点多多，如《办理死刑案件证据规定》的第一部分所确定的证据裁判原则、证据法定原则、证据质证原则，以及死刑案件证明标准的规定，都是我国刑事诉讼法学、证据法学，尤其是《刑事诉讼法》没有明确规定的新内容，有的内容虽然在一些程序中已有所体现，但学理和立法中并未明示；而该规定第6～31条对《刑事诉讼法》规定的每一种证据种类的审查与认定予以规定，为司法实践中证据运用提供了比较具有操作性的指引。此外，"两个证据规定"明确了一系列证据规则，包括意见证据、证人出庭，特别是非法证据排除规则，大大丰富了我国的证据规则体系，规范和指导了我国司法实践。

② 加上第152条（技侦证据材料的审查与使用）、第187和第188条（第一审程序证人、鉴定人出庭）则共19条。

③ 第四章"证据"共52条，分9节，包括证据的一般规定、证据的分类审查与认定、非法证据排除、证据的综合审查与运用等内容。当然，检察院诉讼规则和公安部办案规定都侧重规定了所在的诉讼阶段证据问题。由此，我国证据立法逐步走向完善。

实践中必须强调证据材料与诉讼证据的区别，必须强调证据与定案依据的区分，进而树立科学的证据观念。

根据刑事诉讼中出现的新情况和实践需要，新《刑事诉讼法》在证据种类中增加规定了辨认笔录、侦查实验笔录和电子数据，将勘验、检查、辨认、侦查实验笔录合并为一类证据，将视听资料和电子数据合并为一类证据，将物证、书证列为两类独立的证据，此外还将鉴定结论修改为鉴定意见。

第三，确立非法证据排除规则。新《刑事诉讼法》吸收了《非法证据排除规定》的相关内容，明确规定了非法证据排除的具体标准：采用刑讯逼供等非法方法收集的犯罪嫌疑人、被告人供述和采用暴力、威胁等非法方法收集的证人证言、被害人陈述，应当予以排除。违反法律规定收集物证、书证，可能严重影响司法公正的，应当予以补正或者作出合理解释；不能补正或者作出合理解释的，对该证据应当予以排除。还规定了非法证据排除的举证责任、证明方式、具体的程序等问题。

第四，强化证人出庭。新《刑事诉讼法》规定，公诉人、当事人或者辩护人、诉讼代理人对证人证言有异议，且该证人证言对案件定罪量刑有重大影响，人民法院认为有必要的，证人应当出庭作证。并规定证人没有正当理由不出庭作证的，人民法院可以强制其到庭，对于情节严重的，可处以 10 日以下的拘留；同时，考虑到强制配偶、父母、子女在法庭上对被告人进行指证，不利于家庭关系的维系，规定被告人的配偶、父母、子女除外。还进一步加强对证人以及鉴定人、被害人的保护。

第五，明确举证责任，细化证明标准。新《刑事诉讼法》第 49 条明确了检察机关对被告人有罪的举证责任。实践中不能让被告人承担证明自己无罪的举证责任。除了定罪事实外，检察机关对相应的自首、立功等量刑事实也应当承担举证责任。为了增加证明标准的可操作性，新《刑事诉讼法》第 53 条对证据确实、充分作出了具体解释。具体包括以下条件：（1）定罪量刑的事实都有证据证明；（2）据以定案的证据均经法定程序查证属实；（3）综合全案证据，对所认定事实已排除合理怀疑。需要注意的是，证明对象不同，证明标准也有所不同。对于定罪事实以及对被告人从重处罚的事实，都应当达到确实、充分的证明标准。对于那些对被告人从轻处罚的事实，达到优势证据标准即可。

三、十八届三中全会以来的司法改革新动向

刑事诉讼和证据制度的运行最终离不开司法制度的保障。因此司法体制和机制的改革也就是司法改革问题不可避免地成为探讨具体的刑事证据规则的宏观背景。

如前所述，2012 年《刑事诉讼法》的修改是立足我国国情，解决实践中的突出问题的，立法的修改与 2007 年以来司法改革的深入直接相关。

2013 年新《刑事诉讼法》正式实施，在贯彻实施中出现了一些问题，比如非法证据排除难的问题。原来司法实践中存在的问题仍然存在，究其原因，除了观念需要转变，还在于相关配套制度、司法体制的问题。因此司法体制和机制改革与《刑事诉讼法》能否得到真正贯彻实施、中国特色的证据规则能否确立及运行紧密相关。

（一）司法改革政策文件规定

第一，2013 年 11 月召开的十八届三中全会通过了《中共中央关于全面深化改革若干重大问题的决定》，提出："推进法治中国建设。……深化司法体制改革，加快建设公正高效权威的社会主义司法制度，维护人民权益，让人民群众在每一个司法案件中都感受到公平正义。"并明确"完善人权司法保障制度。国家尊重和保障人权。进一步规范查封、扣押、冻结、处理涉案财物的司法程序。健全错案防止、纠正、责任追究机制，严禁刑讯逼供、体罚虐待，严格实行非法证据排除规则。逐步减少适用死刑罪名"。2013 年 10 月第六次全国刑事审判工作会议召开，这次

会议明确无罪推定、疑罪从无、居中裁判等理念，要求庭审实质化，贯彻直接言词要求，对死刑案件把握最严格的要求，具有重要意义。

第二，2014 年召开的十八届四中全会通过《中共中央关于全面推进依法治国若干重大问题的决定》，总目标是建设中国特色社会主义法治体系，建设社会主义法治国家。这就是，在中国共产党领导下，坚持中国特色社会主义制度，贯彻中国特色社会主义法治理论，形成完备的法律规范体系、高效的法治实施体系、严密的法治监督体系、有力的法治保障体系，形成完善的党内法规体系，坚持依法治国、依法执政、依法行政共同推进，坚持法治国家、法治政府、法治社会一体建设，实现科学立法、严格执法、公正司法、全民守法，促进国家治理体系和治理能力现代化。其中，全会明确提出“公正是法治的生命线。司法公正对社会公正具有重要引领作用，司法不公对社会公正具有致命破坏作用。必须完善司法管理体制和司法权力运行机制，规范司法行为，加强对司法活动的监督，努力让人民群众在每一个司法案件中感受到公平正义”。并提出了一系列具有指导意义的具体的司法改革措施，如完善确保依法独立公正行使审判权和检察权的制度，建立领导干部干预司法活动、插手具体案件处理的记录、通报和责任追究制度；推进严格司法，坚持以事实为根据、以法律为准绳，推进以审判为中心的诉讼制度改革，实行办案质量终身负责制和错案责任倒查问责制。

第三，2015 年 2 月公布了《人民法院第四个五年改革纲要(2014 – 2018)》（四五改革纲要）（十八届四中全会后修订），纲要围绕建成具有中国特色的社会主义审判权力运行体系这一关键目标，提出了 7 个方面 65 项司法改革举措，涉及司法管辖、诉讼制度、内部职权、审判权力运行、司法公开等一系列内容，成为指导人民法院系统进行司法改革的指导性文件。[①]

在上述文件的指引下，这一轮司法改革正在深入进行中，虽然不同程度地存在一些问题和难题，但是由于目标明确、支持力度大、顶层设计比较细致合理、具体推进中试点先行，相信能够达到预期的成果。中央深化改革领导小组自2014年至2016年2月召开了十五次会议，其中十次涉及司法改革，可见对司法改革的重视。

（二）司法改革基础性问题

学术界对于司法改革非常关注，本轮司法改革既涉及体制层面又涉及机制层面，普遍认为司法改革有几个基础性问题需要明确。

第一，司法改革必须遵循司法规律。司法规律既有共性，又有个性。笔者认为，中国的司法改革要立足自身的国情，法院系统的司法改革要考虑中国法官群体的特点，法院和法官的定位，探索符合自身特点的规律性。而刑事证据制度和规则的构建，就要考虑诉讼模式和诉讼文化等相关因素，考虑中国的司法制度特点。

第二，司法改革的目标是提升司法公信力，实现司法公正。司法公信力不高是个现实，这与社会处于转型期，整体社会公信力不高有关系，也与司法自身存在不公和能力不高的问题有关系。通过司法改革，就是要革除问题，重塑信心，“让人民群众在每一个案件中都感受到公平正义”。

第三，司法改革的重点问题在于如何去除地方化和行政化，因此涉及很多具体的制度，如巡回法院、行政法院、省以下人财

---

① 2017年7月3日上午，最高人民法院举行新闻发布会，通报全国法院推进司法责任制等四项基础性改革的整体情况，法官员额制改革全面完成、新型办案机制逐步形成、院庭长办案制度逐步落实等司法责任制改革完善，人员分类管理制度改革、职业保障制度、省以下地方法院人财物统一管理制度亦稳步推进。参见最高人民法院网站。

物统管制度；如人民法院独立行使审判权、司法责任制、法官员额制等。

当然，司法改革还要合理配置司法职权、完善人权司法保障、加强司法民主、公开等。

笔者认为，围绕《刑事诉讼法》和证据制度，司法改革中最密切相关和最受瞩目的问题就是“构建以审判为中心的诉讼制度”，或者说，这个命题本身就是刑事诉讼范畴内的话题。

第二节　以审判为中心的刑事诉讼制度和证据制度的构建

一、审判中心主义的顶层规划

审判中心主义的话题引起热议和关注，与十八届四中全会将其明确写入党的文件直接相关，“推进以审判为中心的诉讼制度改革，确保侦查、审查起诉的案件事实证据经得起法律的检验。全面贯彻证据裁判规则，严格依法收集、固定、保存、审查、运用证据，完善证人、鉴定人出庭制度，保证庭审在查明事实、认定证据、保护诉权、公正裁判中发挥决定性作用”。其实，在第六次全国刑事审判工作会议上，就提出了“审判案件以庭审为中心，事实证据调查在法庭，定罪量刑辩论在法庭，裁判结果形成于法庭，全面落实直接言词原则，严格执行非法证据排除制度”。这可以看作是审判中心正式写入官方文件的序曲。

作为人民法院司法改革重要内容的组成部分，人民法院“四五改革纲要”专门用大篇幅阐述了“建立以审判为中心的诉讼制度”，指出“建立中国特色社会主义审判权力运行体系，必须尊重司法规律，确保庭审在保护诉权、认定证据、查明事实、公正裁判中发挥决定性作用，实现诉讼证据质证在法庭、案件事实查明在法庭、诉辩意见发表在法庭、裁判理由形成在法庭。到2016年底，推动建立以审判为中心的诉讼制度，促使侦查、审查起诉活动始终围绕审判程序进行”。纲要列出了证据裁判、人权保障等7项具体任务，对如何实现审判中心进行了顶层规划。

2016年6月到2017年4月，为使改革落地，“两高三部”《关于推进以审判为中心的刑事诉讼制度改革的意见》（以下简称《意见》）、最高人民法院《关于全面推进以审判为中心的刑事诉讼制度改革的实施意见》（以下简称《实施意见》）、“两高三部”《排除非法证据规定》相继出台，形成了推进审判为中心的刑事诉讼制度改革的整体框架，而最高人民法院又制定并着手试点关于庭前会议、排除非法证据、法庭调查“三项规程”，以使改革能够真正在实践层面上推进。这些文本对刑事诉讼制度改革指明了方向和具体路径，其贯彻和落实必然带来我国刑事诉讼制度的进一步科学化、文明化。

二、对审判中心的理解

审判中心这个词语不是舶来品，是20世纪90年代后期中国诉讼法学者针对侦查中心提出的，属于刑事诉讼的范畴。1996年《刑事诉讼法》第一次修改，确立未经人民法院依法判决不得定罪的原则（修改后《刑事诉讼法》第12条），吸收对抗式因素，对庭审方式作出重大改革，强化控辩双方的作用，并增设简易程序。这些修改为审判中心奠定基础。而学者们也开始从比较法视角切入，关心审判中心的问题。但是每年直接关注审判中心的文章很少，直到2014年十八届四中全会后，成了一个热词。①

① 笔者在中国知网上以“审判中心”进行篇名搜索，并逐个审查后，发现1993年开始有学者关注审判中心，2002年开始每年有零星的文章探讨。2012年《刑事诉讼法》再修改之前，共有20篇。而2013年开始，尤其是2014年和2015年，“审判中心”成了一个非常热门的话题，几乎著名的刑事诉讼法学者对此都有专门的论述，文章有近百篇，仅2015年就有80余篇。而学术界近期与审判中心相关的各种研讨会也如火如荼地进行。

综合学者研究结合自身体会，笔者认为审判中心是从诉讼职能角度展开的对审判地位的概括，审判中心具体可以从三个角度来理解。

第一，被告人最终认定有罪由人民法院行使。《刑事诉讼法》第12条规定："未经人民法院依法判决，对任何人都不得确定有罪。"可见审判在实现刑事诉讼的惩罚犯罪任务方面具有结局性的关键作用。这是符合刑事诉讼和司法规律的。从1996年《刑事诉讼法》修改取消免予起诉制度开始，人民法院享有最终定罪权逐步确立并深入司法实务人员心中。既然定罪由法院最终确定，那么侦查和起诉应当按照法院审判的标准来要求自己，否则法院就可能做出不利于控方的裁判结果，应"确保侦查、起诉的案件事实证据经得起法律的检验"，经得起审判的检验。从证据规则的角度而言，控方就要积极履行自己的举证责任，说服法官。

第二，审判中心要求庭审实质化并起决定作用，其中一审程序是关键。法院裁决的作出必须以"审判"的方式进行。笔者认为，刑事法官行使审判权有两个重要的领域，一个是动态的庭审，另一个是静态的裁判文书。而文书是依赖于庭审情况而作出的，因此对于刑事法官而言，最主要的事情是开好庭，只有避免庭审虚化，才能最终确立审判中心。换句话而言，庭审实质化是审判中心的基本要求。① 正如十八届四中全会指出的"保证庭审在查明事实、认定证据、保护诉权、公正裁判中发挥决定性作用"。从人民法院"四五改革纲要"的内容来看，目前从法院改革的角度看审判中心，主要也是从庭审实质化的角度入手的。

此外，由于一审程序的基础性地位，庭审中心更多的视角在于如何在初审程序中围绕直接言词原则，实现证人鉴定人出庭，

---

① 学者们对审判中心与庭审实质化的关系也进行了论述。基本观点在于，审判中心着眼于外部关系，而庭审实质化着眼于内部审判权的运行机制，审判中心是前提，庭审实质化是促进审判中心实现的重要机制。笔者亦同意。

让事实调查在法庭、辩论在法庭、裁判理由形成于法庭。当然，随着二审开庭审理案件的增多，再审程序中对于事实问题的纠错，庭审仍然是决定案件结果的场合，庭审实质化的要求同样适用于二审和再审程序。

第三，审判中心从诉讼职能的角度界定了侦查、审查起诉和审判的关系，侦查、审查起诉为审判做准备，审前程序要参照审判标准进行，正如最高人民法院常务副院长沈德咏所言："实质在于诉讼全过程实行以司法审判标准为中心。"① 这样可以防止审查起诉的案件带伤、带病进入审判，真正促进侦查能力尤其是证据收集能力的提高，最终保证刑事案件的质量。从围绕审判中心出台的系列文件内容看，有一个基本思路，就是要从源头规范证据的收集、依法办案。

在审判中心的话题中，涉及以审判为中心与三机关关系原则。刑事诉讼中的法院、检察院和公安机关这三个机关的职权和关系问题，是刑事诉讼法学界一直关注的问题。在司法改革、审判中心的背景下有了新的探讨意义。优化司法职权配置是中央确定的司法改革方案中的重要内容。这项改革在刑事诉讼领域，主要涉及刑事诉讼中的职权机关的职权配置及其关系的调整问题。笔者认为目前审判为中心的改革，不是改变公检法三机关"分工负责、互相配合、互相制约"的诉讼原则，而是完善该原则，即"以审判为中心是公正司法的必然要求，是严格司法的应有之义，是对宪法、刑事诉讼法规定的人民法院、人民检察院、公安机关'分工负责、互相配合、互相制约'原则的完善和发展"②。在司法实践中，存在"配合有余、制约不足的问题"，通过审判中心改革，必然优化配置司法职权，完善三机关关系。这

① 沈德咏：《略论推进以审判为中心的诉讼制度改革》，载《中国法学》2015年第3期。

② 陈光中、魏晓娜：《推进以审判为中心的诉讼制度改革》，载《中国法律》2015年第1期。

种职权配置和关系完善应围绕实现司法公正的总目标，立足于国家人权保障的大趋势。[①]

三、以审判为中心的实现路径

构建以审判为中心的诉讼制度的意义是不言而喻的，有利于破解当前司法难题，有利于保障人权，有利于提升法院公信力，有利于实现司法公正。关键在于如何构建。十八届四中全会文件和“四五改革纲要”提出了一些具体的规划，隐含了一些实现的路径。笔者认为有以下几个关键点。

第一，推进以审判为中心的诉讼制度改革，是一场事关司法方式改进、职权配置优化乃至诉讼程序重构的一场革命性变革，对刑事诉讼模式会产生影响，且会直接关系到许多诉讼原则和制度的确立和落实。比如非法证据排除规则、证人出庭作证要逐步推进。目前而言，就是按照“四五改革纲要”的要求，严格证据裁判，推进庭审实质化，落实《刑事诉讼法》的规定。

第二，实现庭审实质化具体要完善以下制度：（1）夯实侦查基础，改革提起公诉制度，如强调客观证据；弱化口供；控方积极履行举证责任。（2）程序方面：解决证人出庭（直接言词原则）、辩护（法律援助）等问题；完善程序分流机制，探索完善认罪认罚、速裁等机制。[②]（3）证据方面：坚持证据裁判，坚决贯彻疑罪从无原则，严格实行非法证据排除规则。

---

① 参见王敏远：《司法改革背景下的三机关相互关系问题探讨》，载《法制与社会发展》2016 年第 2 期。

② 目前，速裁程序试点已经结束。认罪认罚从宽试点已经开始。速裁试点中坚持公正与效率结合，强化被追诉人辩护权保障，对庭审程序、证据运用、量刑等问题进行了创造性的探索。还需要指出的是，2016 年 9 月全国人大常委会通过的《关于授权最高人民法院、最高人民检察院在部分地区开展刑事案件认罪认罚从宽制度试点工作的决定》（以下简称《认罪认罚从宽试点决定》），正式授权北京等 18 个城市开展认罪认罚从宽制度试点工作。“两高三部”于 2016 年 11 月发布的《关于在部分地区开展刑事案件认罪认罚从宽制度试点工作的办法》，认罪认罚从宽制度进入试行阶段。刑事司法领域的两大改革相辅相成。

第三，审判中心的前提是独立行使审判权，并完善司法责任制。“审理者裁判、裁判者负责”就隐含了独立司法和司法责任制的关系。这是这次司法改革的重要组成部分。只有保障审判权独立行使，才可能做到审判中心。中央深化改革领导小组第十五次会议[①]审议通过了《关于完善人民法院司法责任制的若干意见》和《关于完善人民检察院司法责任制的若干意见》，2015年2月27日第十次会议通过了《关于领导干部干预司法活动、插手具体案件处理的记录、通报和责任追究规定》，“两高”也发布配套方案予以保障。在具体制度的构建和实施中，如何让法官能够自己裁判案件，确立合乎司法规律的司法责任制，必须加以深入探讨。

第四，审判中心的诉讼制度的构建最终需要司法实务人员更新观念，尤其是侦查人员更新观念，确立无罪推定、证据裁判、程序正当等理念。[②]

因此，审判中心的提出和深入探讨与刑事证据规则紧密相关，一方面，审判中心为证据规则的具体构建指明了总体的目标和方向；另一方面，证据规则的构架和完善是走向审判中心的必由之路。事实认定和法律适用是刑事案件处理的基本环节和内容，而事实认定是基础，事实认定要依靠证据，要运用好各种证据规则。总之，在事实审存在的程序中，无论是初审程序还是复审程序，完善的证据规则都是必要的。

① 自2014年1月22日至2016年2月18日，中央深化改革领导小组召开了15次会议，有10次议题涉及司法改革，通过相关文件10个。

② 笔者会在后面的论述中阐述审判中心的具体内容，尤其是证据制度。

第二章 刑事复审程序的基本功能及其对证据制度的影响

第一节 刑事复审程序的基本功能

功能，即功效、作用，它是指物质系统自身所具有的，以及在作用于外部环境过程中所表现出的能力。目的是人对某种对象的需要在观念上的反映，是人在行动之前在观念上为自己设计要达到的目标，目的的实现是一个由主观到客观的过程。目的与功能二者之间是辩证的，前者是主观的，后者是客观的。人们为了实现某种目的而采取的种种手段究竟会产生怎样的功效和作用，是不以人的意志为转移的。从这个意义上讲，功能反映和体现目的，目的是功能的基础。所谓复审程序的功能，是指作为一种法律程序，对于刑事诉讼的有序、有效进行，实现刑事诉讼目的所具有的作用和意义。

一、刑事二审程序的基本功能

我国实行两审终审制，刑事第二审程序即上诉审程序，是绝大多数案件实现惩罚犯罪和保障人权的最后一道机制，因此在整个刑事诉讼程序中居于相当重要的地位。刑事上诉审程序即普通救济程序，是上诉审法院对不服初审未生效裁判而提起上诉[①]的

---

① 在我国由于上诉审提起的主体不同，区分为被告人的上诉和检察官的抗诉行为，国外统称为上诉，为了论述方便，本书除特别指明外均将上诉视为控辩双方启动上诉审的行为。

案件，依法进行重新审理的程序。首先，上诉审是针对未生效裁判进行的，不同于再审程序。后者针对的是已生效裁判。其次，上诉审程序是由初审法院的上级法院进行的，也就是说进行上诉审的法院在级别上应当高于原审法院。在我国，上诉审法院是原审法院的上一级法院，西方国家则包括上一级或者上两级法院。再次，上诉审是由有关主体进行上诉行为启动的对案件重新审理的程序。其中辩方上诉权的有效行使和保障是一国刑事诉讼程序科学和民主的重要体现。最后，上诉审程序是复审程序的重要组成部分，其审理有着不同于初审的特点，如根据我国法律规定，二审不适用独任制，可以不开庭审理，不适用法律规定的简易程序等。

上诉审程序功能是立法者赋予上诉审所应发挥的作用。从比较法的视角看，西方各国现有的上诉审程序是资产阶级革命的成果之一，集中体现了上诉审的功能。大陆法系的上诉审程序相对清晰和明确，而实行判例法的英美法系则相对复杂和模糊，但在制度建构上呈现出许多共同性的东西。

首先，上诉审的程序多样化、专门化，区分不同情形设计不同的程序。第一，针对不同初审法院的案件有不同的上诉审程序。如英国的治安法院的上诉审程序就不同于刑事法院裁判的上诉程序。德国的地方法院判决的上诉审不同于州法院的上诉审。日本、法国亦如此。第二，存在对事实和法律问题上诉的区分，而且适用不同的条件。一般对于法律问题的上诉是没有限制的，事实问题则不然。如在美国上诉审一般是法律审，而大陆法系一般第三审都是法律审。第三，在大陆法系上诉审一般还区分为对裁定的上诉和对判决的上诉，设置了不同的程序。如日本分别设立了对裁定的抗告和对判决的控诉、上告程序。但总体而言上诉审关注的焦点是判决。

其次，上诉审法院与初审法院存在比较明确的职能分工。如在英国存在专门的上诉法院，没有初审管辖权，法国、美国也如此。其他如日本、德国许多法院都有一审管辖权，但是有其侧重点，在法院的内部对于上诉审职能和初审职能区分明显。

再次，上诉审的审理方式上也呈现多样化，但在审判组织上都严于初审，采取合议制。由于多种程序设计，上诉审对事实审与法律审会采取不同的审理方式，对判决和裁定采取不同方式，对不同初审法院的上诉案件采取不同的方式。如在英国，对于治安法院的上诉采取全面重新审理的方式，可以调查新的证据；而上议院的审理则比较书面化。在德国，地方法院的上诉案件允许对事实问题进行全面救济，采取复审制。美国的上诉审则不救济事实问题，只涉及法律问题，以书面审为主。

最后，西方各国比较重视法律的统一适用，且最高级别的法院一般在这方面起着重要的作用。如美国的联邦最高法院、德国的联邦法院以及日本、法国的最高法院。在英美法系国家尤其是美国的观念中，认为上诉审法院主要是对有关法律问题的纠正和适用，而对于事实问题基于陪审团制等因素几乎不予救济，因此上诉审法院的统一法律适用功能相对强化。

结合比较法考察，笔者认为上诉审的功能可以从多角度切入，主要表现为救济、纠错和法律的统一适用等方面，笔者试图从权利主体和权力主体两个视角进行考察：对于当事人来说，意味着权利的第二次救济，对于法院这个司法机关而言也是一个重要的补救程序。所以二审体现出区别于一审的救济补救的重要功能，当然这种救济不同于审判监督，针对的是未生效的裁判。尤其在我国，除死刑案件外，作为终审程序的第二审程序，它不仅是诉讼当事人对尚未生效的刑事裁判寻求救济的重要途径，也是国家司法机关确保案件质量实现诉讼目的和任务的重要阀门。①

（一）救济功能

上诉审具有救济的功能，即上诉审通过对案件的再次审理使

① 参见陈光中、严端主编：《中华人民共和国刑事诉讼法修改建议稿与论证》，中国方正出版社 1999 年版，第 323 页。

当事人获得再次救济的机会，起着权利保障的作用。在上诉的启动中，当事人尤其是被告人一方上诉权的维护成为上诉审功能的重要方面。根据《布莱克法律辞典》的解释，“救济”（remedy）是指一种手段，通过这种手段，一项权利得到实施，或者使侵权行为得到遏制，或使受害方得到补偿，或使错误行为得到矫正。[①]《牛津法律大辞典》有着相似的解释，即救济是纠正、矫正或改正业已造成伤害、危害、损失或损害等不当行为。[②] 从这些解释可以看出，“救济”从字面上理解，有着较为宽泛的含义。狭义上而言，救济往往与权利构成对语，具体到上诉审程序，意味着对控辩双方权益的保障和维护。上诉审之所以被称为普通救济程序原因就在于此。正如有的学者指出的“二审本来就是对于控辩双方特别是当事人的具体救济，既要注重实体真实，确保通过正确之判决实现法的安定性，更要注意保护当事人的程序性权利，努力实现诉讼程序的公正”[③]。可以说上诉审是实现权利救济的重要程序，这也是区别于初审程序的重要功能。救济功能符合现代诉讼的人权保障理念，符合程序公正的价值。

救济功能的思想早在古罗马的时候就存在了，经过资产阶级革命，各国确立上诉审程序，更多地体现了对于权利的救济。救济的功能体现了对个体权利和意志的尊重和保障。最典型的表现在于上诉审特有的程序原则即保障上诉权原则和上诉不加刑原则。在整个上诉审的设计中应当体现出救济和保障的思想，包括程序的启动到案件的审理。另外，上诉审的救济针对的是权利，权利应当积极行使，否则不予救济，这也是救济思想的另一层含义。从这个意义而言，上诉权的行使必须呈现积极状态，比如有关上诉理由的问题，以使从权利主体自身的角度出发更好地实现

---

① 参见谭森等：《刑事诉讼再审理由之理性分析》，载樊崇义主编：《诉讼法学研究》（第二卷），中国检察出版社 2002 年版。

② 参见《牛津法律大辞典》，光明日报出版社 1988 年版，第 764 页。

③ 陈光中：《刑事诉讼法实施问题研究》，中国法制出版社 2000 年版，第 254 页。

救济功能。

（二）纠错功能

上诉审程序还发挥着纠错的功能。上诉审通过对案件的再次审理，可以纠正初审法院的裁判错误，从而准确地惩罚犯罪，也保护了有关当事人的利益，这是符合实体公正要求的。而且，通过对裁判的再次审理，纠正实体上或者程序上的错误，上诉审法院还可以起到监督下级法院的审判工作和达到法律的统一适用的作用。

诉讼活动是一种认识活动，认识可能出现错误，而且诉讼中的认识活动又存在不可逆性、只能以证据为唯一手段、受到规则制约等特性，更增加了正确认识案件事实的难度，再一次的审判为案件的正确认定提供了机会。因此，纠正错误（包括事实认定、法律适用以及程序违法）是上诉审特有的重要功能。

通过上诉审程序，还可以监督下级法官的案件审理，在程序上起着制约初审法官裁判的功能，即可对初审法官自由心证活动起到重要制约作用。正如有的学者指出的“由第三者来处理案件这一事实本身就必然包含着判断契机，因而学理上关注的中心首先应当是如何防止恣意。防止恣意的措施可以在纵向关系的审级中寻找，也可以在横向关系的合意中寻找”[①]。显然，上诉审程序的设置就是纵向审级中防止恣意的有力措施，通过上诉审，上级法院可以进行法律监督，从而从整体上维护裁判的权威和正确。在西方国家同样存在这样的认识，比如法国，认为“上诉法院的作用，不在于对私人争讼应用法律，或就案件的实质发表意见，而在于维护立法规定的形式和原则不受法院方面可能的破坏。它不是公民的法官，而是法律的维护者，法官的监督者和检查员。总而言之，它被置于审判程序的范围之外和审判程序之

① 季卫东：《当事人在法院内外的地位和作用》，载［日］棚濑孝雄：《纠纷的解决与审判制度》，王亚新译，中国政法大学出版社 1994 年版，第 5 页。

上，以便把它保持在宪法所规定的界限和规则之内"[①]。可知法国强调刑事诉讼程序对法官的制约作用，而上诉制度则是一种重要的制约措施，它通过上诉审来约束初审法官的自由裁量权，保证裁判的正确，从而保护被告人的合法权益。这种制约功能的良好发挥需要上诉审法官与初审法官之间的独立性作为基础。

西方一些学者指出"大部分国家，无论是在普通法还是在大陆法国家，总有几层上诉的阶梯。但一般来说，上诉（高级）法院有两种职能，一是纠正错误职能，二是指导与发展法律职能。第一种职能是为了确保规范被正确地执行，而第二种职能是关系到宏观层面上的决策。在不同级的上诉法院中其职能又有不同的侧重点"[②]。纠错职能是基础，指导和发展法律的功能在纠错的过程中实现。可知，上诉审法院不仅仅通过重新审理，纠正错误，维持正确，解决"纠纷"，而且存在指导和发展法律的功能。

法律的统一适用是上诉审的特有功能。法律规则的一般特点和具体案件事实的变动性使得孟德斯鸠所期待的"自动售货机式的法官"根本不可能存在，法官在审理案件的时候存在自由裁量权，所以法律规则的适用必然受到法官主观因素影响。因此，为防止法官适用法律过程中对于法律的曲解，保障法律的稳定性和确定性应当对法律的具体适用加以约束，上诉审中上级法院通过对法律的错误运用进行纠正，直接影响初审法院对于法律的适用，从而维护各级法院对于法律的统一理解。法律的统一适用既包括实体法也包括程序法。需要指出的是，程序法的统一适用在我国有着特别重要的意义，刑事诉讼程序在某种意义上而言是对国家机关刑罚权行使的制约机制，不仅仅起着保障诉讼有序进行的作用。因此在诉讼中法官严格依照法定程序进行裁判是程

---

① ［法］罗伯斯比尔：《革命法制和审判》，商务印书馆 1965 年版，第 27 页。

② 宋冰编：《读本：美国与德国的司法制度及司法程序》，中国政法大学出版社 1999 年版，第 413 页。

序公正的应有之义。通过上诉审纠正程序违法行为，是达到程序法统一运用的重要手段。

综上，上诉审的功能是多样的，主要是对当事人权利的救济功能和对错误判决的纠正功能，两者是互相联系的。权利救济功能的良好发挥可以为正确裁判提供前提和保障，促进裁判的合理性和准确性；而正确的裁判也是维护当事人权利的重要手段。纠错的功能又蕴含着上诉审的监督制约以及法律统一适用功能，集中体现了上下级法院之间的关系。功能的实现需要程序的合理设置，需要遵循公正和效率的原则。在我国的上诉审程序中，也应当存在和发挥这些功能，不过由于各种原因，在各种功能的发挥上还存在一些问题，需要对具体程序进行改革和完善，包括证据制度及证据规则的进一步完善。

二、死刑复核程序的基本功能

死刑复核程序是人民法院对判处死刑的案件进行复审核准所进行的特别审判程序，是严格控制死刑的程序手段，也是我国特有的程序。我国《刑事诉讼法》对死刑案件设立复核程序的目的是坚持少杀、慎杀，防止错杀。死刑复核程序是专门针对死刑案件的审判程序，是死刑案件程序控制的最后一道防线，其目的在于贯彻我国的死刑政策，这是带有特定性、独立性的目的。因此死刑复核程序的功能要围绕这个目的设置。

关于死刑复核制度的功能，我国学术界众说纷纭。有学者认为，死刑复核制度的功能有三：应有功能、法律规范功能、实有功能。① 也有学者认为，死刑复核程序应当具有以下功能，一是人权保障功能，二是对审判权的制约功能，三是权利的特殊救济

① 参见梁欣、许身健：《死刑复核程序功能之检讨》，载周国均、陈卫东主编：《死刑复核程序专题研究》，中国方正出版社 2006 年版。

功能，四是维护法律统一的功能。[①] 也有学者认为，死刑复核程序既有程序功能，也有应有功能，而应有功能又可分为人权保障功能、程序制约功能、法益保护功能。[②] 还有学者认为，从司法层面来看，是期望通过死刑复核程序的进行，达到三个目的：一是控制死刑适用数量，实现少杀，为将来废除死刑做准备，此谓控制功能。二是纠正死刑错误适用，防止冤错，即纠错功能。三是统一全国死刑标准和平衡死刑适用，实现法律面前人人平等，也就是统一功能。[③] 还有学者认为，死刑复核程序的制度功能包括公正分配死刑、控制适用死刑、避免误用死刑、准备废除死刑几个方面。[④] 还有学者认为，死刑复核程序至少应当体现和实现两项基本功能目标：一是上级法院对下级法院死刑裁判权的无条件的有效制约；二是为被判处死刑的被告人提供有效的程序救济，防止错误的死刑裁判。[⑤]

上述对死刑复核制度的功能的不同归纳，角度不同，但都具有一定的合理性。笔者认为，考虑到死刑复核程序的特点，即具有适用对象的特定性（判处死刑立即执行和死缓的案件）、程序启动的主动性、死刑核准权的专属性，死刑复核程序是死刑案件必经的最终程序，是两审终审制的例外，其功能与二审程序有相同之处，也有不同之处。立法者赋予死刑复核程序至少四个基本功能：第一，防止错杀、纠正错案的功能；第二，控制死刑适用

① 参见孙谦、郭立新、高景峰：《正视生命价值减少死刑适用——谈中国死刑复核制度的完善》，载周国均、陈卫东主编：《死刑复核程序专题研究》，中国方正出版社 2006 年版。

② 参见杨立新：《死刑复核程序的应有功能研究》，载《中国人民公安大学学报》2004 年第 1 期。

③ 参见刘计划：《质疑死刑复核权的程序功能——以最高人民法院收回死刑核准权为切入点》，载《法商研究》2005 年第 6 期。

④ 参见杨正万：《死刑的程序控制》，载《贵州民族学院学报》（哲学社会科学版）2003 年第 2 期。

⑤ 参见李建明：《死刑复核程序的功能目标与程序构建》，载《江海学刊》2007 年第 1 期。

的数量，实现少杀的功能；第三，统一全国死刑标准和平衡死刑适用的功能；第四，为被判处死刑的被告人提供有效的程序救济的功能。在上述功能中笔者认为最关键的是第一个功能，即防止错杀，纠正错案，严格死刑的适用，只有在此基础上，才能统一死刑适用，控制死刑数量。而只有防止错杀，纠正一、二审程序中的错误，才能真正实现权利的救济。在死刑复核程序的制度设计中，如何激发各方诉讼角色防止错杀是关键所在。详细论述如下。

（一）防止错杀、纠正错案——纠错功能

对于死刑案件而言，这里的纠错主要是指纠正案件事实认定方面的错误。在诉讼案件中，案件事实往往囿于客观原因的影响而逐步呈现。依据人类认识的一般规律，随着诉讼程序的不断深入，司法人员对案件的认识会越来越清晰、准确。死刑案件可能在经历了侦查、审查起诉、一审程序、二审程序之后，仍然可能因为主客观原因的影响而发生错误。死刑复核程序作为最后的把关程序，肩负着纠正先前程序事实认定错误的重任。

当然，有学者可能会提出质疑，认为最高人民法院的法官并不一定比下级人民法院的法官在认定案件事实上更有优势、更准确。笔者认为，死刑复核程序具有防止错杀、纠正错案的功能，这是不可否认的。至于能否真正将此功能发挥出来，主要依赖于死刑复核程序的设计以及死刑复核法官自身的经验和素质等。事实上，在死刑核准权回收最高人民法院之后，我国最高人民法院的确对死刑案件的事实认定质量起到了极为重要的把关作用。[①]

---

① 有学者在死刑核准权回收最高人民法院之前就指出，近年来最高人民法院的工作报告显示，死刑复核后改判、发回重审的比例占全部案件的四分之一以上，死刑复核的功用可见一斑。陈卫东等：《不仅仅是收回——“最高人民法院收回死刑复核权之对策”研讨会观点述评》，载《中外法学》2005 年第 5 期。自 2007 年最高人民法院收回死刑复核权，10 年来死刑案件数量大幅减少，死刑复核案件质量获得提高。

（二）控制死刑适用的数量，实现少杀

死刑作为最严厉的刑罚种类，在历史上曾长期泛滥，为统治阶级所推崇。随着人类文明的进步，人之作为人的自身价值受到高度重视，现代人权理论开始深入人心，死刑的非人道性和残酷性受到猛烈的抨击。人们开始对死刑存在的正当性提出质疑，废除死刑的呼声越来越高。从世界范围内来看，多数国家的废除死刑之路，是从限制死刑适用、减少死刑数量直到逐步废除死刑。我国未来废除死刑也将循着这一路径逐步推进。在我国目前《刑法》中死刑罪名较多的情况下，通过程序控制死刑、减少死刑的适用是必由之路。死刑复核程序当之无愧地要承担控制死刑适用的数量，实现少杀的重任。尤其是死刑核准权回归最高人民法院之后，更加有利于最高人民法院在整体上完成这一任务。司法人员不仅可以直接通过死刑复核程序来减少死刑适用的数量，而且可以间接地影响各高级人民法院乃至中级人民法院适用死刑的标准，控制其死刑的适用，减少死刑的适用数量。

（三）统一全国死刑标准和平衡死刑适用——统一法律适用功能

我国现行《刑法》第48条规定，死刑只适用于罪行极其严重的犯罪分子。对于应当判处死刑的犯罪分子，如果不是必须立即执行的，可以判处死刑同时宣告缓期2年执行。这一条文确立了死刑的适用标准。但是，这里的“罪行极其严重”实际上很难把握，从某种意义上来讲，死刑适用的立法赋予了司法人员极大的自由裁量权。囿于司法人员对案件事实认定的差异性，以及我国各个省市自治区地理环境、经济环境、社会环境的差异性，各个省市自治区高级人民法院、中级人民法院之间很难达成一致。毫无疑问，如果死刑的适用标准在实践中把握不统一，既无法实现法律面前人人平等原则，也破坏了法律的统一性和权威性。因而，必须由中央最高司法机关对死刑的适用标准进行统一。当然，最高司法机关统一死刑适用标准的途径有很多，诸如，制定死刑罪名量刑指南，将每个罪名适用死刑的情形予以列举，从而指导地方司法机关适用死刑；再者，就是通过死刑复核程序针对活生生的案件的裁决，以案例指导的形式统一地方司法机关对死刑的适用。虽然，我国各个省市自治区存在差异，死刑适用的标准不可能绝对一致，但是，从人类的认识规律上来讲，最高司法机关仍然是有能力总结出影响死刑适用的诸多因素的，毫无疑问，这些因素有助于地方司法机关把握死刑的适用标准。

(四) 权利救济——人权保障

我国《刑事诉讼法》一方面规定对普通刑事案件的审判实行二审终审制；另一方面对于死刑案件又规定了特殊的审判程序，即死刑复核程序。死刑复核程序作为死刑案件的必经程序，由高级别的审判机关行使复核核准权，这充分表明了我国《刑事诉讼法》对死刑适用的慎重态度，这有利于实现对人权的保障。[①] 也就是说，死刑复核程序本身就为被告人提供了更多的救济机会，死刑案件除了二审给与的救济之外，还存在死刑复核程序的最终把关。此外，《刑事诉讼法》赋予死刑复核程序中的被告人一系列的诉讼权利，有力地保障了被告人能够有效地参与到这种程序中，影响案件的最终裁决，从而让这种仅仅针对死刑案件被告人的救济途径真正落到实处。

三、刑事再审程序的基本功能

通过正当程序发现事实真相，正确适用法律，最后实现司法公正，这是刑事诉讼所追求的永恒目标。然而，由于各种条件的制约和影响，事实认定和法律适用的错误不可避免的存在，因此在刑事诉讼中必须设置相应的纠错程序予以救济，以维护权利、

① 参见杨立新：《死刑复核程序的应有功能研究》，载《中国人民公安大学学报》2004 年第 1 期。

实现公正。我国刑事审判监督程序（又称刑事再审程序）[①] 就是其中对已生效裁判的错误进行纠正的特殊救济程序。

刑事再审程序作为特殊救济程序，在功能上与刑事上诉审程序（我国即二审程序）既有相同又有不同。再审程序也具有救济和纠错的功能，不过与二审程序不同之处在于针对的是生效裁判。详言之，通过再审程序可以纠正生效裁判在事实认定和法律适用方面的错误，同时也给被判决人以特殊救济的机会，尤其是被冤枉的人。也就是说，再审的功能是无法为上诉审功能所代替的，即使将二审终审制改为三审终审制也是如此。因为上诉审程序所纠正的是未生效裁判的错误，属于普通救济程序，而再审程序针对的是生效裁判，是特殊救济程序，不是所有案件必经的程序。由于两者在纠错功能方面存在着性质上的不同，这决定了它们在具体程序设计上存在以下两个方面的重要差别：一是启动的方式不同。上诉程序是由法定上诉主体在法定期限内上诉所自动启动的。在我国，只要被告人、自诉人和他们的法定代理人或者人民检察院在10天内提出上诉或者抗诉，二审法院就必须审理。再审程序则一方面当事人有权申诉，申诉时间也不受限制或限制不严格，另一方面不能由当事人的申诉而自动启动，必须由法定的国家专门机关启动。在我国，只有法院和检察院才能提起再审程序。二是审理的法院不同。上诉审法院必是一审的上一级法院，而再审的法院不受此限制，以至可以由最高人民法院进行。另外，两者还存在审理方式上的区别。从上诉程序和再审程序的区别我们不难发现，上诉程序即使实行三审终审制也不可能取代再审程序。因为上诉程序的纠错只限在上一级法院在较短期间内（在我国包括移送案卷时间在内一般为3个月左右）能够发现的错误。而有的案件的裁判错误往往在较长时间的检验中才明显暴露。

---

① 我国刑事审判监督程序，从法律规定上说，与刑事再审程序有别。但实务部门和理论界往往对两者加以混用，笔者也暂且从此惯例。

正是由于再审功能的特殊性，各国都设有对生效裁判错误的纠正机制。大陆法系国家在实行三审终审制之外，还设有比较完备的再审程序，如德国《刑事诉讼法》第4编规定了“对以确定判决结束的程序再审”，法国《刑事诉讼法》第3卷也专门规定了因法律利益向最高法院提起的非常上诉和再审之诉；日本则在法典第4、5编规定了再审和非常上告两种非常救济程序；俄罗斯《刑事诉讼法典》也专章（第三部分第15编第48、49章）规定了“监督审的诉讼程序”和“因新的情况和新发现的情况而恢复刑事案件的诉讼”。而英美法系一般实行二审终审制，同时也有着类似再审的纠错机制，但不很完善。如美国存在针对个别情况的特殊救济制度，包括人身保护令、调卷令等。英国则根据《1995年刑事上诉法》的规定，设立刑事案件审查委员会，代替过去内政部进行的特殊救济。该委员会是一个独立的主体，拥有丰富的资源和比较系统的审查程序，因此在纠错方面发挥着更好的作用。①

不过需要指出的是，发挥再审纠错和救济功能必须要注意司法终局性与再审功能的关系。刑事诉讼以法官裁判的作出而终结，终局判决应当具有稳定性，这是定分止争的诉讼目的所需要的，也是维护社会稳定和秩序以及追求法的安定性所需要的。这就是既判力的理念，它有两层基本的要求：一是以生效判决的存在为前提，即既判力的效力是针对生效判决而言的，只有判决生效了才能产生这种约束裁判者和当事人的效力。二是稳定性，不允许轻易更改，即判决一旦生效，应保持其形式和内容的不可变更性。而终局裁判存在错误需要纠正，当事人的权利需要救济则决定了再审程序存在的必要，因此，再审的启动必须平衡纠错和既判力的关系。

① 参见［英］麦高伟、杰弗里·威尔逊主编：《英国刑事司法程序》，法律出版社2003年版，第12页、第463～472页。

综上，上述三个程序[①]所具有的纠错、救济、统一法律适用等功能既有共性，又有个性。它们都是建立在之前审判基础上对案件的再次审理，往往审级较高，同时不可避免地要考虑原审程序对案件的处理。上诉审程序重点在于对未生效裁判的重新审理，死刑复核程序则对死刑案件进行更加严格的把关，因此对实现少杀、慎杀死刑政策具有重要的作用，而再审程序针对已生效的裁判，要充分考虑判决的既判力和法的安定性问题。

在复审程序中，可能对事实问题重新审判，或者即使对事实问题不再重新审判，案件也会重新得到审查，所以，复审制度的存在使法官的裁判受到事后的监督和救济。换句话而言，复审程序通过其自身救济和纠错等功能的发挥，再次审理案件，共同提高案件质量，实现司法公正。

我们知道，证据是诉讼的核心和基础。刑事诉讼包括侦查、审查起诉、审判等阶段，而审判阶段既包括初审，也包括复审。在一切诉讼进行中，事实查明是基础，因此复审程序中证据规则的运用也是基础。

而刑事证据规则是在具体的程序中运行的，针对的是事实查明，因此离开了诉讼程序，证据规则就没有了适用的环境；如果没有事实问题需要运用证据来加以证明，证据规则也没有了存在的必要性。所以，诉讼模式、诉讼原则等对证据规则的运行有重要影响；而具体复审程序的功能某种意义上决定了证据规则的适用限度。

---

① 初审裁判作出后，可能受到两个程序的监督，即上诉审程序和再审程序。前者针对未生效裁判，在我国实行两审终审制，即指二审程序；后者针对生效裁判。在我国还存在专门针对死刑案件的复核程序，笔者将上述程序统称为复审程序。

第二节 刑事复审程序对证据规则的影响

一、刑事诉讼模式与证据规则

刑事诉讼模式又称刑事诉讼结构、刑事诉讼构造，是指“刑事诉讼法所确立的进行刑事诉讼的基本方式及控诉、辩护、审判三方在刑事诉讼中形成的法律关系的基本格局”[①]。刑事诉讼是国家专门机关在当事人及其他诉讼参与人的参加下，依照法律规定的程序，解决被追诉人刑事责任的活动，诉讼中参与的这些主体可以分为国家专门机关和诉讼参与人；按照诉讼职能则可以分为控、辩、审三方主体。这些主体的法律地位和相互关系构成了诉讼模式的基本内容或者要素。

按照通说，在世界范围内存在职权主义和当事人主义两大模式，两者主要的区别在于推进诉讼进程的主体不同，前者在于法官，后者在于控辩双方当事人。诉讼模式不同，证据规则呈现出不同的特点。[②] 从比较法的视角看，英美法系采取当事人主义，且事实认定问题交由陪审团裁判，形成二元制的审判主体，加上判例法的传统，形成了丰富多样、体系庞杂的证据规则。而大陆法系的事实认定由职业法官或者职业法官与陪审员进行，且采取成文法模式，证据规则比较简单、明确。[③] 第一，证据规则的最初定位不同。英美法系的证据规则在发展之初是为陪审团审判设计的，由于事实认定由陪审团处理，因此确立了证据规则来规范证据的使用，且主要内容在于证据的资格。而大陆法系的证据规

① 宋英辉主编：《刑事诉讼原理》，法律出版社2003年版，第223页。

② 参见何家弘、姚永吉：《两大法系证据制度比较论》，载《比较法研究》2003年第4期。

③ 当然，两大法系的证据规则也在互相借鉴、融合，比如关于非法证据排除的问题。因此我们在研究证据规则的时候，往往更多的视角放在英美法系，且更关注美国的立法和司法。

则是面向专业法官的，法官决定事实问题，基于对法官职业品德和能力的信任，鲜有证据规则进行约束，比如在大陆法系一般没有明确的关联性规则及品格证据规则、传闻证据规则、最佳证据规则、意见证据规则（比如由于对专业问题采取鉴定人制度，大陆法系就没有明确的意见证据规则）。第二，证据规则的内容不同。由于发展之初的定位区别，导致英美法系通过判例的方式确立了各种规范证据可采性的规则，且每个证据规则内容也很丰富，存在许多例外以及例外的例外，在运用过程中要结合判例进行理解。而大陆法系采取成文法的方式，其证据规则主要在于规范证据的收集和提取，其主要表现是证据法的大量内容都与证据调查程序有关。第三，证据内容侧重点的差异反映了背后的视角差异，英美法系立足于审判的视角，关注审判阶段对陪审团事实认定的规则约束；大陆法系立足于预审的视角，关注证据的收集和提取。

当然，两大法系融合的趋势是有目共睹的，在现代法治国家，没有纯粹的职权主义和当事人主义。诉讼模式上的融合决定了具体证据规则上的趋同性增强。在证据规则上存在一些共性和异曲同工的制度设计。比如，虽然大陆法系没有传闻证据规则，但是其直接言词原则及具体规则与传闻规则在功能上是一致的，而两大法系都明确规定非法证据排除规则，显示了对刑讯逼供等非法取证行为的禁止立场。笔者认为，两大法系在诉讼模式及证据规则上的异同反映了背后理念的异同，但都是基于对如何以正当的程序查明犯罪事实的目的，设计了不同的诉讼制度和证据规则。犯罪事实的查明是各国刑事诉讼制度追求的共同目的，[①] 因为事实查明是法律适用的基础，只有在查清事实的基础上才能对刑事案件进行进一步的处理。但是采取何种手段和什么样的诉讼制度和证据规则来查明则有不同的理解和具体实践。在当事人主

---

① 英美认为查明案件事实很难，但不否认查明案件事实的重要性，其法庭审理中的交叉询问规则就是为查明言词证据的真实性而设计的。

义的英美法系，遵循正当程序的理念，设计了复杂的程序和证据规则，认为控辩双方的对抗是发现事实真相的理想方式；而职权主义的大陆法系，秉持法定程序的原则，规范权力的运行，但是基于对法官的信任和成文法传统，程序和证据规则较之要简明得多，认为控辩双方的诉讼技巧会影响事实的发现，法官发挥主观能动性，调查事实才是最好的方式。诉讼模式以及具体的程序和证据规则与各国的政治、经济、文化等因素都有关系，因此在各国具体的诉讼模式样态上，会呈现各自的特点。模式的归纳主要是从工具和方法论角度而言的，便于类型化分析。

我国刑事诉讼的职权主义色彩浓重，两次修法都借鉴当事人主义的合理成分，使诉讼结构更加符合公正要求。当然，由于文化背景和司法传统的差异，我国的诉讼结构（模式）呈现出自身的特色。当前司法改革中提出审判中心，其实从长远看，需要对诉讼结构进行调整，在纵向结构上，要确立审判主体在刑事诉讼中应有的地位，凸显应有的作用。在横向结构上，要在强调独立审判的基础上居中裁判，使控辩平等对抗。[①] 只有在诉讼结构上确立了审判应有的地位，发挥审判应有的作用，即构建以审判为中心的诉讼制度，才能实现诉讼的目的，惩罚犯罪和保障人权。如前文所述，审判为中心的诉讼制度的构建理所当然并且非常重要的内容包括确立证据裁判主义，完善非法证据排除、证人出庭等证据规则。但在我国职权主义色彩下，这些证据规则的建立和贯彻实施又有着不同于英美法系的许多特点，如在整个诉讼阶段都强调排除非法证据的理念。笔者在后文中会详细分析。

二、审级制度、复审模式与证据规则

对不同审级法院的职能展开细致研究，探悉复审模式特点，其实属于对诉讼模式研究的组成部分，是对法院内部关系的展开。

---

① 国外刑事诉讼模式的介绍以及对中国对于诉讼模式的思考可参见虞平、郭志媛编译：《争鸣与思辨刑事诉讼模式经典论文选译》，北京大学出版社 2013 年版。

我们知道，在全部审判程序当中，第一审法庭审判是中心，其他审判程序都是以第一审程序为基础和前提的，既不能代替第一审程序，也不能完全重复第一审的工作。这里涉及审级问题、初审程序和上诉审程序关系的模式以及再审模式问题，在此部分探讨前两个问题。

（一）关于审级问题

所谓刑事审级制度，通常是指一个刑事案件最多经过几级法院的审理才宣告终结的制度。一方面，刑事审级制度是一个国家刑事诉讼的基本制度，对于刑事诉讼任务以及目的、价值的实现有着重要的作用。根据联合国《公民权利和政治权利国际公约》第 14 条第 5 项的规定，“凡被判定有罪者，应有权由一个高级法庭对其定罪和判刑进行复审”。因此，刑事审级制度首先是作为对被定罪人的一种救济制度而存在的，并通过被定罪人行使上诉权来实现。一国的刑事审级制度一般仅指正常情况下被定罪人能够获得司法救济的次数，因此又被称为普通救济程序。另一方面，刑事审级制度也体现为一国刑事审判机关的层级设置和各自权限的固定模式，并决定着该国司法制度对公正和效率价值的实现能力。不同级别的法院职能进行区分，可以更好地分配司法资源以便实现公正和效率。从比较法的视角看，世界各国虽然历史传承不同，但在现代刑事诉讼制度中普遍采取了三审终审的审级制度。从整个审级制度看，可以概括出共同性的特点有终审法院规模控制，即最高法院审理案件数量较小，而且多实行集体决策制度；事实问题和法律问题区分清晰；法院内部职能区分，权力互相制约等。①

我国的审判机关是人民法院，审级制度上可以概括为四级两审终审制。从法院组织体系上看，人民法院基本上是以国家行政区划为基础，以有利于审判工作和方便群众原则而设置的。我国

---

① 参见傅郁林：《审级制度的建构原理——从民事程序视角分析》，载《中国社会科学》2002 年第 5 期。

人民法院组织系统由最高人民法院和地方各级人民法院、专门法院组成，地方各级人民法院包括基层人民法院、中级人民法院和高级人民法院。法院内设立案庭、刑庭、民庭、行政庭、执行局等职能部门，负责审理和执行刑事、民事、商事、行政等各类案件。在新的一轮司法改革中，本着去地方化的目标，进行了跨行政区划法院等改革。

两审终审制是我国《刑事诉讼法》一直坚持的基本制度，我国《刑事诉讼法》第 10 条规定："人民法院审判案件，实行两审终审制。"地方各级法院按照第一审程序对案件审理作出的判决、裁定，为未生效的裁判，在法定期限内，享有上诉权的人可以对其提出上诉，人民检察院可以提出抗诉。如果法定期限内，存在抗诉或者上诉，上一级人民法院则按照第二审程序对第一审裁判进行审理，第二审作出的裁判是终审裁判，不允许对其再进行上诉或者抗诉。在法定期限内，没有上诉、抗诉的，则第一审裁判发生法律效力。因此，一个案件最多经过两级人民法院审理即告终结。当然死刑案件还要经过死刑复核程序、最高人民法院的初审案件为一审终审。

一直以来，我国在三大诉讼领域都实行两审终审制，认为符合中国国情，理由主要有：第一，可以减少当事人的讼累，方便当事人进行诉讼。第二，可以使高级人民法院和最高人民法院摆脱审理具体案件的工作负担，集中精力搞好审判业务的指导监督。第三，我国的审判监督程序可弥补审级少的不足，对确有错误的已生效判决，当事人可以通过审判监督程序申请再审，法院也可以利用审判监督程序予以纠正。第四，第三审仅作书面审和法律审，对案件事实部分不予过问，因而作用极为有限。[①]

但是近年来随着社会的不断发展，两审终审制在运行中也存在各种问题，其缺陷逐渐显露出来。（1）二审的审判方式公正

---

① 参见江伟：《民事诉讼法学原理》，中国人民大学出版社 1999 年版，第 333 页。

性不够。为了弥补两审终审制因审级过少而在其纠错功能上的缺陷，我国《刑事诉讼法》规定二审实行全面审查的原则，即二审审查的范围不受当事人上诉理由的限制，同时对案件的事实认定和法律适用方面进行审查。在司法资源相对有限的情况下，二审法院只能通过变通审理方式的方法来应付案件增长和全面审查要求的压力。在实践中二审法院的开庭率一直较低，不开庭审理是主要审理方式。这种以书面审查为主要特征的审理方式不利于被告人权利的维护，不利于二审纠错和救济功能的实现。（2）审判监督程序的大量启用对正常的审级制度造成冲击。实践中，作为普通救济程序的二审程序在纠错和救济的功能方面的发挥存在相当的不足，这促使对二审判决仍然不满的被告人不得不寻求其他特殊救济途径。刑事审判监督程序就成了被告人的重要途径。被告人在二审之后还可以反复地申诉，并促使审判监督程序的频繁启动。由于立法上没有对申诉进行必要的限制，使得各级法院需要花费大量的人力和物力来处理已被定罪的被告人家属的各种申诉和上访，对正常的两审终审制造成冲击。（3）各级法院的职能区分不明显、审级不独立。终审法院的级别较低。基层人民法院是多数刑事案件的初审法院，这就使得中级人民法院成为通常情况下的终审法院，级别较低。由于终审法院的级别较低，会影响被告人进一步救济的渠道，会一定程度上影响案件质量，会影响裁判的公正性等。而且中级法院在我国的数量较多，不利于上诉审法院统一法律适用。上下级法院之间的关系具有较强的行政依附性。由于我国没有就事实问题与法律问题进行区分的传统，并且不同级别的法院之间也没有在功能上进行明确的划分，这使得上级法院对下级法院可以实行一种几乎不受任何限制的单向监督，而下级法院对上级法院的独立性和制约能力则受到了严重的限制。实践中，请示汇报制度的存在就是典型的体现。如此一来，二审实际上难以进行独立的实质性审查，进而纠正一审裁判错误，审级制度实际上遭到了架空或者说存在名存实亡的危险。

其中关键点在于如何保障审级独立，才能在现在审级制度下保证两审终审制应有功能的发挥。审级独立是审判工作的基本原则，但在错案追究制度和法院绩效考核指标压力下，多年来个案请示、案件汇报普遍化、常态化。审级独立虚无主义泛化于司法实践中，实质性地改变了两审终审制度，使两审终审制成为司法实践中的一审终审制。总之，最大的问题在于由于请示汇报等制度的存在，两审终审有流于形式的危险，而且不同级别法院的定位不清晰。因此，司法改革提出需要明确四级法院职能定位。为此，“四五改革纲要”提出要优化人民法院内部职权配置，“充分发挥一审、二审和再审的不同职能，确保审级独立……完善审级制度……推动实现一审重在解决事实认定和法律适用，二审重在解决事实和法律争议、实现二审终审，再审重在依法纠错、维护裁判权威”。同时提出要“强化审级监督。严格规范上级法院发回重审和指令再审的条件和次数，完善发回重审和指令再审文书的公开释明机制和案件信息反馈机制。人民法院办理二审、提审、申请再审及申诉案件，应当在裁判文书中指出一审或原审存在的问题，并阐明裁判理由。人民法院办理已经立案受理的申诉案件，应当向当事人出具法定形式的结案文书；符合公开条件的，一律在中国裁判文书网公布”。

上述改革目标指明了不同级别法院的基本定位，强调审级独立和完善审级监督的观点。笔者进一步认为，根据目前中国的国情，现阶段目标是在公正、高效、权威的司法价值的指引下，对二审终审制度进行改革完善，充分发挥二审的功能，改革和完善死刑复核程序，并对刑事审判监督程序加以完善，从而逐步实现多元审级制度。[①]

① 从长远目标来看，应当建立以两审终审制为原则、以一审终审制和三审终审制为例外的多元审级制的基本构想。对于可能判处死刑、无期徒刑等严重刑罚的刑事案件应纳入三审的范畴，对于具有典型的法律适用意义的案件也要纳入三审。这个目标的实现要有制度基础，即事实问题和法律问题的区分，各级法院职能区分等实现的基础上，绝不是一朝一夕的事情。

第一，要注重初审程序的基础作用，充分发挥初审法院的事实认定功能，逐步废止高级法院和最高人民法院的初审权。目前根据我国《刑事诉讼法》关于级别管辖的规定，四级法院都有案件的初审权，这不利于不同级别法院职能的区分。而且在司法实践中，高级法院和最高人民法院几乎不行使初审管辖权。因此，初审功能应当由基层法院和中级法院承担，初审的基本任务是在查明案件事实的基础上，定罪量刑。因此准确地认定事实应当是初审法院的重要任务。

第二，在相对区分事实问题和法律问题的基础上，改革完善二审程序，强化法律适用。我国的二审程序在立法和司法上存在一定不足，需要加以完善。作为承担救济和纠错功能的二审程序，针对初审判决进行审理，具有重要的作用。目前二审程序的设计不够精细，对于事实和法律问题不加以区分和辅之以相应的程序，不利于我国审级制度功能的发挥。二审程序在审判原则、审理方式、处理方式等方面都需要加以改革完善，比如全面审查原则。作为二审法院，今后要加强法律统一适用，尤其是高级法院和最高人民法院。

第三，强化最高人民法院法律统一适用职能。最高人民法院作为国家最高的审判机关，其根本职能是保证法律在全国范围内的统一适用，因此其审判权限一般应当限于法律审。这不仅可以避免最高人民法院在事实问题上犯错误的可能性，也大大减轻了最高人民法院的工作负担。除了死刑案件最高人民法院必须接受复核审查或者第三审审查外，最高人民法院可以选择自己愿意审理的案件。从发展的眼光看，最高人民法院在对死刑案件进行审判时，在确认案件事实无误的基础上，主要针对死刑是否适用这个法律问题展开审理，并且通过案例建立案例指导制度，统一法律适用，真正起到最高、最终的司法机关的作用。

（二）关于复审模式问题

这里主要是指二审与初审的关系问题。在比较法的视角上，对于二审上诉模式的划分，按照大陆法系学者的划分方法，一般将二审上诉模式划分为复审制、事后审制和续审制。复审制是指在第二审程序中，法官全面收集各种诉讼资料，当事人可以提出新事实和新证据，重新进行审理的模式。大陆法系的德国、法国，苏联以及我国台湾地区的刑事第二审程序亦采取复审制。[①]事后审制是指以第一审判决所认定的判断为前提，上诉审法院认为事实判断和原判决的理由大体合理，而且推测自己亲自审理也会得出同一结果时，法院就不直接接触案件进行调查纠正的模式。[②] 在该种模式下，以一审为基础，不允许在二审中提出新的事实和证据。以英美法系为代表，续审制上诉模式指的是第二审以第一审的审理为基础，并允许当事人补充新的诉讼资料的审理结构。在该种模式下，"一审诉讼内容全部保留之（不得重新获取）而仅仅是予以重新辩论也即重新判断，但判断的依据得予以保留。也就是说诉讼（尤其是事实之查明）并不重新开始。控诉审中可再提出新的攻击及防御方法"。[③] 就功能而言，该种上诉模式目的在于尽可能保障正确认定事实，并在此基础上作出正确判决。作为第一审程序的继续进行，第二审程序的职能定位在于对实质问题作出新的正确判决。以大陆法系的民事诉讼为代表，我国台湾地区的民事之第二审也是如此。

英美法系采取事后审制与其陪审制审判，与将事实问题解决在一审程序的理念有直接关系，因此构建了完善的审前准备（包括证据开示）程序，以保障事实问题在一审得到充分的重视和解决。而在大陆法系，由于审前准备程序的不完善，使得一审程序对事实问题不能一次性获得全面而详尽的证据，其遗漏事实和证据的可能性与英美法系国家相比要大得多，因此，需要由二

---

① 关于我国台湾地区的审级模式可参见林钰雄：《刑事诉讼法》（下册各论编），中国人民大学出版社 2005 年版，第 239 页。

② 参见［日］兼子一、竹下守夫：《日本民事诉讼法》，白绿铉译，法律出版社 1995 年版，第 230～231 页。

③ ［德］狄特·克罗林庚：《德国民事诉讼法律与实务》，刘汉富译，法律出版社 2000 年版，第 427 页。

审程序承担一部分一审程序没有完成的事实调查职能，为上诉过程中审查新证据保留适当的可能性。需要注意的是，复审制和续审制下二审的审理对象是公诉事实，续审制也允许新证据，但是不同于复审制，复审制是重新审理，对事实问题全面救济；续审制则在一审的基础上进行事实的补充救济，尊重一审的结论。目前，两大法系有逐步借鉴融合趋势，在上诉审理模式上，大陆法系借鉴事后审制，严格限制二审中的新证据。

在我国，立法明确规定全面审查原则，允许新证据的提出，属于复审制模式，但是2012年《刑事诉讼法》修改后，司法解释指出要重点针对上诉和抗诉的理由进行审理，吸收了续审制的精神。如前所述，司法改革目标提出"二审重在解决事实和法律争议、实现二审终审"，这也佐证了二审并非重复一审，而是侧重于审查上诉抗诉争议。在这种模式之下，二审对于事实问题还肩负着重要的审查任务，开庭审理是二审常见的审理方式。故各种证据规则继续适用。而即使今后完善审级制度，确立三审终审，二审还是事实问题的最后审级，三审则是法律问题的最后审级。证据规则仍有适用空间。

二审审理方式的选择是司法实践中二审程序面临的重点问题。从比较法的视角看，开庭审理是各国主要的选择，比如日本无论在立法上作为事实问题与法律问题混和审的控诉审，还是作为法律审的上告审，都采用开庭审理的方式。即使作为终审程序的上告审，也不排除在审理法律问题时对涉及的事实问题进行审理和裁判。① 我国在立法层面上也是秉持开庭审理为原则的基本态度，但是在司法实践中，开庭审理的案件尚未达到预期目的。针对事实问题的二审应当采取开庭审理方式，围绕上诉抗诉的理由展开，充分运用各种证据规则，包括非法证据排除、传闻证据排除等规则。

---

① 参见宋英辉译：《日本刑事诉讼法》，中国政法大学出版社2000年版；[日]田口守一：《刑事诉讼法》，法律出版社2000年版。

三、刑事复审程序基本理念和特有的原则与证据规则

笔者在此主要谈谈正当程序（程序法定）、无罪推定两大刑事诉讼基本原则，以及复审程序中特有的上诉不加刑、一事不再理原则。正当程序和无罪推定铸就了刑事诉讼的基本特征，也是证据规则适用的基本理念。上诉不加刑和一事不再理原则分别是二审程序和再审程序的基本原则，证据规则在二审、再审中适用必然会考虑这两个原则，受其影响。

（一）正当程序

正当程序是现代刑事诉讼的基本理念和原则，源于英美法系，在大陆法系相类似的理念是程序法定的理念。正当程序的提出和各国的遵循核心在于对程序价值的认识和认可。

正当程序源于英国普通法的“自然正义”。这个原则包含两项具体要求：第一，任何人均不得担任自己诉讼案件的法官。第二，法官在制作裁判时应听取双方当事人的陈述。这两项要求都与程序有关。可以说，自然正义的两项要求均与程序有关，是判断有关法律程序本身正当性和合理性的标准。“自然正义”的这两项要求在美国学者戈尔丁的《法律哲学》中又被扩展为九项具体内容。美国学者将正当法律程序分为“实质性正当程序”（substantive due process）与“程序性正当程序”（procedural due process）两大理念。由于自然正义观念的存在，更由于“正当法律程序”已经有过被证明为行之有效的法律实践，因此，无数学者对现代法律程序的程序性“正当”标准进行过探讨，留下了宝贵的精神财富。

深入把握正当程序需要了解实体公正与程序公正的关系。如前所述，程序公正在英美法系称为正当程序（due process），其形式表现为程序合法性，其实质内容则为程序的合理性与尊重和维护程序人权，如保障当事人的诉讼权利、独立司法、审判公开、控辩平等、强制措施适度、遵守诉讼期限等。实体公正主要

体现在准确认定事实、正确定罪量刑、罪疑做有利于被告人处理以及纠正错案并予以国家赔偿等方面。国家实行刑罚权的实体公正性，最理想的状态当然是一切有罪的人都受到惩罚，一切无罪的人都不受到追究，做到不枉不纵。可惜实现这个目标是一种理想，现实中有可能做到的就是最大限度地准确惩罚犯罪而不冤枉无辜，却不可避免地会放纵少数罪犯。二审程序、死刑复核程序和再审程序都应当体现这一重要思想。

在程序公正与实体公正的关系上，程序公正既是实现实体公正的手段，又具有独立价值，与实体公正具有同等的重要价值。在程序公正与实体公正相冲突时，要根据具体情况区别对待，而非一律实体优先或者程序优先。以再审程序为例，其任务不仅要纠正实体上的错误，而且要纠正程序上的错误。再审程序的具体设计不能只强调实体公正而忽视程序错误的纠正，也不能只强调程序终局性而不注意纠正生效裁判实体错误，特别是对无罪错判有罪的已生效裁判在重新查明案件事实真相后，任何时候都必须加以改判平反，还无辜者以清白。

在我国，存在“重实体轻程序”的传统，但是随着依法治国方略的提出，以审判为中心的诉讼制度改革的推进，人们越来越重视程序，重视程序的独立价值。刑事证据规则在复审程序中的运用是遵循程序法定的基本框架，离不开正当程序理念的指引。无论是二审程序还是死刑复核程序，抑或是再审程序，必须明确要依法进行各项诉讼活动，运用各项证据规则。比如，非法证据排除规则的二审救济是在基于上诉抗诉启动的，通过二审程序进行审理，并作出裁判。

（二）无罪推定

无罪推定作为现代法治国家的一项重要刑事司法原则，起源于古代罗马法的“有疑，为被告人的利益”和“一切主张在未证明前推定其不成立”这两项著名原则。1764 年 7 月，意大利刑法学家贝卡利亚在其名著《论犯罪与刑罚》中，抨击了残酷的刑讯逼供和有罪推定，提出了无罪推定的理论构想：“在法官判决之前，一个人是不能被称为罪犯的。只要还不能断定他已经侵犯了给予他公共保护的契约，社会就不能取消对他的公共保护。”因此，无罪推定原则确立于近代，现在已为联合国人权公约和法治国家宪法所确定，并逐渐为世界各国刑事诉讼法典所规定。

无罪推定原则是规范刑事诉讼活动的基石性原则，其核心意义在于确立被追诉人在刑事诉讼中的地位，据此设定其诉讼权利和义务。尽管各国立法的表述不完全一致，但是其基本含义都是指任何人在未被依法确定为有罪以前，应被推定或者假定为无罪。根据无罪推定原则，在审判阶段要满足几个基本要求：第一，法律已经推定被告人无罪，因此被告人享有不得强迫自证其罪的权利，也没有证明自己无罪的义务。第二，控方负有证明被告人有罪的责任，且责任不可转移。第三，疑罪从无，如果控方举出的证据不充分，则无法推翻无罪推定，被告人应当被宣告无罪。以此出发，笔者认为无罪推定原则与证据规则紧密相关，其直接规定了刑事诉讼中举证责任的分配。

（三）上诉不加刑

上诉不加刑原则是规范上诉审程序的基本原则，充分体现了对上诉人的权利保障。它是指第二审人民法院审判仅有被告人一方提出上诉或者由检察机关为被告人的利益而提起抗诉案件，不得以任何理由加重原判刑罚的审判原则。换言之，只有被告人一方的上诉不能加重其刑罚，而且只要是为被告人利益而提出的上诉，无论是源于被告人自己还是来自检控方都不能加重其刑罚，更重要的是不仅不能加重刑罚，而且也不得变更适用更重的法律和罪名。在我国台湾地区称之为“不利变更禁止原则”，是指“由被告上诉或为被告之利益上诉者，第二审法院不得谕知较重于原审判决之刑。但因原审判决适用法条不当而撤销之者，不再此限”①。

① 参见林钰雄：《刑事诉讼法》（下册各论编），中国人民大学出版社 2005 年版，第 234～237 页。

上诉不加刑原则的确立是考虑到保护被告人的上诉权，使其毫无顾忌、充分地行使上诉权，是刑事上诉审程序中特有的原则，该原则充分体现了救济功能，是确保上诉权实现的重要保障。德国1877年《刑事诉讼法》第398条规定：被告一方对判决不服提出上诉时，新的判决不得处较原判更重的刑。这是最早的立法规定，后来在世界各国得到普遍确立，如日本《刑事诉讼法》第402条［禁止不利的变更］的规定。虽然各国的表述及其具体适用范围有所不同，但不得加重上诉案件中刑事被告人刑罚的思想早已牢固地扎根于各国刑事诉讼法及其司法实践之中。

我国1979年《刑事诉讼法》规定：第二审人民法院审判被告人或者他的法定代理人、辩护人、近亲属上诉的案件，不得加重被告人的刑罚。该条又规定，人民检察院提出抗诉或者自诉人提出上诉的，不受前款限制。1996年《刑事诉讼法》修改过程中对此未作任何修改。2012年《刑事诉讼法》修改之前，我国的上诉不加刑原则有两个与救济功能不相适应之处，不利于权利保障：一是对检察机关为被告人利益而提起的抗诉是否适用上诉不加刑未作规定；二是对发回重审或再审程序是否可以加重处罚未作出明确规定。实践中存在多种变相加刑。因此，新《刑事诉讼法》为避免案件反复发回重审，久拖不决，增加规定：对于因事实不清楚或者证据不足，第二审人民法院发回原审人民法院重新审判的案件，原审人民法院再次作出判决后，被告人提出上诉或者人民检察院提出抗诉的，第二审人民法院应当依法作出判决或者裁定。同时，为避免发生在上诉案件中第二审人民法院发回重审，下级人民法院在重审中加刑的情况，增加规定：第二审人民法院发回重新审判的案件，除有新的犯罪事实，人民检察院补充起诉的以外，原审人民法院也不得加重被告人的刑罚。

但是，2012年《刑事诉讼法》仍然没有明确检察机关为被告人的利益而提出的抗诉是否适用上诉不加刑原则。笔者认为，从检察院的基本职权出发，基于法律监督和客观注意义务，应当加以明确，此种情形应适用上诉不加刑原则从而发挥抗诉中的救济功能，也符合上诉不加刑原则的应有之义。还需要指出的是，应当有条件地将上诉不加刑精神适用到再审。根据最高人民法院《司法解释》，在事实清楚，证据充分，而刑罚畸轻，或须判处附加刑而没有判处时，必须改判的，应当在第二审判决、裁定生效后，按照审判监督程序重新审判。不言而喻，这一规定将使通过审判监督程序而变相加刑的做法“合法化”。根据目前我国法律规定，再审的启动是较为容易的，因此上诉不加刑有可能流于形式，不利于被告人权利维护，从而影响上诉审制度的功能发挥。所以要完善再审的启动，建议对于有利于被告的再审适用该原则。此外，还要严格发回重审的立法事由，即事实不清或者证据不足以及程序违法。

（四）一事不再理

禁止双重危险规则（the rule against double jeopardy）是指国家不得对任何人同一行为进行再次追诉和惩罚。该规则是英美法系刑事诉讼程序中一项基本原则，在大陆法系国家称为一事不再理原则（ne bis in idem），但后者是适用于刑事和民事诉讼的通称。

禁止双重危险规则源于古罗马法和教会法。古罗马法曾这样表述此规定：“长官不应当允许同一个人因其一项本人已被判决无罪的行为再次受到刑事指控。”早期教会法则有这样的箴言：“上帝不因人的同一犯罪而两次惩罚人。”[①] 但禁止双重危险规则在近代资产阶级革命时期，才被英国普通法（判例法）确立于前，而被美国宪法弘扬于后。1789 年美国宪法第五修正案规定：“任何人不得因同一罪行而两次遭受生命或者肢体上的危害。”实际上，第五修正案的精神不限于“生命或肢体上的危害”，而适用于一切“同一罪名”的重复追诉。大陆法系对此规则首先

① 张毅：《刑事诉讼中的禁止双重危险规则论》，中国人民公安大学出版社 2004 年版，第 39 页。

规定的是1808年法国《刑事诉讼法典》。该法典第360条规定："任何被依法判决无罪的人，均不得因同一行为再次被拘禁或再次被起诉。"（现行法律规定在第368条）时至今日，禁止双重危险规则已经被世界各国普遍认同，并且被规定于联合国《公民权利和政治权利国际公约》中。该公约第14条第7款规定："任何人已依一国的法律及刑事程序被最后定罪或者宣告无罪者，不得就同一罪名再予审判或惩罚。"①

禁止双重危险规则的理念根据和价值取向是什么？概言之，是为了限制公权力的行使，保障被追诉人的人权。当然，此规则也有维护程序终局性和既判力的作用，但这是次要的。因为它保障的只是被宣告无罪或者罪轻的人不被重新起诉、审判。1957年，美国的格林诉合众国案（Green v. United States）对该原则的精神进行了最经典的解释，在该案中，布莱克法官指出："拥有各种资源和权力的国家不应当被允许因为一个公民一项被指控的犯罪而反复作出试图使他得到定罪的努力，以致把他置于尴尬、消耗和使其意志遭受痛苦折磨的状态中，迫使其生活在一种持续的焦灼和不安全中，同时增加其（即使是无罪的）判定有罪的可能性。"② 可见，禁止双重危险规则的核心精神是被告人的人权保障，它是一项人权原则。

在禁止双重危险规则产生和发展的过程中，始终充满着争论，这就是它是否导致放纵犯罪？的确，这涉及控制犯罪与保障人权之间的价值取舍和平衡问题，对此世界各国做法不一，大致分为两种模式：不采取例外模式，即不允许提起对被判决人不利

① 程味秋等编：《联合国人权公约和刑事司法文献汇编》，中国法制出版社2000年版，第93页。英文原文是：No one shall be liable to be tried or punished again for an offence for which he has already been finally convicted or acquitted in accordance with the law and penal procedure of each country. 译法多种，有禁止双重危险，一事不再理，一事不二罚，一事不二审，一罪不二审。在对再审的约束方面，是一致的，笔者统一用禁止双重危险一词。

② 355 US184 2 L ed 2nd p199 at p201［1957］.

的再审，如美国、法国、日本；采取例外模式，即在特定情况下允许提起对被判决人不利的再审，如英国、德国、俄罗斯以及我国台湾地区。英国是禁止双重危险的发源地，长期不搞例外，导致一些严重犯罪分子逍遥法外，社会公众强烈不满。在这样的背景下，英国 2003 年 11 月 20 日通过的《2003 年刑事司法法》(*Criminal Justice Act* 2003)，对禁止双重危险规则进行了改革。根据该法，在英格兰和威尔士，对二十九种非常严重的犯罪包括故意杀人、强奸、贩毒等，如果发现新的和令人信服的证据证明原无罪判决确实存在错误，允许对被判决人再次追究。该新规定适用的严重犯罪的法定最高刑是无期徒刑，并且犯罪对被害人或者整个社会的危害后果特别严重。①

联合国 1984 年人权事务委员会在对第 14 条第 7 款规定的一罪不再审原则所做的 13 号一般性评论意见中提到对该原则的保留问题，认为该原则是存在例外的，文件指出："在审议缔约国报告时往往对第 14 条第 7 款的规定的范围产生不同的意见。有些缔约国认为必须对刑事案件的恢复审判程序持保留意见。委员会觉得大多数缔约国对在例外情况下恢复审判和依第 7 款所载一罪不二审原则禁止进行重审这两点明确地加以区别。了解一罪不二审这一词的意义可能会促使缔约国重新考虑它们对第 14 条第 7 款规定所持的保留意见。"② 2004 年 9 月在北京召开的第十七届国际刑法大会新通过的《专题四：国内和国际刑事司法管辖

① 详见 www. hmso. gov. uk/acts/acts2003/30044 – af. htm，www. hmso. gov. uk/acts/acts2003/30044 – – k. htm，www. hmso. gov. uk/acts/en2003/2003en44 – a. htm.

② 参见人权事务委员会 13 号一般性评论意见第 19 段。英文原文是：General Comment13，in considering States reports differing views have often been expressed as to the scope of paragraph 7 of article14. Some States parties have even felt the need to make reservations in relation to procedure for the resumption of criminal cases. It seems to the Committee that most States parties make a clear distinction between a resumption of a trial justified by exceptional circumstances and a re – trial prohibited pursuant to the principle of ne bis in dem as contained in paragraph 7. This understanding of the meaning of ne bis in dem may encourage States parties to reconsider their reservations to article14，paragraph 7.

权竞合“一事不再理”原则决议》，既确认一事不再理原则是“司法公正、法律确定性、适当性和法院判决权威性的一项要求”，同时又指出一事之再理，“只能是在符合正义的最高利益和法律明确规定的特别情况下，尤其是在有利于被告的情况下才可以被允许”。可见，一事之再理主要适用于有利于被告，但不利被告也不是绝对不允许。

人权保障应当是我国实行法治、进行立法和司法活动的基本理念，也是刑事诉讼法的基本理念。禁止双重危险规则是符合法治、人权保障理念的。我国的《刑事诉讼法》虽然从来没有规定禁止双重危险规则，但是我国已经签署了联合国《公民权利和政治权利国际公约》，公约所规定的禁止双重危险规则不可逆转地会在我国确立，问题在于如何确立。

在禁止双重危险理念的影响下，我国再审程序应走向特殊救济程序，启动有利于被追诉人的再审，不论涉及事实还是法律问题。而涉及有关事实问题的，离不开证据规则的具体运用。

第三章　刑事证据规则理论探析

第一节　刑事证据规则基本界定

一、价值定位

笔者认为，从词语的角度而言，“证据规则”一词来自英美法系，是对英美法中“evidence”或者“rule of evidence”的翻译。我国学术界对于证据规则的界定并没有统一的概念。一般认为证据规则是指在诉讼中收集、审查、判断证据应当遵循的规则。[①] 简言之，证据规则是关于证据运用的规范。

笔者认为从理论上而言，证据规则的基本价值在于两个方面，即保障人权和查明事实真相。

（一）保障人权

2004 年 3 月 14 日，第十届全国人民代表大会第二次会议通过《宪法》修正案，首次将“人权”概念引入《宪法》，明确规定“国家尊重和保障人权”。尊重和保障人权由中国共产党和中国政府文件的政策性规定上升为国家根本大法的一项原则。2006 年 6 月，中国政府在联合国人权理事会首届会议上提出五项主张：（1）享受人权需要和平的环境。（2）享受人权需要可持续的发展。（3）享受人权需要和谐包容的社会。（4）享受人权需要建设性对话与合作。（5）享受人权需要有效的机制保障。《刑事诉讼法》作为保障人权的重要法律，在第 2 条重申《宪

---

① 参见陈光中主编：《证据法学》，法律出版社 2011 年版，第 226 页。

法》的规定，并将这一理念贯彻到具体的条文中。其中证据规则方面就是重要体现。证据运用需要规则，证据运用离不开程序法背景，人权保障的理念是规范证据运用的基本理念。反之，证据规则的适用，也有助于尊重和保障人权理念的实现。以非法证据排除规则为例，强调对犯罪嫌疑人、被告人不强迫自证其罪，不能采取刑讯逼供等非法手段获取证据，体现了对人权的保障。

（二）查明事实真相

两大法系在证据规则构建上，采取了不同的调整对象和模式，从证据评价的角度而言，其目的都是抑制评判证据的过程中不正当心证的形成，以保证诉讼结果的公正。查明事实真相是定罪量刑的基础，而查明事实需要证据裁判，需要运用证据规则。还是以非法证据排除为例，其首要的价值在于尊重和保障人权，但是在我国的确立和完善，离不开防止冤错案件的考量。从近年来披露的刑事冤错案件来看，都存在刑讯逼供情形，被告人不得不做出虚假陈述。因此在我国排除非法证据还有一个现实动因，即防止冤错案件，而这更多的是考虑查明犯罪事实的需要。

二、基本分类

证据规则可以有不同的分类，笔者认为从刑事法官认证的角度考虑，可以分为规范证据能力的规则和规范证明力的规则。前类规则设定了进入心证视野的证据的范围，没有证据能力的证据不能作为定案的根据，这是现代社会程序法治完善的表现和要求。后类规则直接约束了法官对证据证明力的自由评价。

（一）规范证据能力的规则

证据具有作为严格证明资料之能力或资格，称为证据能力或证据资格。易言之，即某种资料具有可作为证据之能力。[1]

规范证据能力的规则可以称之为证据的可采性规则。证据的

---

① 参见林山田：《刑事诉讼法》，兴丰印刷厂 1981 年版，第 192 页。

可采性规则构成了英美证据规则的主体，在大陆法系也日渐重要。可采性规则对法官对证据的评价——自由心证构成了合理的约束。同时也界定了心证对象的范围。

从规则存在的主要目的出发，可采性规则大致可以分为两大类，一是确保证明真实性的规则，法律基于某些证据虚假可能性比较大，直接规定加以排除，从某种程度上说是以证据能力解决证明力问题。二是确保证明正当性的规则。法律考虑人权保障等程序价值，对于某些非法获得的证据加以排除。前者包括意见证据规则、传闻证据规则等；后者如非法证据排除规则、任意自白规则等。需要注意的是，可采性规则存在的目的是处于不断发展的过程当中的，“在普通法传统上，证据规则主要是为了排除那些经验证明具有较大虚假可能的证据材料。但是，在现代刑事诉讼中，各国普遍接受的证据规则更多的是为了保障更重要的社会价值”①。笔者认为，现代诉讼中，由于人权保障以及程序法治观念的发达，可采性规则从整体上而言越来越注重正当性方面，具体到每个规则，都具有查明真相和保障人权的功能，是混合的，只不过侧重点不同。

上述不同种类的可采性规则与证明力或者说对自由心证的关系存在差别。第一类规则基于某些证据可信性的危险，防止事实认定的错误，考虑了证据的证明力，并将证明力问题转化为证据能力或者说可采性问题来解决。第二类规则是考虑“外部的政策”而确立的，往往不考虑证据的证明力，即使有很强的证明力也视为零。

（二）规范证明力的规则

自由心证并非绝对排斥法律对证据的证明力预先加以规定。基于诉讼价值的立场，各国仍规定有少量的规范证明力的规则。如法国《民法》第1341条规定的书证优先规则；有关审判记录

① 吴宏耀、魏晓娜：《诉讼证明原理》，法律出版社2002年版，第121页。

的证明力；只有被告人口供，不得认定有罪的规定；[①] 等等。主要有自白补强规则和书证优先规则。

三、影响证据规则运行的证据法原则

影响证据规则运行的因素包括司法制度层面、程序法层面和证据法层面。除了前面讲述的程序法和司法制度的背景，复审的模式和原则对证据规则的运行都会产生影响。从证据法层面上则需要关注证据裁判主义和自由心证两大基本原则。

（一）证据裁判主义

证据裁判主义也称之为“证据裁判原则”，是目前大多数国家普遍认可的一项证据法上的基本原则。大陆法系法律大都明文规定了证据裁判原则。如法国《刑事诉讼法》第427条明确规定，在轻罪的审判中，“除法律另有规定外，罪行可通过各种证据予以确定，法官根据其内心确信判决案件。法官只能以提交审理并经双方辩论的证据为依据作出判决”。德国《刑事诉讼法》第244条第2款规定，为了查明事实真相，法院应当依照职权将证据调查延伸到对裁判有意义的所有事实和证据。日本《刑事诉讼法》第317条规定：“认定事实应当根据证据。”这一规定被认为是立法上对证据裁判原则的经典表述。总之，大陆法系国家的证据裁判主义一方面要求裁判必须依靠证据，另一方面严格规范法官调查证据的程序，以规范法官权力的行使，并最终达到发现事实真相的要求。

在英美法系对抗式诉讼下，法官出于中立的超然地位，诉讼

---

① 在日本，“现行法的立场是，即使信用性高到光凭口供就能达到100%的有罪心证，如果没有补充强化证据，也不能判决有罪（日本《宪法》第38条第3项，日本《刑事诉讼法》第319条第2项，称之为补充强化证据的形式性要求，或叫做自由心证的例外的补充强化法则）”。[日] 田宫裕：《被告人的地位及其口供》，载 [日] 西原春夫主编：《日本刑事法的形成与特色》，中国法律出版社/日本国成文堂联合出版1997年版，第306页。

由当事人推进，法官一般不会主动调查证据，因此也没有约束法官调查证据的需要。其法律中没有直接明确的证据裁判原则，但是刑事诉讼中存在大量规范证据可采性的规则，也规定了许多证据展示和交叉询问等调查证据的方法，这些都体现了证据裁判主义的精神。

证据裁判意义重大，从历史发展来看，证据裁判体现了刑事诉讼的进步，是理性司法的体现。较之神示证据制度，与水审、火审等通过神的启示发现事实真相的做法相比，证据裁判确实是诉讼法历史上的巨大进步。同时，证据裁判可以保障事实认定的真实性。根据证据进行案件事实认定，是历史的进步，其基础就在于证据裁判可以更好地认识案件事实。在案件事实无法恢复的证明中，只能根据案件发生时遗留下来的痕迹、物品等证据来进行认定。证据裁判还是事实认定正当化的重要保障。证据裁判将事实认定活动统一到以证据为根据的基础上，使诉讼中纠纷的解决具有了同一的规则。而且其丰富的内容均体现了对于事实认定正当性的保障，体现对权力的制约和对权利的保障。

从证据裁判主义基本含义来看，是指在诉讼活动中，认定案件事实必须依靠证据，证据是认定案件事实的唯一手段，没有证据就不得认定事实，更不能认定犯罪。完整理解证据裁判，还需要明确此证据是指符合法律要求的经过合法调查的证据。换句话而言，证据裁判原则中的证据是有资格要求的，“无证据能力，未经合法调查之证据，不得作为判断之依据”①。

我国立法已经明确了证据裁判要求。刑事诉讼法典多处条文体现了证据裁判主义，如第 48 条第 2 款：证据必须经过查证属实，才能作为定案的根据。第 53 条：对一切案件的判处都要重证据，重调查研究，不轻信口供。证据确实充分要符合：……据以定案的证据均经法定程序查证属实。第 195 条第 1 项：案件事

① 林钰雄：《刑事诉讼法》（上册总论编），中国人民大学出版社 2005 年版，第 345 页。

实清楚，证据确实、充分，依据法律认定被告人有罪的，应当作出有罪判决；第3项：证据不足，不能认定被告人有罪的，应当作出证据不足、指控的犯罪不能成立的无罪判决。最高人民法院《司法解释》更是直接规定了证据裁判主义，如第61条：认定案件事实，必须以证据为根据。第62条：审判人员应当依照法定程序收集、审查、核实、认定证据。第63条：证据未经当庭出示、辨认、质证等法庭调查程序查证属实，不得作为定案的根据，但法律和本解释另有规定的除外。根据上述立法，在司法实践中，可以从正反两个方面把握证据裁判，一方面，作为定案根据的证据没有被排除，具有证据能力；另一方面，作为定案根据的证据要经合法调查程序，即遵循严格证明要求，采取法定证明方法，遵守法定证明程序。

如果证据没有达到要求，最终未达到证明标准，则应当坚持疑罪从无，这是无罪推定的体现，也是证据裁判主义的要求。无论是一审程序还是救济程序都应当坚持。我国二审中还保留事实不清发回重审的规定，从发展的角度来看，应当取消，真正做到二审亦严格贯彻疑罪从无，坚持证据裁判。

（二）自由心证原则

证据裁判与自由心证是现代西方证据法的两大基本原则，证据裁判要求裁判的形成必须以达到一定要求的证据为依据，为自由心证限定了前提。自由心证原则也称内心确信原则，是指事实裁判者依据良心和理性对证据的证明力进行自由评价以达到内心确信从而对案件事实作出认定的原则，是近现代以来西方各国普遍采用的证据法基本原则。由于诉讼模式的差异，存在不同类型的自由心证。坚持自由心证，就是在证据证明力判断和案件事实综合方面坚持法官自由裁量，而非依照法律的事先规定评价证据的证明力从而认定案件事实。

两大法系立法明确规定或者认可该原则。如法国现行《刑事诉讼法》第304条、第353条、第427条以及第536条对自由心证原则作出了立法上的规定。第353条则对重罪法庭案件即将评议作出规定，“在重罪法庭休庭前，审判长应责令宣读下列训示，并将内容大字书写成布告，张贴在评议室最显眼处：法律并不考虑法官通过何种途径达成内心确信；法律并不要求他们必须追求充分和足够的证据；法律只要求他们心平气和、精神集中，凭自己的诚实和良心，依靠自己的理智，根据有罪证据和辩护理由，形成印象作出判断。法律只向他们提出一个问题：你是否已形成内心确信？这是他们的全部职责所在”。德国自由心证的立法规定可以从现行《刑事诉讼法》第 261 条中找到：“对证据调查的结果，由法庭根据它在审理的全过程中建立起来的内心确信而决定。”英美法系中，自由心证不是一个专门的术语。由于受判例法的影响，立法上也没有关于自由心证的规定。不过这不能否认作为事实裁判者的法官或者陪审团在进行证据证明力的评价乃至进行事实认定时是自由证明的状况，法律并没有事先规定证据的证明力。虽然在美国，陪审团审理刑事案件的数量不到总数的 10%，但却是最具代表性的审判形式，几乎所有的研究都是以陪审团审判为诉讼背景的，陪审团的评议就是形成心证的过程，[①] 在这个过程中，立法没有限制证明力的评价和事实的认定，而是交由陪审团自由裁量。在英美法系，虽然存在一系列证据可采性规则规范证据能力，且陪审团评议前存在法官指示，但一旦进行评议后，就属于陪审团的裁量范围。

笔者认为对于证据的评价乃至事实认定遵循自由心证是符合认识规律和诉讼规律的。在我国，虽然有自己的国情和司法制度，证明力的评价也是遵循法官自由评价的思路。自由心证并非主观擅断，是受到内外制约的，包括逻辑和经验法则以及客观的证明标准；合议制度、证据调查程序、裁判理由制度、复审程

---

① 评议的过程和内容都是保密的，从形成心证的角度而言，大致经历以下几个阶段：第一，庭审结束后，陪审员对于案件事实有了初步心证。第二，在陪审团长的主持下，明确评议的最初问题，明确法官指示的含义。第三，评估案件，进行首轮表决，如果意见一致，则评议结束。但是这种情况很少见，一般要反复进行。第四，陪审员发表个人意见，进行讨论，直到达成一致意见。

序、证据规则等一系列外在机制。

此外，证明的基本要素也影响规则的运行。一般而言，典型意义的证明发生在审判阶段，是承担举证责任的控方举出确实充分的证据来说服法官的活动。其间包含了证明主体、对象、手段、后果等要素。这些要素的界定和取舍直接或者间接影响证据规则。

前文介绍了刑事证据规则的新发展，对2012年《刑事诉讼法》证据制度的变化进行了概括介绍。随着审判中心诉讼制度改革的推进，衍生了一系列司法改革文件，包括《意见》《实施意见》和《排除非法证据规定》，这些立法上的规定变得更加丰富和系统，其中相当篇幅的内容涉及证据规则，比如第42条的严格排除非法证据规定。本部分选取与我国司法实践最为密切的关联性规则、最佳证据规则、非法证据排除规则、传闻证据排除规则以及证据补强规则进行阐述。[①] 需要指出的是，我国的二审程序、死刑复核程序和再审程序的功能设置上都存在救济和纠错，存在对事实问题的救济和纠错，因此必然需要规范和运用上述证据规则。

第二节 关联性规则

关联性规则强调证据与案件事实的关联性，在证据规则体系中处于基础性地位，对案件事实认定、保证案件质量具有重要意义。在实务层面上，作为证据三性之一的关联性是法官们审查判断证据首先要考虑的问题，而且司法实践中法院否定辩护方提出的证据常常以“不具有证据的关联性”为理由。在判决书中，

① 这些规则是笔者参与的刑事培训班上的学员反馈比较集中的几个规则。

这一理由常常体现为一两句断言，但往往没有阐述理由。[①] 在笔者承担的法官培训班中，相当一部分接受培训的法官对关联性的概念和判断标准并没有系统的认识。因此有必要专门予以阐述，以发挥其在复审程序中查明事实的基础性作用。

本部分在对其历史沿革、现状进行梳理后，针对几个基本要素进行分析：涉及关联性的界定、规则的具体适用（有关联性的证据才能采纳，没有关联的不能采纳；例外——有关联性的证据基于公正和效率的考虑会排除）以及延伸的证据规则——品格证据等问题。最后提出立法完善建议。

一、关联性规则的起源与发展

现代意义的证据规则包括关联性规则以及衍生的品格证据规则等起源于英国。大约13世纪末以来，随着以陪审团为核心的"对抗式"诉讼制度的形成，以及各种证据在审判中日益频繁地使用，一系列规则便在英国产生和发展起来了。[②] 正如英美证据法学者指出的，"在刑事诉讼对抗式诉讼下，权力的典型分离是中立的法官负责决定法律和刑罚问题，没有受过法律专业教育的外行人的团体负责事实和定罪问题，这种权力的分离导致了普通法证据规则的产生，这些规则包括传闻、关联性以及排除规则，还有内心确信原则或者证据自由评价原则（the principle of "intime conviction" or "free evaluation of the evidence."）"[③]。因此，

① 如在李某某案件二审结束后，审判长就该案五大焦点作出公开说明，就拒绝采纳李某某辩护人提供的多项证据提出理由："二审法院庭审中，上诉人的辩护人向法庭申请出示多份所谓视频证据，对此检察员均提出异议，认为与本案不具有直接的关联性。合议庭经依法审查，认为异议成立，因此对辩护人申请出示上述证据，不予准许。"参见张建伟：《指向与功能：证据关联性及其判断标准》，载《法律适用》2014年第3期。

② 参见何家弘、刘品新：《证据法学》（第3版），法律出版社2008年版，第348页。

③ Stephen C. Thaman, Spain Returns To Trial By Jury, 21 Hastings Int'l & Comp. L. Rev. 241 (1998).

证据规则的产生与对抗式诉讼和陪审制度有密切联系。不过，在早期陪审团审判方式下，证据规则非常简单，不成体系，现代多数证据规则的源头也只是最多追溯到约十五六世纪而已。

到了18世纪，证据法得到了充分的发展。当时法律报告大量增加，所确立的原则逐渐发展成大量的规则，并用于实践。换句话而言，18世纪以来，随着对抗制的发展，品格证据、补强证据、自白规则、传闻规则等确立，完整的证据规则开始形成。还需要指出的是，证据规则的发展与早期证据理论的发展也有很大关系。[①] 19世纪到20世纪，英国证据规则在美国得到了继受并进一步发展。塞耶和威格摩尔等证据法学者的研究，美国联邦最高法院的判例等都极大地推动了证据规则的发展。20世纪末以来，证据规则在各国的适用出现了新的变化。

具体到关联性规则也遵循上述的基本轨迹：渊源可以追溯到早期证据法时期，18世纪系统确立和发展，19世纪到20世纪在美国得到进一步发展。对关联性问题最早进行深入研究的是英国著名学者斯蒂芬（1892－1894），他对证据法理论做出了重要的贡献。其著作《证据法摘要》有两大目的，第一是比较清晰地界定证据法的范围，使之与程序法、实体法相区分；第二是继续前辈的努力，构建一个基于某一单一原则上的证据规则体系，斯蒂芬主张的就是关联性，其哲学基础是密尔的逻辑学。他指出“除存在例外，法官所造的所有的证据规则均可以归纳到这样的原则来，即是争议的事实或者与争议有关的事实，而不是其他的事实，应当得到证明”。有国内学者对品格证据规则的起源进行了专门的考察，[②] 指出“在英国普通法发展的最早阶段，是否存在品格证据规则已很难考证”。威格摩尔、泰勒都认为在英国早

① 从18世纪末到1950年，对英美证据法理论产生重要影响的学者有：吉尔伯特、边沁、塞耶、威格摩尔等。有关内容可以参考参考 William Twing, Rethinking Evidence, Northwestern university press, 1994, pp. 35－69.

② 参见刘立霞等：《品格证据在刑事案件中的运用》，中国检察出版社2008年版，第9页。

期普通法实践中，品格证据的适用没有任何限制。1684 年的 John Hampden 一案被威格摩尔认为是禁止品格证据适用的重要转折点，但是司法实践中真正确立品格证据规则则是 19 世纪初期。英国《1898 年刑事证据法》的颁布则标志着现代品格证据规则的建立。

在现代英美法上，对关联性规则非常重视。即凡对自己的主张提出证据的，所提的资料须与其主张及争议事实有关联性，以此来限制辩论的范围。英美法理论认为，作为证据，必须既有关联性，又具有可采性。有相关性的证据能否采纳，首先看它是否被传闻证据规则、意见证据规则、最佳证据规则和特权规则等排除规则予以排除，如果被这些证据规则排除，当然就不可采。即使是没有被上述规则排除，相关证据也有可能不被采纳，这就是《美国联邦证据规则》第 403 条规定的因偏见、混淆或浪费时间而排除相关证据。该条规定，证据虽然具有相关性，但可能导致不公正的偏见、混淆争议或误导陪审团的危险大于该证据可能具有的价值时，或者考虑到过分拖延、浪费时间或无须出示重复证据时，也可以不采纳。英美法之所以要求证据必须具有关联性才可以被采纳，其主要理由有两个方面：第一，因英美法实行陪审团审判制度，由陪审团来认定案件事实，为了防止当事人将没有关联性的证据提供给陪审团考虑导致陪审团错误地认定案件事实，所以要有关联性规则，以免陪审团受当事人提出的无关联性证据的误导。第二，要求证据必须具有关联性是为了限定调查证据的范围。英美法实行当事人主义，证据的提出是当事人的责任，提出何种证据完全由当事人决定，如果不加以限制，会导致案件证据的调查没有终结，导致审判旷日持久，影响诉讼的顺利进行。

总之，英美立法和司法实践中对什么是相关性、如何判断，其具体规则是什么、存在什么例外，以及衍生的品格证据、类似行为等问题作出了规定并形成了许多判决，有着丰富的可以借鉴的素材。以美国联邦证据规则为分析对象，第四章规定了相关性及限制，第401条规定了相关性的界定，第402条规定了相关证据的一般可采性，第403条规定了因损害、混淆等原因而排除相关证据，第404条和第405条则规定了品格证据问题。还用了数个条文对证据相关性作出了限制性规定，如事后补救措施的证据不能采纳为证明该人存在过失或者实施了应受处罚的行为。

关联性规则从价值取向上而言，侧重于保障实体真实，旨在发现案件真实、避免错案，是规范证据能力的规则，关注“这个证据能否被采纳”。

二、我国关联性规则的立法现状及实践认知

笼统地说，我国《刑事诉讼法》没有明确关联性规则，“两个证据规定”和最高人民法院司法解释有多处规定了关联性，为司法实践中运用该规则提供了依据，法官对关联性及运用也有自己的认知，具体介绍如下。

（一）“两个证据规定”关联性规定

“两个证据规定”对证据相关性问题非常关注，《死刑案件证据规定》第6条第4项、第5项，第7条、第9条，还有第23条第8项、第24条第4项、第27条第5项，第29条第5项等规定体现了关联性规则。

第一，将相关性审查作为物证书证审查的重要内容，并在收集程序方面（如强调全面收集有相关性的物证、书证；重视反映物证书证来源的搜查等笔录及清单的制作）作出相应规定。第6条规定，“对物证、书证应当着重审查以下内容：……（四）物证、书证与案件事实有无关联。对现场遗留与犯罪有关的具备检验鉴定条件的血迹、指纹、毛发、体液等生物物证、痕迹、物品，是否通过DNA鉴定、指纹鉴定等鉴定方式与被告人或者被害人的相应生物检材、生物特征、物品等作同一认定。（五）与案件事实有关联的物证、书证是否全面收集”。第7条规定，“对在勘验、检查、搜查中发现与案件事实可能有关联的血迹、指纹、

足迹、字迹、毛发、体液、人体组织等痕迹和物品应当提取而没有提取，应当检验而没有检验，导致案件事实存疑的，人民法院应当向人民检察院说明情况，人民检察院依法可以补充收集、调取证据，作出合理的说明或者退回侦查机关补充侦查，调取有关证据”。第9条规定，“经勘验、检查、搜查提取、扣押的物证、书证，未附有勘验、检查笔录，搜查笔录，提取笔录，扣押清单，不能证明物证、书证来源的，不能作为定案的根据。物证、书证的收集程序、方式存在下列瑕疵，通过有关办案人员的补正或者作出合理解释的，可以采用：（一）收集调取的物证、书证，在勘验、检查笔录，搜查笔录，提取笔录，扣押清单上没有侦查人员、物品持有人、见证人签名或者物品特征、数量、质量、名称等注明不详的……对物证、书证的来源及收集过程有疑问，不能作出合理解释的，该物证、书证不能作为定案的根据”。

需要指出的是，根据上述规定，证据来源不明不能作为定案根据，来源有疑问必须作出合理解释，否则不能作为定案根据。这是因为来源有问题，意味着物证和书证与案件的联系存在疑问，如果没有关联，则无须讨论合法性和真实性问题。

第二，将相关性的审查延伸到鉴定意见及视听资料、电子数据，并明确没有相关性的则不能作为定案根据。第23条规定，“对鉴定意见应当着重审查以下内容：……（八）鉴定意见与案件待证事实有无关联”。第24条规定，“鉴定意见具有下列情形之一的，不能作为定案的根据：……（四）鉴定意见与证明对象没有关联的”。第27条规定，“对视听资料应当着重审查以下内容：……（五）内容与案件事实有无关联性”。第29条规定，“对于电子邮件、电子数据交换、网上聊天记录、网络博客、手机短信、电子签名、域名等电子证据，应当主要审查以下内容：……（五）该电子证据与案件事实有无关联性”。

第三，证明力的审查判断应当注意关联性。第32条规定，“对证据的证明力，应当结合案件的具体情况，从各证据与待证事实的关联程度、各证据之间的联系等方面进行审查判断。证据之间具有内在的联系，共同指向同一待证事实，且能合理排除矛盾的，才能作为定案的根据”。

（二）最高人民法院司法解释的关联性规定

2012 年司法解释与“两个证据规定”一脉相承，加以吸收，体现在第 69 条、第 72 条、第 73 条以及第 203 条、第 213 条、第 214 条等条文。

第一，明确审查重点包括证据的相关性。延续了《死刑案件证据规定》第 6 条内容，在第 69 条规定：“对物证、书证应当着重审查以下内容：……（四）物证、书证与案件事实有无关联；对现场遗留与犯罪有关的具备鉴定条件的血迹、体液、毛发、指纹等生物样本、痕迹、物品，是否已作 DNA 鉴定、指纹鉴定等，并与被告人或者被害人的相应生物检材、生物特征、物品等比对；（五）与案件事实有关联的物证、书证是否全面收集。”

第二，要求全面收集有关联性的物证，如果没有收集则由检察机关依法补充或者进行合理解释。2012 年最高人民法院《司法解释》吸收了《办理死刑案件证据规定》第 7 条，在第 72 条明确：“对与案件事实可能有关联的血迹、体液、毛发、人体组织、指纹、足迹、字迹等生物样本、痕迹和物品，应当提取而没有提取，应当检验而没有检验，导致案件事实存疑的，人民法院应当向人民检察院说明情况，由人民检察院依法补充收集、调取证据或者作出合理说明。”

第三，规定了收集程序违反法律规定的后果，即延续了《办理死刑案件证据规定》第 9 条，在第 73 条明确：“在勘验、检查、搜查过程中提取、扣押的物证、书证，未附笔录或者清单，不能证明物证、书证来源的，不得作为定案的根据。物证、书证的收集程序、方式有下列瑕疵，经补正或者作出合理解释的，可以采用：（一）勘验、检查、搜查、提取笔录或者扣押清单上没有侦查人员、物品持有人、见证人签名，或者对物品的名称、特征、数量、质量等注明不详的……（四）有其他瑕疵的。

对物证、书证的来源、收集程序有疑问，不能作出合理解释的，该物证、书证不得作为定案的根据。”①

第四，延续了《办理死刑案件证据规定》第 23 条第 8 项、第 24 条第 4 项、第 27 条第 5 项、第 29 条第 5 项，在第 84 条第 8 项、第 85 条第 8 项、第 92 条第 6 项、第 93 条第 4 项、第 93 条第 5 项明确要审查鉴定意见、视听资料和电子数据与待证事实有无关联，如果鉴定意见与证明对象没关联则不得作为定案的根据。视听资料、电子数据经审查无法确定真伪的；制作、取得时间、地点、方式等有疑问，不能提供必要证明或者作出合理解释的，则不能作为定案根据。

第五，强调证据综合审查运用时“对证据的证明力，应当根据具体情况，从证据与待证事实的关联程度、证据之间的联系等方面进行审查判断。证据之间具有内在联系，共同指向同一待证事实，不存在无法排除的矛盾和无法解释的疑问的，才能作为定案的根据”。

此外，司法解释的程序部分，如 1998 年司法解释第 136 条第 1 款、第 139 条，2012 年司法解释第 203 条、第 213 条、第 214 条都体现出对证据相关性的关注：“控辩双方申请证人出庭作证，出示证据，应当说明证据的名称、来源和拟证明的事实。法庭认为有必要的，应当准许；对方提出异议，认为有关证据与案件无关或者明显重复、不必要，法庭经审查异议成立的，可以不予准许”（第 203 条）；“向证人发问应当遵循以下规则：（一）发问的内容应当与本案事实有关…… 前款规定适用于对被告人、被害人、附带民事诉讼当事人、鉴定人、有专门知识的人的讯问、发问”（第 213 条）；“控辩双方的讯问、发问方式不当或者内容与本案无关的，对方可以提出异议，申请审判长

① 人民检察院诉讼规则也专门对相关性问题作出了规定。如第 62 条规定，证据的审查认定，应当结合案件的具体情况，从证据与待证事实的关联程度、各证据之间的联系、是否依照法定程序收集等方面进行综合审查判断。

制止，审判长应当判明情况予以支持或者驳回；对方未提出异议的，审判长也可以根据情况予以制止”（第214条）。

（三）法典中的零散规定

在我国的法典中，存在有关关联性的零散规定。例如，2012年《刑事诉讼法》第118条规定，“侦查人员在讯问犯罪嫌疑人的时候，应当首先讯问犯罪嫌疑人是否有犯罪行为，让他陈述有罪的情节或者无罪的辩解，然后向他提出问题。犯罪嫌疑人对侦查人员的提问，应当如实回答。但是对与本案无关的问题，有拒绝回答的权利。侦查人员在讯问犯罪嫌疑人的时候，应当告知犯罪嫌疑人如实供述自己罪行可以从宽处理的法律规定”。本条从犯罪嫌疑人权利的角度确立了犯罪嫌疑人陈述的相关性，同时也要求侦查人员只能讯问与本案有关的问题。又如，该法第139条第1款规定：“在侦查活动中发现的可用以证明犯罪嫌疑人有罪或者无罪的各种财物和文件，应当查封、扣押；与案件无关的财物、文件，不得查封、扣押。”

正如有的学者所指出的，将关联性包含于可采性之中的证据理念，显然没有为中国的司法解释所吸收，而那种将“证明力”与“证据能力”加以分离的证据立法体例，则得到中国最高司法机关的接纳。这集中表现在大量旨在限制证据规则之证据能力的规则得到确立，各类旨在否定“定案根据”资格的排除性规则纷纷出现。①

（四）司法实践中关于关联性的基本认知

在司法实践中，关联性已经成为法官审查判断证据的基本标准。不过由于立法并没有规定哪些证据没有相关性而不能采纳，法官在既负责事实问题又负责法律问题的审理模式之下，实践中移送法院的起诉书中一般都列明被告人的前科和曾受处罚的情况，这些有助于法官进行量刑，但是与定罪没有相关性。因此，

① 参见陈瑞华：《刑事证据法学》，北京大学出版社2012年版，第676页。

实践中相关性问题没有像英美法系那样作为可采性的前提条件存在，且没有具体的规则，而是从“没有关联性的证据不能作为定案根据”的角度来认识关联性问题。

从法官的一般认识来看，一般将关联性的判断作为证明力问题来看待。也就是说，法官观念认识上认为相关性更多的是证明力的问题，而不是证据可采性的前提方面。实务操作上由于证据能力和证明力的区分不明显以及采取的不是陪审团审判，法官笼统从“三性”进行证据审查判断，最终得出事实认定。

三、关于关联性规则的理论研究

虽然立法上对关联性规则没有明确的规定，但是理论界对“只有对案件事实有正面作用的证据材料才能用作证据”这一点已经达成共识。几乎所有的刑事诉讼法学教材和证据法学教材都认为证据必须有关联性，并将其作为证据的基本特征之一。

比如传统证据理论就认为“可以作为证据的事实，与诉讼中应当予以证明的案件事实，必须存在某种联系，即能够反映一定的案件事实……在诉讼理论、证据理论中，一般称为证据的相关性或关联性，也有称为证明性的”①。传统证据理论认为证据的相关性是由案件事实决定的，案件事实的发生在客观世界留下了各种痕迹，这些痕迹为人们所感知，即证据。证据与案件事实有着本质、内在的联系，才能证明案件事实，这样的证据才有关联性。

随着对英美证据理论的了解和借鉴，2000 年左右开始出版的教材对于关联性的理解吸收了英美关联性概念的一些因素。如“诉讼证据的关联性，是指诉讼证据与案件的待证事实之间有客观的联系，这种关联性，要求诉讼证据应当能够全部或者一部分地证明案件的有关事实是存在还是不存在”②。2005 年以后，随

① 陈一云主编：《证据学》，中国人民大学出版社 1991 年版，第 101 页。

② 江伟主编：《证据法学》，法律出版社 1999 年版，第 210 页。

着证据法教材对证据规则的系统介绍，对于关联性的界定已经侧重于英美的概念了。[1]民事诉讼法学者认为，从目前来看，我国法学界对关联性的认识逐渐趋向一致，认为关联性是实质性和证明性的结合。他们认为，关联性不涉及证据的真假和证明价值，其侧重的是证据与证明对象之间的形式性关系，即证据相对于证明对象是否具有实质性，以及证据对于证明对象是否具有证明性。所谓实质性是指证据将要证明的问题属于依法需要运用证据加以证明的待证事实。所谓证明性是指所举证据依据事物间的逻辑或经验关系具有使实质性问题可能更为真实或不真实的能力。[2]

从关联性立法、理论研究的比较中，我们能发现以下几点主要区别，这也与后面关联性规则各个基本要素的分析紧密相关。

第一，英美证据理论一般用关联性这个词，认为关联性的核心是证明性（provability），即能够证明待证事实的实际能力；我国证据理论从强调关联的客观性，逐步转向英美的概念。

第二，证据与待证事实的关联可以分为形式上的关联和内容上的关联，英美法系证据理论主要是从前者进行阐述的。而我国传统证据理论中涉及的关联性包含了证明性和证明力方面（有无关联和关联大小）的内容，更多的是从证明力的范畴展开的。

第三，英美证据法除了原则上规定关联性规则之外，还对实践中经常出现困难的关联性问题在法律上加以规定，存在与关联性有关的具体规则，比较典型的是品格证据规则和类似事实证据规则，具有很强的操作性。而这点我国理论研究还需要进一步深入，立法上更是要总结实践经验加以规定，以便真正确立关联性规则。

---

① 较之于教材对于关联性的关注，专门论述关联性的文章并不是很多，近10年来直接论述关联性的核心期刊文章不到20篇，且主要侧重于国外理论的介绍和品格证据。

② 参见汤维建、卢正敏：《证据“关联性”的涵义及其判断》，载《法律适用》2005年第5期。

总之，关联性规则无论是立法还是司法实务，都必须高度重视，因为证据事实与案件事实之间的关联性问题，是认定案件事实的生命所在，直接关系到案件的质量，在某种程度上决定证据的可采性。关联性问题涉及案件的每一个证据还涉及全案证据。要在理论上加强对关联性规则的细化研究，尤其是衍生的品格证据规则，为立法的完善提出建议。

四、关联性及其判断标准

在美国，所谓相关性（relevancy），或者说关联性，是指证据必须与案件的待证事实有关，从而具有能够证明案件的待证事实的属性，是进入诉讼作为证据的第一道门槛。美国《联邦证据规则》第401条对相关证据的定义是："相关证据"指证据具有某种倾向，使决定某项在诉讼中待确认的争议事实的存在比没有该证据时更有可能或更无可能。[①] 美国《模范法典》则规定，"关联之证据，指证据之具有任何趋势，足以证明任何重要之事项者"。澳大利亚联邦《1995年证据法》第55条将"关联性证据"的涵义界定为，"诉讼程序中有关联的证据，指如果该证据被采纳时，可以合理地（直接或间接）影响对诉讼中系争事实存在的可能性进行评价的证据"。

英美证据法学者对关联性的界定颇有建树，最经典的是英国法学家斯蒂芬在其《证据法汇编》中的定义，认为关联性意味着："所应用的任何两项事实是如此相关联着，即按照事物的通常进程，其中一项事实本身或与其他事实相联系，能大体证明另一事实在过去、现在或将来的存在或不存在。"西蒙勋爵给关联

① See Arther, Best Evidence: Examples And Explanations, Little Brown and Company, 1994, p. 2. 需要说明的是，根据美国《联邦证据规则》（2011年重塑版），关联性的含义没有发生变化，只是在表述上更加简洁流畅。即在下列情况下，证据具有相关性：该证据具有与没有该证据相比，使得某事实更可能存在或者更不可能存在的任何趋向，并且该事实对于确定诉讼具有重要意义。参见王进喜：《美国联邦证据规则（2011年重塑版）条解》，中国法制出版社2012年版，第56页。

性下了一个更为简练的定义，成为斯蒂芬后最为流行的学理解释："如果证据在逻辑上对待证事实的存在与否具有证明作用，该证据就具有关联性……该证据使待证事实的存在更有可能或者更无可能。"[①] 美国证据法专家乔恩·R. 华尔兹对关联性的定义为："实质性和证明性加在一起就等于相关性。"[②] 可以说，证明性涉及的是逻辑关系，即能够反映一定的案件事实。实质性涉及的是实体法问题。证明性与实质性相结合，证据才具有关联性。

关于关联性的判断标准是个关键问题。根据学者的研究，一般认为关联性的判断没有固定的标准，依赖于人的经验和常识。在这个前提认识之下，本部分探讨一些具体的方法。

根据华尔兹教授对关联性的定位，关联性包括实质性和证明性，因此关联性的判断包括实质性和证明性的判断。实质性涉及的就是证据与案件之间的关系，注重的是证据欲证明的主张与案件中的待证事实的关系。如果某项证据与案件有关、能够证明待证事实，对案件的裁判具有特定的法律意义，就可以称该证据具有实质性。实质性的判断要看待证事实，要根据实体法。也就说看该证据证明的事项是否属于"待证事实"。实践中，待证事实的确定与实体法和当事人的主张直接相关。民事诉讼中往往是"争议事实"，而刑事诉讼中可以归纳为"与定罪量刑有关的事实"，其法律依据来自证据法关于证明对象的规定和实体法上犯罪构成的规定。明确了待证事实后，判断证据的实质性就在于明确该证据的证明目的，如果证据指向待证事实，则具有实质性。

所谓证明性，就是具有证明价值，指的是所提出的证据支持其欲证明的事实主张成立的倾向性，是依据逻辑或者经验而使欲

① 转引自郭志媛：《刑事证据可采性研究》，中国人民公安大学出版社 2004 年版，第 3 页。

② ［美］乔恩·R. 华尔兹：《刑事证据大全》，何家弘等译，中国人民公安大学出版社 1993 年版，第 15 页。

证明的事实主张更为可能或更无可能的能力。如前所述，是英美关联性的核心。笔者认为证明性的判断是关联性判断的难点，也是学者关注所在。根据英美学者的研究，可以采取两种方法：(1) 简单地提出疑问，对此证据的认识是使发现待证事实真相更为可能？(2) 将假设成立，在此情况下，考虑证据出现的可能性。①

综上，检验证据是否有关联性，有以下几个标准：第一，所提的证据是用来证明什么的？第二，这是本案的实质性问题吗？对待证事实要进行分析。第三，所提的证据对该问题有证明性吗？因为证据的相关性从本质上说取决于证据事实由案件事实所反映、所产生的与案件事实存在内在的、实质的联系，从而才可能产生不同程度的证明力。因此，判断证据是否具有关联性，往往需要逻辑推理，需要有丰富的实践经验。如《美国联邦证据规则》对于关联性的判断在立法上采取了逻辑关联主义的立场；在司法实践中，这一立场又体现为经验主义。②“法官可以通过当事人提出的争议事项、其他证据以及可适用的实体法来判断某一证据是否具有关联性，也可以依靠起诉书、审前命令以及答辩的内容、其他证人的证词以及律师的开场陈述和辩论等来判断证据是否具有关联性……在判断某些证据与代证事实是否具有关联性时，法庭必须借助自己的知识、经验、常识。”③

五、关联性规则及其适用

相关证据规则又称为关联证据规则，是指只有与本案有关的事实材料才能作为证据使用，相关性是证据被采纳的首要条件。

---

① MeCormiek on Evidenee (sthed,), edited by JohnW. Strong, Hornbook Series, ST. PAUL, MINN, 1999, pp. 276 - 279.

② 参见易延友：《〈美国联邦证据规则〉中的关联性》，载《环球法律评论》2009 年第 6 期。

③ 郭志媛：《刑事证据可采性研究》，中国人民公安大学出版社 2004 年版，第 8 页。

关联性规则也是英美法系的一项基础性证据规则，没有相关性的证据是不具有可采性的，相关性作为可采性的前提条件存在。

就关联性规则本身而言，证据没有相关性肯定不能采纳，但是有相关性未必采纳。这里涉及两个层次的问题，一个层次是英美证据法中存在的大量的可采性规则，比如非法证据排除、传闻证据排除规则。另一个层次是规则本身存在例外，如导致不公正偏见的证据。本部分就是要结合国外有关立法例探讨这个层次的例外，从而把握关联性规则的具体适用问题。

根据美国《联邦证据规则》第403条规定，证据虽然具有相关性，但可能导致不公正的偏见、混淆争议或误导陪审团的危险大于该证据可能具有的价值时，或者考虑到过分拖延、浪费时间或无须出示重复证据时，也可以不采纳。英美法之所以要求证据必须具有关联性才可以采纳，其主要理由有两个方面：第一，因英美法系国家实行陪审团审判的制度，由陪审团来认定案件事实，为了防止当事人将没有关联性的证据提供陪审团考虑导致陪审团错误地认定案件事实，所以要有关联性规则，以免陪审团受当事人提出的无关联性证据的误导。第二，要求证据必须具有关联性是为了限定调查证据的范围。英美法系国家实行当事人主义，证据的提出是当事人的责任，提出何种证据完全由当事人决定，如果不加以限制，会导致案件证据的调查没有终结，导致审判旷日持久，影响诉讼的顺利进行。

可以看出，美国《联邦证据规则》为关联性确立了两大方面的例外，一是从公正角度考虑的各种危险，二是从效率角度考虑的各种因素。

第一，因存在不公正偏见、引起混淆或误导陪审团的危险而排除证据。第一种危险是“不公正的偏见”，也就是说，公正的偏见不需要排除。所谓的不公正的偏见，根据专家咨询委员会的解释即不公正的偏见就是暗示着结论将建立在通常但不必然是情感因素的基础上这一趋势。[①] 可能导致具有关联性的证据被排除的第二种危险是混淆争点。很多判例对此作了解释和界定。如在2005年的一个案件中，警察在逮捕被告人时使用了警犬。被告人认为这一行为是对其使用了过度的暴力。审判中，专家证人试图在法庭上证明，警察在抓捕被告人的过程中使用警犬已经超出了警察使用暴力的正常范围，属于过度使用暴力。其理论基础是，警察在使用暴力时应当遵循最小化原则。法庭认为，该证据既不具有相关性，也容易引起混淆。因为，即使陪审团最终认定警察使用的暴力超出了最小化暴力的范围，陪审团仍然可能会判定警察的行为属于合理范围。[②] 第三种危险是误导陪审团。一方面混淆争点和误导陪审团之间存在重合的情况。几乎所有混淆争点的证据，同时也是误导陪审团的证据。但另一方面，并非所有误导陪审团的证据都会导致混淆争点。因此，《联邦证据规则》对二者还是作了区分，以涵盖更多的情形。

第二，考虑到过分拖延、浪费时间或无须出示重复证据而排除有关联性的证据。即如果一项证据可能导致法庭审判的不适当拖延，浪费时间或者不必要的累积证据，该项证据也可能被排除。比如一项证据仅仅是重复已经得到容许的证据，则该项证据将被排除。如果一项证据仅仅是围绕当事人争议的边缘问题展开，则该项证据也可能被排除。在具体的司法实践中，法官享有自由裁量权。

需要注意的是，可能造成不公正的偏见等风险和造成审判拖延的顾虑是存在着显著区别的。“危险”影响的是事实认定程序的纯洁性；“顾虑”只是影响法院的效率。因此，“危险”导致证据被排除的可能性往往大于因“顾虑”而排除证据的可能性。

---

① Fed. R. Evid. , 403 advisory committee's note.

② Marquezv. City of Albuquerque (2005, CA10 NM) 399 F3d1216, 66 Fed Rules Evid Serv 702. 转引自易延友：《〈美国联邦证据规则〉中的关联性》，载《环球法律评论》2009年第6期。

六、证据相关性的限制——以品格证据为要点的分析

如前所述，英美证据法除了原则上规定关联性规则之外，还对实践中经常出现困难的关联性问题在法律上加以规定，存在与关联性有关的具体规则，比较典型的是品格证据规则和类似事实证据规则。[①] 这些具体规则对司法实践特别有指导意义，对我国立法和司法实践具有相当的借鉴意义。以下以品格证据为例进行分析。

品格证据的含义理解众说纷纭，英文表述为“character evidence”。把握品格证据首先要界定品格。从广义的角度看，品格包括声誉、行为倾向、以前发生的特定事件。[②] 而从狭义上而言，品格仅仅指个体的名声和行为倾向。声誉是指一个人在其生活的社区环境中，人们对其品行的普遍评价。一个人的行为倾向是指他经常实施的行为或者某个特定行为所表现出来的稳定特点。采用证明某人行为倾向的证据，其目的在于，试图从其以往经常实施的行为或特定行为经常表现出来的特点，推论出某人极有可能实施被指控的犯罪行为；或者，试图根据行为倾向的特点来认定犯罪人的身份等。

此外，在英美证据法中，除了一个人的声誉、行为倾向可以成为品格证据，一个人以前所发生的特定事件也可以成为品格证据。这实际上相当于我国所说的“前科”。因此，英美证据法中所谓的品格证据，并非仅仅指证明道德品质的证据。而且，品格证据也并非专门适用于被告，对被害人（强奸案件的被害人除外）、证人也可以适用；不但证明一个人不良品格的证据可以采用，而且证明其良好品格的证据也可以采用。大陆法系则经常以

---

① 类似证据是指证明过去的犯罪及不端行为或者其他犯罪的证据，由于与争议中的事实不具有关联性而被排除。类似证据与品格证据可以合称为倾向性证据。

② Peter Murphy, Murphy on Evidence, Oxford University Press, Eight Edition, p. 116.

人格代替品格，是指某人身上拥有的独特而稳定的心理品质的总和。

关于品格证据的运用。英美证据法的品格证据规则原则上是不采用品格证据，但是在例外的情形下可以采用，其原因是品格证据可能引起陪审团的偏见，或者浪费时间。多数案件中品格不是争议事实，因此与争议事实没有证据上的关联。因此，作为一般规则，有关某人品格或者品格特征的证据，不能用以该人在特定场合的行为与其品格或者品格特征相一致，即不具有关联性。在具体运用中，注意以下两个问题。

第一，品格证据的关联性取决于它的证明目的。刑事诉讼中，品格证据如果与争议事实有关则具有关联性；此外，与被告人、证人的诚信度有关则也具有关联性。总之，证明诚信度时采纳为原则；而指向定罪时不采纳为原则。

第二，品格分为良好品格和不良品格。英美证据法分别规定了规则，被告人可以选择通过辩护、交叉询问控方证人以及自己举证的方式来提出自己的良好品格；对于不良品格则严格限制。以良好品格证据进行分析，英国对于被告人良好品格证据的法律意义界定以《1898 年刑事证据法》为界限分为两个阶段：一是在《1898 年刑事证据法》颁布之前，刑事被告人并不具有以证人身份出庭作证的资格，因此被告人提出的品格证据只被允许证明其是否犯有当前被指控的犯罪，而不允许被告人以自身的良好品格来证明其言词的可信性。二是《1898 年刑事证据法》颁布以后，刑事被告人被赋予了作为证人在法庭上作证的资格，被告人的良好品格证据被认为只与被告人的言词可信性相关，而不能证明被告人是否实施了当前被指控的犯罪。在《1898 年刑事证据法》颁布若干年后的多个案件中，主审法官都发表了认为品格证据可以对被告人是否实施了当前被指控的犯罪起到证明作用的观点，并将这种观点应用于刑事判决当中。因而，从英美法系成文法律和刑事判例双重角度考虑，笔者认为在英美法系中，被告人的良好品格证据不仅可以证明被告人言词的可信度，也可以证明被告人是否实施了当前被指控的犯罪。

从上述论述中也可以得出，品格证据的关联性与证明的内容有关。英美法系在理论上都承认被告人享有提交证明其良好品格的权利。而不良品格则一般不具有关联性。

品格证据的采纳作为该规则的例外而存在，主要包括：

第一，被告人自己提出其品格良好的证据的，或曾攻击控告人的品格的，以及曾指证他人或共同被告是犯罪人的，则被攻击的一方或原告可以质问被告人过去的品行，并提出关于其品格不良的证据，在这种情况下，可以视为被告人实施犯罪行为的佐证，或者用来证明被告自行作证的证言是不可信的。被告人定罪之后，法院在判刑之前，可以查询和采纳有关其前科和品格的证据。

第二，被害人的品格。在美国，有关提出强奸指控之被害人以前的具体性行为的证据一般也不能采用，除非该证据属于下列情形：（1）宪法规定应予采用的；（2）发现该被告人不是该精液来源的证据或者该被告人并没有造成控告人所受伤害的证据；（3）表明被告人自己过去与该控告人的性关系的证据。

第三，关于其他犯罪、错误或行为的证据。美国《联邦证据规则》第404条（b）规定："关于其他犯罪、错误或行为的证据不能用来证明某人的品格以说明其行为的一贯性。但是，如果出于其他目的，如证明动机、机会、意图、预备、计划、知识、身份，或缺乏过失，或意外事件等，可以采纳。"

关于我国刑事诉讼中品格证据问题。我国的庭审制度并非陪审制，判断品格证据的关联性对于有多年审判经验的法官来说，不会把品格证据作为定案的唯一证据，也不大可能引起他们的偏见。事实上，在庭审中，我国的法官都或多或少地采纳过品格证据，但并没有因为品格证据导致重大错误。因此，在我国的司法实践中，并没有对品格证据一概予以排除，而是以"谨慎"为条件，在未成年人犯罪案件、量刑程序等情形中都会时有采用。

在《刑事诉讼法》修改的背景下，品格证据在量刑、强制措施、执行程序中都有着重要的适用空间，对未成年人案件具有特别的价值，应当加强这方面的研究和实践探索，以《刑事诉讼法》第268条规定的情况调查制度为基点，完善品格证据调查制度。

那么如何完善关联性规则呢？如前所述，我国立法和司法实践都非常重视关联性问题，并在司法层面上运用着关联性规则以及衍生的品格证据规则等。所缺乏的是立法上的明确化和规范化。因此，从立法完善的角度提出两点意见。

第一，在法典上明确关联性规则和品格证据规则，首先在证据部分原则性规定“只有与本案有关的事实材料才能作为证据使用；一般情况下品格证据与待证事实没有关联性”。并将司法解释中关于证据关联性的规定上升为法典层次，与总体原则性规定形成有机体系。

第二，尝试通过案例指导制度完善关联性规则的例外规定，探索品格证据在量刑、强制措施、执行程序以及未成年人案件中的具体运用。我们不宜直接在立法层面上一步到位规定关联性规则的具体运用，尤其是涉及品格证据的问题。加上我国地域发展不平衡，司法改革的进程以及司法理念有所不同，从实践具体个案中总结经验，通过案例指导的方式细化规则是推动立法完善的重要途径。

其实任何一个证据规则的确立都离不开相关诉讼制度的完善。重视审判程序、强化控辩平等对抗、完善起诉制度（区分定罪和量刑证据）等对于关联性规则的完善都具有非常重要的意义。

还需要指出的是，由于我国不实行陪审团审判，整体上对于证据规则的需求并不如英美法系，因此在强化法官队伍正规化、专业化、职业化的背景下，要立足于规范法官自由裁量权，而不是限制乃至剥夺法官自由裁量权的立场，推动关联性规则的确立和发展，建立符合我国实际的证据规则体系。

第三节 最佳证据规则

最佳证据规则（Best Evidence Rules），也可称为原始证据优先规则，是古老的英美法系证据规则，在历史演变中逐渐演变成关于文书证据可采性的规则。我国司法解释体现了其基本精神。在构建中国的证据规则体系时，需要提高该规则的位阶，在适用范围、具体运用规则如复制件的适用等问题上进行完善。在司法实践层面，原始证据优先的理念已经被广大法官所接受，并在证据审查判断中予以运用。

一、最佳证据规则的起源和发展

最佳证据规则是英美法系最古老的证据规则之一，是少数几个可以追溯到1700年前的证据规则，起源于英国。“最佳证据”这一用语最早出现于1700年，首席大法官霍尔特在一个案件中指出“仅仅需要事物本身所具有的最佳证据”[①]。具体而言，据学者考察，最佳证据规则起源于英国古代司法证明中的“文书审”（Trial by Charters）。所谓的文书审，就是由诉讼提起人把与争议事实有关的一般由被告人制作的文书提交给法官，以便裁定原告人的主张是否在该文书中有足够的依据。文书审的核心是文书，因此这种审判必须向法庭提交文书。而且必须传唤文书制作过程中的目击证人到庭证明其可靠性，法庭的调查也要受到文书内容的严格限制，不得以口头证言改变或者增加文书中已经确定的内容。因此可以看出，英国早期文书证据规则有三个基本原则：第一，提供原始文书；第二，必须由辅助证人证明文书的制作过程；第三，不能用口头证言修正或变更文书的内容。第一个原则与最佳证据规则紧密相关，经历了三个发展阶段，从狭义的

① 陈光中主编：《证据法学》，法律出版社2011年版，第259页。

文书审案件扩大使用到一切审判中的文书证据形成了后来的“最佳证据规则”，并形成了各种例外。[①]

对最佳证据理论推崇并系统加以论述的证据法学家是吉尔伯特。18世纪最受重视的是最佳证据理论，即当事人必须提供他所能提供的最佳证据，如果可以取得更好的证据，其他证据将被排除。吉尔伯特（1674－1726）也持这种观点，其所著的《证据法》是英美专门研究证据法的开端之作，该书根据洛克的哲学思想来构建证据法学的理论体系，力图将其建立在盖然性的观念之上，并由此形成内在紧密联系的体系。他提出“证据法第一个以及最重要的规则就是，人们必须要有适合事物性质的最佳证据；法律的设计就是要达到对权利事项的严格的确定性（demonstration），如果没有适合事物性质的最佳证据，就没有了事实的确定性”。在最佳证据的基础上，吉尔伯特确立了证据的不同种类并区分了不同的盖然性程度，从而形成了形式化的等级结构。因此，吉尔伯特的思想体现了早期盖然性的认识，体现出对最佳证据的追求。笔者认为，早期证据规则主要是出于保障证据真实性的需要。基于盖然性的认识，找到最佳证据并确立相关规则与此是相契合的。

在上述理论认识上所形成的最佳证据规则在18～19世纪盛极一时。但是到了20世纪，最佳证据规则只在“原始文书规则”中得到复活，即需要依靠文件的内容作为证据时，原件通常由于复印件或者对其内容的口头陈述。之所以强调该项规则，著名的证据法学家摩根曾阐述“所谓最佳证据规则，在现在则为关于文书内容之证据容许性法则。该法则需要文书原本之提出，如不能提出原本，直至有可满意之说明之前，则拒绝其他证

① 详见郭志媛：《刑事证据可采性研究》，中国人民公安大学出版社2004年版，第252～254页。易延友：《最佳证据规则》，载《比较法研究》2011年第6期。后者将最佳证据规则的发展分为文书审阶段（中世纪）、文书答辩阶段（陪审制发展起来后）以及文书作为证据提出阶段（1700年）。

据，其理由至为明显。盖文字或者其他符号，如差之毫厘，其意义则可能失之千里；观察时之错误危险甚大，尤以当其在实质上对视觉有所近视时为然。因此之故，除提出文书之原本以供检阅外，于证明文书之内容时，诈伪及类似错误之机会自必甚多”①。可知，之所以规定最佳证据，是考虑到非原始文书容易被伪造、篡改而影响证明力；非原件无法与原件进行比对影响案件事实查明。

英美法系在立法上都明确了最佳证据规则，并在规则的适用对象、对原件的处理上有了新的发展。如美国《联邦证据规则》第1001条至第1007条对此规则加以详细规定。大陆法系刑事诉讼法基本都没有规定，只在民事诉讼法中有所涉及，如德国《民事诉讼法》第435条。两大法系关于最佳证据的规定告诉我们，现代法治国家一般遵循提交书证的原件为基本要求，并规定若干例外，保证复制件在真实的情况下具有可采性。

综上，最佳证据规则起源于“文书审”，在18~19世纪发展到顶峰，被视为证据法的灵魂之一。最初的含义比较泛泛，只强调要提供证明案件事实的最佳证据。后来逐渐明确限定在书证领域，对复制件的适用态度也发生了从排斥到接受的变化。大约在18世纪后半期，英国的法院一般都允许当事人根据公共记录档案的副本或复制件提起诉讼，而不必提交原始文书。到了20世纪随着科技的发展，规则的适用对象、对原件的处理上有了新的发展。可以说，从最佳证据规则在其发源地英国的发展趋势来看，最佳证据规则的重要性有所下降，司法实践中复制件被采用的情形已非常普遍。但是仍然是英美法系一项重要的证据规则。②

---

① ［美］摩根：《证据法之基本问题》，李学灯译，中国台湾地区“教育部”1982年版，第385页。

② 原因有二，一是由于科学技术的发展使得以前所担心的复制件的准确性已经不成问题；二是由于在诉讼理念方面法院比以前更注重事实真相的查明。

二、我国立法中的最佳证据规则及实践认知

我国《刑事诉讼法》没有明确规定该规则，但是相继出台的司法解释中体现了最佳证据规则的精神。1998 年最高人民法院《关于执行〈中华人民共和国刑事诉讼法〉若干问题的解释》第 53 条规定："收集、调取的书证应当是原件。只有在取得原件确有困难时，才可以是副本或者复制件。收集、调取的物证应当是原物。只有在原物不便搬运、不易保存或者依法应当返还被害人时，才可以拍摄足以反映原物外形或者内容的照片、录像。"①这表明我国刑事诉讼法律所规定的最佳证据规则不仅适用于书证，而且适用于物证。

《办理死刑案件证据规定》进一步规定。其中第 6 条规定："对物证、书证应当着重审查以下内容：（1）物证、书证是否为原物、原件，物证的照片、录像或者复制品及书证的副本、复制件与原物、原件是否相符；物证、书证是否经过辨认、鉴定；物证的照片、录像或者复制品和书证的副本、复制件是否由二人以上制作，有无制作人关于制作过程及原件、原物存放于何处的文字说明及签名……" 第 8 条规定，"据以定案的物证应当是原物。只有在原物不便搬运、不易保存或者依法应当由有关部门保管、处理或者依法应当返还时，才可以拍摄或者制作足以反映原物外形或者内容的照片、录像或者复制品。物证的照片、录像或者复制品，经与原物核实无误或者经鉴定证明为真实的，或者以其他方式确能证明其真实的，可以作为定案的根据。原物的照片、录像或者复制品，不能反映原物的外形和特征的，不能作为定案的根据"。还规定："据以定案的书证应当是原件。只有在取得原件确有困难时，才可以使用副本或者复印件。书证的副本、复制件，经与原件核实无误或者经鉴定证明为真实的，或者

① 1998 年《人民检察院刑事诉讼规则》第 188 条和《公安机关办理刑事案件程序规定》第 57 条作出了类似规定。

以其他方式确能证明其真实的，可以作为定案的根据。书证有更改或者更改迹象不能作出合理解释的，书证的副本、复制件不能反映书证原件及其内容的，不能作为定案的根据。”第9条规定，“……物证、书证的收集程序、方式存在下列瑕疵，通过有关办案人员的补正或者作出合理解释的，可以采用：……收集调取物证照片、录像或者复制品，书证的副本、复制件未注明与原件核对无异，无复制时间、无被收集、调取人（单位）签名（盖章）的；物证照片、录像或者复制品，书证的副本、复制件没有制作人关于制作过程及原物、原件存放于何处的说明或者说明中无签名的……对物证、书证的来源及收集过程有疑问，不能作出合理解释的，该物证、书证不能作为定案的根据”。对视听资料在第27条明确了原件的审查。

2012年最高人民法院《司法解释》吸收了《办理死刑案件证据规定》的条文[①]，在第69条、第70条、第71条、第73条、第92条、第93条加以规定。

第一，首先要判断是否为原物原件。延续了《办理死刑案件证据规定》第6条的规定，在第69条明确了“对物证、书证应当着重审查以下内容：（一）物证、书证是否为原物、原件，是否经过辨认、鉴定；物证的照片、录像、复制品或者书证的副本、复制件是否与原物、原件相符，是否由二人以上制作，有无制作人关于制作过程以及原物、原件存放于何处的文字说明和签名；（二）物证、书证的收集程序、方式是否符合法律、有关规定；经勘验、检查、搜查提取、扣押的物证、书证，是否附有相关笔录、清单，笔录、清单是否经侦查人员、物品持有人、见证人签名，没有物品持有人签名的，是否注明原因；物品的名称、特征、数量、质量等是否注明清楚……（四）物证、书证与案件事实有无关联；对现场遗留与犯罪有关的具备鉴定条件的血迹、体液、毛发、指纹等生物样本、痕迹、物品，是否已作DNA

① 除了文字的调整，实质内容没有变化。

鉴定、指纹鉴定等，并与被告人或者被害人的相应生物检材、生物特征、物品等比对；（五）与案件事实有关联的物证、书证是否全面收集”。

第二，强调要以原物、原件定案，在一定情况下，可以使用复制品、复印件，但是严格限制条件，保证其真实性。延续了1998年司法解释第53条和《办理死刑案件证据规定》第8条的规定，用两个条文（区分物证和书证）即第70条和第71条加以明确：“据以定案的物证应当是原物。原物不便搬运，不易保存，依法应当由有关部门保管、处理，或者依法应当返还的，可以拍摄、制作足以反映原物外形和特征的照片、录像、复制品。物证的照片、录像、复制品，不能反映原物的外形和特征的，不得作为定案的根据。物证的照片、录像、复制品，经与原物核对无误、经鉴定为真实或者以其他方式确认为真实的，可以作为定案的根据。”“据以定案的书证应当是原件。取得原件确有困难的，可以使用副本、复制件。书证有更改或者更改迹象不能作出合理解释，或者书证的副本、复制件不能反映原件及其内容的，不得作为定案的根据。书证的副本、复制件，经与原件核对无误、经鉴定为真实或者以其他方式确认为真实的，可以作为定案的根据。”也就是说，在原物不便搬运、不易保存和原件取得确有困难时，可以使用复制品等。

第三，明确收集程序违反法律规定的后果。第73条规定：“在勘验、检查、搜查过程中提取、扣押的物证、书证，未附笔录或者清单，不能证明物证、书证来源的，不得作为定案的根据。物证、书证的收集程序、方式有下列瑕疵，经补正或者作出合理解释的，可以采用：……（二）物证的照片、录像、复制品，书证的副本、复制件未注明与原件核对无异，无复制时间，或者无被收集、调取人签名、盖章的；（三）物证的照片、录像、复制品，书证的副本、复制件没有制作人关于制作过程和原物、原件存放地点的说明，或者说明中无签名的……对物证、书证的来源、收集程序有疑问，不能作出合理解释的，该物证、书证不得作为定案的根据。”

第四，规定了视听资料和电子数据的相关规则。第 92 条规定：“对视听资料应当着重审查以下内容：……（二）是否为原件，有无复制及复制份数；是复制件的，是否附有无法调取原件的原因、复制件制作过程和原件存放地点的说明，制作人、原视听资料持有人是否签名或者盖章……”第 93 条规定：“对电子邮件、电子数据交换、网上聊天记录、博客、微博客、手机短信、电子签名、域名等电子数据，应当着重审查以下内容：（一）是否随原始存储介质移送；在原始存储介质无法封存、不便移动或者依法应当由有关部门保管、处理、返还时，提取、复制电子数据是否由二人以上进行，是否足以保证电子数据的完整性，有无提取、复制过程及原始存储介质存放地点的文字说明和签名……”①

从上述立法我们可以知道：第一，我国对最佳证据的相关规定集中在司法解释层面，法典并没有涉及，位阶不够。第二，关于最佳证据规则的适用范围。我国司法解释对最佳证据的相关规

① 我国民事诉讼和行政诉讼立法中也规定了该规则。如《民事诉讼法》第 70 条第 1 款规定：“书证应当提交原件。物证应当提交原物。提交原件或原物确有困难的，可以提交复制品、照片、副本、节录本。”最高人民法院《关于民事诉讼证据的若干规定》第 20 条规定，调查人员调查收集的书证可以是原件，也可以是经核对无误的副本或者复制件。是副本或者复制件的，应当在调查笔录中说明来源和取证情况。第 21 条指出，调查人员调查收集的物证应当是原物。被调查人提供原物确有困难的，可以提供复制品或者照片。提供复制品或者照片的，应当在调查笔录中说明取证情况。第 22 条明确规定调查人员调查收集计算机数据或者录音、录像等视听资料的，应当要求被调查人提供有关资料的原始载体。提供原始载体确有困难的，可以提供复制件。提供复制件的，调查人员应当在调查笔录中说明其来源和制作经过。

2016 年 9 月由最高人民法院、最高人民检察院、公安部联合颁发并于 10 月 1 日开始实施的《关于办理刑事案件收集提取和审查判断电子数据若干问题的规定》对电子数据在刑事案件中的运用进行了系统规定，基本精神延续了司法解释。比如强调原始存储介质的概念，第 22 条规定：“对电子数据是否真实，应当着重审查以下内容：（一）是否移送原始存储介质；在原始存储介质无法封存、不便移动时，有无说明原因，并注明收集、提取过程及原始存储介质的存放地点或者电子数据的来源等情况……”

定范围没有限定在书证领域，而是将书证和物证一起考虑，并且辐射到视听资料和电子数据。第三，关于最佳证据规则的具体规定比较粗疏。我国司法解释对最佳证据的相关规定以及对复制件的可采性问题规定比较简单，操作性不够。（1）在原物不便搬运、不易保存和原件取得确有困难时，可以使用复制品等；（2）物证的照片、录像、复制品要能反映原物的外形和特征的，书证不能有更改或者更改迹象不能作出合理解释，或者书证的副本、复制件要能反映原件及其内容；（3）物证的照片、录像、复制品以及书证的副本、复制件要与原物、原件核对，经鉴定或者其他方式确认真实。可以知道，司法解释对“确有困难”没有进一步明确，且没有对原件等概念进行明确的界定。

从实践层面的认识来看，一般将原始证据优先和最佳证据规则视为一个规则，并且适用范围不限于书证。即“据以定案的物证、书证应当是原物原件。这是最佳证据规则（又称原始证据优先规则）的基本要求。最佳证据规则是为了确保证据本身的真实性，故不仅适用于书证，而且适用于物证”①。

三、最佳证据规则的理论研究

学术界一直关注最佳证据规则。传统证据法教材对最佳证据规则着墨不多，但是已经作为一项国外的制度加以介绍。笔者在对书证进行原本、正本等分类的时候，谈到“在英美法系国家，由于采用‘最佳证据规则’，书证一般只能提交原本、原件，只有在例外的情况下，才允许使用其它形式的书证作为‘次要证据’。我国没有这种规则，《民事诉讼法》第68条规定，书证应当提交原件；提交原件确有困难的，可以提交副本、节录本。所以司法机关收集书证，要尽可能找到原本或者原件”。笔者还专节介绍了外国关于书证的理论和立法，对英美法系和大陆法系对书证的理

① 张军主编：《刑事证据规则理解与适用》，法律出版社2010年版，第116~117页。

论进行了介绍，描述了最佳证据规则的基本含义和例外情况。[①]

20 世纪 90 年代末到 21 世纪初证据法学的研究持续升温，这个时期出版的证据法学教材[②]一般都专门介绍证据规则，其中对最佳证据规则都会予以介绍，但是主要集中在介绍国外尤其是英美法系的相关规则。除了刑事诉讼法和证据法教材、研究证据规则的著作[③]对最佳证据规则的介绍外，专门研究最佳证据规则的文章并不是很多，笔者在中国期刊网上搜索结果（以“最佳证据”为关键词）不足 10 篇文章，且主要集中在 2007 ~ 2009 年发表的。

随着我国立法层面证据制度的完善，对于证据规则的研究更加深入，学术界开始思考如何构建适合中国国情的证据规则，包括最佳证据规则。

作为较早引入我国的证据规则，学者们对最佳证据规则的基本含义、适用范围等问题进行了比较系统的研究，呈现以下特点。

第一，在比较法研究方面进行了大量的研究，主要立足于英美证据法上最佳证据规则的介绍。学者们认为，由于不同的诉讼模式和诉讼文化，在证据规则方面，英美法系比较发达。具体到最佳证据规则，追溯其起源和发展，都与英美国家有直接关系。因此对于最佳证据规则的适用范围等问题，主要以英美法系相关规定尤其是美国《联邦证据规则》的规定为主要依据进行阐述。其中易延友教授所著的《最佳证据规则》是比较系统全面准确介绍该规则的文章。[④]

第二，在最佳证据与原始证据优先规则的关系上存在不同

① 参见陈一云主编:《证据学》，中国人民大学出版社 1991 年版，第 269 ~ 270 页，第 275 ~ 276 页。

② 例如樊崇义主编:《证据法学》（第三版），法律出版社 2004 年版；卞建林主编:《证据法学》，中国政法大学出版社 2000 年版和 2005 年版。

③ 较早对证据规则进行专门研究的著作有刘善春等:《诉讼证据规则》，中国法制出版社 2000 年版；郭志媛:《刑事证据可采性研究》，中国人民公安大学出版社 2004 年版。

④ 刊登在《比较法研究》2011 年第 6 期。

观点。

1. 认为最佳证据规则不同于原始证据优先规则。如张建伟教授在其《证据法要义》中列举主要证据规则一览表，将原始证据优先规则（原始证据规则）与关联性规则（引申出品格证据规则）、非法证据排除规则、意见证据规则、自白任意性规则等并列，认为适用于所有证据，而最佳证据规则属于引申规则①，认为适用于书面文件，记录和照片，其中包括文件、X光、电影和录像带，一般不包括物证。也就是说原始证据规则大于最佳证据规则范畴。陈光中先生在其主编的教材《证据法学》中提出，最佳证据规则与我国学者常谈的原始证据优先规则亦有许多不同之处。后者强调收集证据尽可能收集原始证据。②

2. 认为最佳证据规则就是原始证据优先规则。如前所述，实践部门很多专家都持这种观点，即“据以定案的物证、书证应当是原物原件。这是最佳证据规则（又称原始证据优先规则）的基本要求。最佳证据规则是为了确保证据本身的真实性，故不仅适用于书证，而且适用于物证”③。

笔者认为，从最佳证据规则的发展轨迹来看，不同于原始证据规则，可以称之为“原始文书规则”（the original writing rule）。另从字面表述看，原始证据规则大于原始文书规则，可以包括物

① 张建伟教授认为传闻证据规则也属于原始证据规则的引申规则。

② 详见陈光中主编：《证据法学》，法律出版社 2011 年版，第 260 页。此外陈学权：《最佳证据规则研究》，载《上海公安高等专科学校学报》2007 年第 5 期。该文章中也明确指出最佳证据规则、原始证据优先规则和书证优先规则是不同的概念。最佳证据规则与当前我国学者普遍所讲的原始证据优先规则也不是同一概念。18 世纪英国著名法学家边沁根据证据来源的不同，把证据分为原始证据和传来证据。我国证据法学者继承了这一分类，并在借鉴最佳证据规则的基础上，提出了原始证据优先规则。所谓原始证据优先规则，实际上包括两层含义：从收集证据的角度来讲，原始证据优先规则要求在证据收集时应尽可能地收集原始证据，凡是能够收集原始证据的，不得只收集派生证据或传来证据；从证据证明力的角度来讲，原始证据的证明力大于传来证据。

③ 张军主编：《刑事证据规则理解与适用》，法律出版社 2010 年版，第 116 ~ 117 页。

证、视听资料、电子证据。我国的司法解释就是从这个层面上进行理解的。因此从现有法律规定和司法实务出发，在我国谈最佳证据规则其实就是从原始证据规则（针对实物证据尤其是物证书证）的角度来阐述的，探讨英美的最佳证据规则对中国的借鉴意义，其实就是要谈针对原始证据规则如何进行完善，换句话而言，在中国的立法和实务语境下，要谈如何完善符合中国实际的最佳证据规则就是谈如何完善原始证据规则的问题。

不过，需要注意的是原始文书规则不同于书证优先规则。书证优先规则的基本含义是书证优于人证，即只要做成了书证，就排斥了对同一案件事实以证人加以证明的任何可能性。书证优先规则是法国民事诉讼法典所特有的证据规则。[①] 显然，与最佳证据规则相比，书证优先规则并不是一项规范证据能力的证据规则，而是一项规范证据证明力的证据规则。

第三，结合中国的立法现状对我国确立最佳证据规则提出初步建议。学者们都在特定的历史时期对我国相关立法状况进行介绍，基本认可我国目前的立法体现了最佳证据规则的精神，体现在强调原物原件的审查以及复制件的例外适用问题上。

四、最佳证据规则的适用

最佳证据规则是英美证据法中一项重要的规则。当事人主义的另一重要原则，就是为了保证被告人获得公平的审判，防止错误认定案件事实，所有证据资料不但要具有相关性，而且力求准确，“最佳证据规则”就是为了实现这一目的而产生的。最佳证据规则以适用于文书内容的证明为主，即文书的内容成为证明犯

---

① 它确立于1556年的穆兰法令司法改革，当时改革者确立此规则的意图在于：强调书证优先，有利于确保市场交易的安全，革除证人证言证明力不稳定的弊端，简化法院的诉讼程序，增加裁判的可预测性等。随后1804年的《法国民法典》也认可了这一规则，该法典第1341条明确规定：“凡是超过法令确定的数额或价值的物体，即使是自愿的寄托，均应在公证人前作成书证，或者经各方签名作成私文书。”

罪的关键时，应当直接提出文书为证（即原始证据 primary evidence）。其他次级证据（secondary evidence），甚至证人证言，都在排除之列。它的例外规定是在有合理的理由无法提供原件时，可以采用第二手资料。[①]

最佳证据规则从价值取向上而言，侧重于保障实体真实，旨在发现案件真实、避免错案。有关最佳证据规则的法理基础，人们只需诉诸常识即能理解。首先，原件比副本可靠，与原件比较起来，复制件更有可能出现错误，无论这种错误的造成是无意还是有意。威格摩尔将证据规则分为分析性证据、优先性证据、预防性证据、简化性证据和定量性证据。其中优先性规则就是指基于经验的指示，某种证据常较其他种证据更为可信，如可使用，应先于他种证据而容许之，最佳证据规则即是。[②] 其次，通常还包含很多副本不包含的内容，例如笔迹的特征、原本所用的纸张等，这些内容往往能为对方当事人就文书的意义进行反驳和评判提供重要的依据。此外，当证明对象为文书的内容时，与建立在记忆基础上的口头证据比较起来，文书更加可靠，也较少可能出现因为记忆错误而造成的缺陷。[③] 对于一个文书而言，即使是极细小的用语上的差别，也通常具有重要的意义，而文书表述比有形物的其他特征更加容易出现错误。

因此，如第一部分考察，最初的最佳证据规则实际上是一个很宽泛的含义，强调的仅仅是要求提供“最好的证据”，但对什么是“最好的证据”并没有作出明确的解释；直至 18 世纪末学者才明确提出最佳证据规则的明确含义，即在证明一项文书内容

① 参见刘善春等：《诉讼证据规则》，中国法制出版社 2000 年版，第 158 ~ 159 页。

② 参见 John Henry Wigmore, Evidence in Trials at Common Law, 2004 - 2 Cumulative Supplement by Arthur Best, pp. xxvii - xxviii.

③ 参见 John Henry Wigmore, Evidence in Trials at Common Law, revsed by Peter Tillers, Vol. IV, Little Brown and Company, Boston, 1983, p. 417. 转引自易延友：《最佳证据规则》，载《比较法研究》2011 年第 6 期。

的过程中，如果其内容是重要的，除非可以证明存在非因提出人的重大过失的其他原因，否则必须提出原始的文书。根据最佳证据规则，如果以文书的内容来证明案件事实时，必须提供原始的文书；除非存在法定的例外情形，对其他以原始文书派生出来的第二手文书，法院将不予采纳。基于该项规则的内容，美国证据法学者华尔兹教授认为“最佳证据规则，这个名字给人带来一些不必要的误解，认为律师必须遵守这个普遍规则，即在所有案件中提供最有分量最强最好的证据。其实，把这条规则称为‘原始文书规则’或许更为妥当，它仅是一项规定原始文字材料有优先权作为证据的简单原则”①。也就是说，最佳证据规则要求不是原件的书证，除非有法定原因，否则一律排除适用。

在具体适用该规则时，需要注意最佳证据规则的适用范围。

1. 最佳证据规则从证明目的上看，适用于将文书内容作为直接证据或者证明文书本身内容为真的情况。如果举证方无意把文书内容作为直接证据加以证明，而是用于其他证明目的，并不适用这个规则。比如在民事领域证明婚姻的事实，如果通过结婚证证明，则适用最佳证据规则，如果用其他证据来证明，则不需要对结婚证适用最佳证据规则。1984 年合众国诉斯莱科案件、1992 年的合众国诉霍华德案等案例对最佳证据规则的适用范围作出了阐明。②

此外，有学者指出，从排除的意义而言，最佳证据不适用于那些仅具有附属或者表面意义的文字材料，仅适用于与案件中重大问题相关的文字材料。③

---

① ［美］乔恩·R. 华尔兹：《刑事证据大全》，何家弘等译，中国人民公安大学出版社 2004 年版，第 420 页。

② United States v. Sliker, 751 F 2d 477 (2d Cir1984), United States v. Howard, 953 F. 2d 610 (11th Cir. 1992), United States v. Fagan, 821 F. 2d1002 (5th Cir. 1987).

③ 参见郭志媛：《刑事证据可采性研究》，中国人民公安大学出版社 2004 年版，第 256 页。

2. 如前所述，英美传统的最佳证据规则适用于文书。[①] 文书的含义随着社会的发展而发生变化，尤其到了现代社会，随着科技的发展，最佳证据规则在适用范围（对象）上发生了很大的变化，即它适用于部分现代科技证据。也就是说，考虑到以现代科技形成的非文字材料证据在诉讼中的使用已日趋频繁，英美法系国家为适应这一情况不断拓宽最佳证据规则的适用范围。因此它不仅适用于传统的文字材料，而且也适用于以录音、录像、摄影、计算机技术等现代科学技术形成的证据。

美国《联邦证据规则》对最佳证据规则的对象作出了具体规定，包括文字（writing）、录音（recording）和照相（photograph）。该法第1001条将录音、照片与文书并列规定。文字包括以任何形式记录（set down）的字母、文字、数字或者其他同等物；录音则指以任何形式录制（recorded）的字母、文字、数字或者其他同等物；照相则是以任何形式存储的摄像图影或者其他同等物。第1002条规定："为证明文字、录音或照相的内容，要求提供该文字、录音或照相的原件，除非本证据规则或国会立法另有规定。"物证则不适用最佳证据规则。

随着现代科学技术的发展，除了最佳证据规则的适用对象有了新的变化外，在原件的处理上也发生变化。最佳证据规则的适用是以区分原件与非原件为前提的，对传统文字材料适用最佳证据规则时，区分原件与非原件比较容易。而现代科技形成的证据在区分原件与非原件上较为困难，使得英美国家为适用最佳证据规则而不得不改变对传统原件的理解。

根据美国《联邦证据规则》第1001条的规定，"文书或记录的原件是指该文书或记录本身，或者签署或执行该文书或记录者意图使其具有与该文件或记录相同效果之文书；照片的原件包

① 在最佳证据泛泛没有界定的时候，最佳证据规则早先既适用于物证，也适用于书证，而历史的发展逐渐缩小了最佳证据规则的适用范围，它不再适用于物证，只限于文书，此时可以说真正确立了该规则。

括照片的底片或者由底片冲洗出来的照片；对于储存于电脑或类似设备的资料，任何能够准确反映该资料的打印品或其他输出物，均属于原件”。可知，美国《联邦证据规则》的这些规定实际上对传统的最佳证据规则进行了发展，因为最佳证据规则原本限于“文书”，而录音或照相等严格地讲并不属于传统的“文书”的范畴。随着计算机信息技术的发展，电子证据得以广泛运用，而电子证据的“原始文件只是二进制编码‘0’和‘1’的组合，与此相对应，打印物是通过一系列复杂的电子和机械过程对文件进行操作处理所导致的结果”。而为了解决电子证据的打印物的可采性问题，美国《联邦证据规则》开创性地规定将计算机的打印物或输出物视为原件。[①]

英国最佳证据的范围仍然限于书证，英国法院似乎不太愿意把最佳证据规则的适用范围扩展到录音录像等视听资料。因为法官们认为，没有理由对这些种类的文书证据适用一种早在这些信息储存技术出现之前就已经适用的严格规则。[②] 关于电子资料的最佳证据规则问题。如前所述，美国《联邦证据规则》是通过扩大对“原件”的解释的方式使电子资料具有可采性；而在英国，法院则是根据最佳证据规则的例外规定使其具有可采性，即凡是当事人能够证明其确实无法取得正本时，可以使用抄本证明原件的内容；对计算机输出文件而言，只须证明这些文件的正本在正常的业务活动中已经销毁，或者系直接输入，无须证明基础正本从未存在。

总之，英美法系国家的最佳证据规则适用范围宽泛，从文书的范围来看，包括信件、电传、录音、照片、底片和 X 光片，甚至包括徽章、墓碑、刻字的戒指和带有序号的发动机等，只要具有思想内容，均属于文字材料的范畴。还从不同角度将其扩充到录音和照相领域，并根据不同国情对电子数据的可采性问题作

① 参见陈光中主编：《证据法学》，法律出版社 2011 年版，第 261 页。

② 如卡加拉诉诺贝尔一案就表现出这种立场。

出规定。而大陆法系国家，基于职权主义的诉讼模式以及自由心证原则，证据规则一直不发达，对于最佳证据规则在刑事诉讼中的运用基本没有作出规定，在民事诉讼中虽然有一些规定，但其重视程度显然不如英美法系国家，总体上强调原件的收集和提交，在特定条件下允许复制件的运用。

在我国，根据最高人民法院司法解释的规定，最佳证据规则不限于书证领域，还涵盖物证、视听资料和电子数据。但是对文书、原本、原件、原物、复制件等概念没有界定，也没有判例制度进行具体的阐释。

五、最佳证据规则的例外——复制件的使用问题

最佳证据规则强调原件，但是并不排斥复制件的使用，因此存在若干例外。在制定法上，美国《联邦证据规则》第1003条规定，除非其与原件的一致性发生问题，或者容许以复制件代替原件将导致对一方当事人不公正，复制件应当在原件获得容许的范围内具有可采性。第1004条还规定了最佳证据规则的若干例外，即“在下列情况下，不要求原件，关于文字、录音或照相内容的其他证据可以采纳：（1）原件遗失或毁坏。所有原件均已遗失或毁坏，但提供者出于不良动机遗失或毁坏的除外；（2）原件无法获得。不能通过适当的司法程序或行为获得原件；（3）原件在对方掌握中。原件处于该材料的出示对其不利的一方当事人的控制中，已通过送达原告起诉状或其他方式告知该当事人在听证时该材料的内容属于证明对象，但该当事人在听证时不提供有关原件；或（4）附属事项。有关文字、录音或照相与主要争议无紧密联系”。第1003条规定：“复制品可与原件在同等程度上采纳，但下列情况下除外：（1）对复制品是否忠实于原件产生疑问；（2）以复制品替代原件采纳将导致不公正。”

也就是说，最佳证据规则限制过严，有时不免会发生困难，于是又有可以适用次级证据的例外，也就是最佳证据规则的例外。结合美国《联邦证据规则》，一般认为有以下例外。

第一，原件显然已经毁损或者灭失的。严格来说，此处所谓“毁损”，通常是指该文书已经不复存在；而“丢失”则是指该文书已经无从发现。原件毁损灭失的情况下，允许提交二手证据，曾经见过该文书的人可以作为证人进行陈述。当然，举证者必须证明他已经进行了“足够的搜索努力”。如果是恶意丢失或损毁原件，则不能免除当事人出示原件的义务。对此，《联邦证据规则》也给予了规定。

第二，文书不可能出示，如文书的载体不能移动或不容易移动的，如碑文等，可以以其他方法证明；文书由外国法院进行保管等。

第三，持有文书的当事人或者第三人拒绝持有文书的。文书被对方当事人持有，经要求其提出而被拒绝的，或者文书被第三人持有，而该第三人依法有权拒绝提出的，此时无法出示原件。[①] 即在普通法上，原件掌握在对方手中必须同时满足三个要件：一是对方占有或控制着该文书的原件；二是负有举证责任的一方当事人要求或者通知对方出示原件；三是对方未能出示或者拒绝出示该文书的原件。

第四，依照次级证据所表明的文书原件的内容，已经被对方当事人所承认的；所需要提出的文书是公文书或者其他特殊文书，已经依法提出抄件的，如官方记录（常见的是法院记录和政府行政记录）。

以上例外情况，基于避免不必要的麻烦，或者为了顾及现实的困难，不再要求必须使用原始证据。原始证据的优先适用，只限于证明文书内容时才是必要的，因为原件最为明确，而且最便于调查。如果不是关于文书内容的争议，则原始证据与次级证据居于同等地位，并没有绝对优先的性质。其中关于“文书被对方当事人持有”的例外，对于我国行政领域或者医疗纠纷案件

① 可以参考相关案例，如 R. v. Llanfaethy (Inhaitants) (1853) 2 E1 & B1 940, R. v. Nowaz (1976) 1 WLR 830.

中，案件的公正处理有重要借鉴意义。

六、完善中国式最佳证据规则的立法建议

如前所述，我国司法解释规定的原始证据规则除了适用于书证外，还包括物证、视听资料以及电子数据，在具体运用上强调要以原物、原件定案，在一定情况下，可以使用复制品、复印件，但是严格限制条件，保证其真实性。并且规定收集程序有瑕疵（如制作方面）要进行合理解释或者补正，否则不能作为定案根据。因此，其基本精神与国外的最佳证据规则是一致的，但是对于例外情况的规定比较简单，不易操作。这些例外包括：(1) 原物不便搬运、不易保存；(2) 原件取得确有困难。

此外，在我国的原始证据规则适用中还要注意两个问题：(1) 新《刑事诉讼法》第一次明确规定了电子数据，因此有关电子数据的原本问题还需要进一步研究。(2) 从"两个证据规定"开始体现出来的裁量排除规则，包括物证、书证制作程序的瑕疵，都是从定案证据的角度入手的，隐含着我国实务界并不特别明确证据能力和证明力的区分问题，对于原始证据优先规则的理解带有证明力判断的倾向。故在实践层面上，还存在原始证据证明力大于传来证据的认识，民事诉讼证据规定则对此加以明确规定。

综上，我国对最佳证据的规定存在以下特点：(1) 我国对最佳证据的相关规定集中在司法解释层面，法典并没有涉及，位阶不高。且从"三大诉讼法"来看，采取的是分散立法的方式。(2) 我国司法解释对最佳证据的相关规定范围没有限定在书证领域，而是将书证和物证一起考虑。(3) 我国司法解释对最佳证据的相关规定比较简单、粗疏，操作性不够。特提出如下立法建议。

（一）在《刑事诉讼法》上规定吸收最佳证据规则的精神，完善原始证据规则

考虑到我们一直用的是原始证据这个词汇，目前原始证据优

先规则已为理论界所普遍接受，而且最高人民法院刑事诉讼法司法解释，以及《关于民事诉讼证据的若干规定》和《关于行政诉讼证据若干问题的规定》等也采用的是原始证据优先规则的提法，因此笔者建议在立法上采用原始证据规则的提法，从理论上体现了法的继承性，从实践上也有助于司法人员把握。

（二）合理规范规则的适用范围

从我国立法来看，我国的最佳证据规则不仅适用于文书证据，也适用于物证。而且原件的要求也适用于现代科技背景下的照片、计算机数据、录音录像等视听资料，不适用于言词性证据。同时，在书证、物证中，对于经法院核对无异的复制件或复制品，该规定赋予其与原物同等效果的证据资格。需要注意的是，副本或复制件获得容许的条件是经核对与原本无误。从完善立法的角度看，（1）从证明目的上进行规范，英美最佳证据规则仅适用于证明文书所包含的内容的场合，而不适用于其他虽然与文书有关但却并非证明文书内容的情形。我国法律没有这方面的规定，从条文内容上看，关于文书的原件要求并不仅仅适用于证明文书内容的场合，而是只要是文书、记录或照片或者其他视听资料，均要求出示原件。故建议，将实物类证据适用原始证据的目的限定“将文书内容作为直接证据或者证明文书本书内容为真的情况”。（2）我国的原始证据规则适用于书证、物证、视听资料、电子数据，可以加以保留。其中物证和书证虽然存在一些共同点，① 但是毕竟是两类不同的证据，因此国外有关最佳证据规则中关于原件、副本的规定适用于书证，这方面要加以吸收，在立法上予以明确。从理论上而言，笔者认为可以借鉴原始

① 书证和物证是以客观存在的事物及其反映的形象、内容来证明案件事实，较之言词性证据客观性要强些。且物证和大部分书证属于间接证据，需要借助逻辑推理才能证明案件事实。此外，一般还要借助于科学鉴定手段才能充分发掘物证和书证的证明价值，一旦证明价值确定，具有较强的可信性。在证明基础和方式方面相似，但是毕竟属于两类证据。物证以客观属性证明案件事实，书证以文字、符号等表达的思想和记载的内容证明案件事实。

证据和演示性证据的用语，后者是指物证的照片、复制品以及书证的副本、复制件，对包括文书、照片、记录、原本、副本等方面概念并不清晰需要进行准确界定，要注意审查两者的一致性。(3) 视听资料、电子数据的最佳证据问题有必要结合现代科学技术进行具体的规定。尤其是关于电子数据的“原本”问题。最高人民法院《司法解释》第93条提到了电子数据的“原始存储介质”的概念，电子数据没有原始的概念，其电子性决定了可以同原始存储介质完全分开，且复制电子数据可以保证与原数据的完全一致性，这不同于物证和书证。“原始存储介质”的提出可以将电子数据分为随原始介质移送的电子数据和未随原始介质移送的电子数据，要采取不同的审查方法。比如前者要注意是否采取了技术措施保证原始介质数据的完整性，后者可以通过电子数据完整性校验值等方式审查电子数据的完整性。[①] 此外，2004年8月28日全国人民代表大会常务委员会通过的《电子签名法》第5条规定：“符合下列条件的数据电文，视为满足法律、法规规定的原件形式要求：(一) 能够有效地表现所载内容并可供随时调取查用。(二) 能够可靠地保证自最终形式时起，内容保持完整、未被更改。但是，在数据电文上增加背书以及数据交换、储存和显示过程中发生的形式变化不影响数据电文的完整性。”这也是可供借鉴的规定。

(三) 明确复制件、复制品的具体适用规则，完善规则的例外情形

前文已经指出，我国刑事诉讼中原始证据规则的例外包括两大方面，即原件取得有困难和原物不便搬运、不易保存。最高人

① 参见江必新主编：《〈最高人民法院关于适用《中华人民共和国刑事诉讼法》的解释〉理解与适用》，中国法制出版社2013年版，第93页。2016年9月由最高人民法院、最高人民检察院、公安部联合颁发并于10月1日开始实施的《关于办理刑事案件收集提取和审查判断电子数据若干问题的规定》持相同观点，并细化了电子数据的审查判断。

民法院《关于民事诉讼证据的若干规定》第 49 条[①]规定同样体现了两个例外：原物原件出示有困难；原件或者原物不存在。因此，显得比较粗疏，建议加以细化：

1. 通过指导性案例总结“确有困难”的情形，完善“在原件取得确有困难的情况下，可以使用副本或复制件”的例外。根据民事法律规定，允许复制件或复制品的例外情形是出示原件或者原物确有困难并经人民法院准许。这实际上是赋予了法院在容许复制件的证据资格方面的自由裁量权。最高人民法院《司法解释》针对书证，根据上述规定，原则上应当提交原件；作为例外，在原件取得确有困难的情况下，可以使用副本或复制件。不过还需要进一步总结中国的司法经验对何为“确有困难”进行至少是司法解释层面的规定。有学者指出，该规定并没有对何为“原件取得确有困难”加以界定，但是似乎可以理解为英美法系的“经合理努力”仍然无法取得从而应当认定为已经丢失或者损毁的情况。可见，刑事诉讼中原件、原物要求的例外与英美法系的规则更为相似。[②]

2. 细化“原件或者原物不存在”的规定。民事诉讼证据规定的“原件或者原物不存在”，与英美最佳证据规则中的“原件已丢失或损毁”一致，不过我国在具体规则上尚不完善，要增加诸如“尽了最大努力”“穷尽一切搜索手段”等具体规定。

3. 原物不便搬运、不易保存则是专门针对物证而言的，需要将其扩展到书证领域。

4. 增加“其他可以提供复制品、复印件的情形”，如原件掌握在对方手中、原件掌握在第三人手中、原件属于官方文件等。

---

① 第49条：“对书证、物证、视听资料进行质证时，当事人有权要求出示证据的原件或者原物。但有下列情况之一的除外：（一）出示原件或者原物确有困难并经人民法院准许出示复制件或者复制品的；（二）原件或者原物已不存在，但有证据证明复制件、复制品与原件或原物一致的。”

② 参见易延友：《最佳证据规则》，载《比较法研究》2011 年第 1 期。

（四）弱化规则在证明力限制方面的功能

我国的原始证据规则还有一个重要的表现即“原件在证明力方面的优先性”，也就是说证据规则不仅规定了文书证据的可采性条件，而且对有关文书证据的证明力大小也有规定。如最高人民法院《关于民事诉讼证据的若干规定》第77条的规定。[①]这一规定实际上是对证据证明力大的问题作了规定，但是这些规定中的每一项都使用了“一般”这一不确定的修饰语，表明这些规定也仅仅是原则性规定，具体如何操作，则较有弹性。在刑事诉讼中，《办理死刑案件证据规定》以及司法解释规定，书证的副本或复制件在以下三种情况下可以作为定案的根据：一是与原件核实无误；二是经鉴定证明为真实；三是经其他证据证明为真实。另外，由于刑事诉讼的特殊性，《办理死刑案件证据规定》第9条还特别强调了物证、书证收集程序的合法性。这些证明力方面的规则与证据自由评价相矛盾，且在实践中往往是带有引导性的，很难得到刚性执行，因此需要加以弱化。

第四节　非法证据排除规则

非法证据排除规则是当代法治国家刑事证据法中最重要的一项规则，无论在英美法系还是大陆法系都有相关的立法、判例和实践，同时也体现在联合国刑事司法准则中。这项起源于英国、发达于美国并为主要法治国家认可的规则，本身有着非常丰富的规则体系，与刑事诉讼中许多问题交织在一起，折射出深层次的理念。

① 第77条：“人民法院就数个证据对同一事实的证明力，可以依照下列原则认定：（一）国家机关、社会团体依职权制作的公文书证的证明力一般大于其他书证；（二）物证、档案、鉴定结论、勘验笔录或者经过公证、登记的书证，其证明力一般大于其他书证、视听资料和证人证言；（三）原始证据的证明力一般大于传来证据；（四）直接证据的证明力一般大于间接证据；（五）证人提供的对与其有亲属或者其他密切关系的当事人有利的证言，其证明力一般小于其他证人证言。”

笔者认为无论是一审程序还是复审程序，其基本概念、价值和非法证据的范围都是相同的，也是把握该规则首先要掌握的，而具体的操作程序则在不同程序中遵循相同的原理，同时体现不同的特点。本部分介绍和探讨非法证据排除的基本概念、价值等基本问题，在二审中的司法适用结合实践问题在后文展开研究。

一、非法证据排除规则的涵义和价值

非法证据排除规则是我们熟悉的关于证据能力的规则。[①] 该规则在保障人权，彰显程序价值以及查明案件事实、防止错案等方面都具有重要的价值。

从确立非法证据排除规则的美国立法出发，非法证据排除规则通常是指执法机关及其工作人员使用非法行为取得的证据不得在刑事审判中采纳的规则。[②] 这个概念强调该规则针对的是执法机关的非法取证行为，排除非法证据在于刑事审判阶段，而非审前阶段，亦非民事诉讼程序。我国的非法证据排除规则有自己的特点，不仅涉及刑事审判程序，而且涉及审前的侦查和审查起诉程序，但是对于非法证据同样强调其违反取证程序，侵犯宪法性权利的特点。正如起草者所言“非法证据，是指采用违反法定程序，并且侵犯宪法权利或者重要诉讼权利的方式取得的证据”[③]。故，非法证据排除规则就是针对侦查机关取得的非法证据予以排除的证据规则。

---

① 学者们对该规则进行了广泛、深入的研究，如杨宇冠：《非法证据排除规则研究》，中国人民公安大学出版社2002年版；张智辉主编：《刑事非法证据排除规则研究》，北京大学出版社2006年版；郑旭：《非法证据排除规则》，中国法制出版社2009年版。此外还有许多学者关于刑事诉讼或者证据法的专家建议稿以及相当数量的论文对该规则进行了论述，如陈光中主编：《中华人民共和国刑事证据法专家拟制稿（条文、释义与论证）》，中国法制出版社2004年版。

② Encyclopedia of Crime and Justice, Free Press, 1983, p. 715. 转引自杨宇冠：《非法证据排除规则研究》，中国人民公安大学出版社2002年版，第1页。

③ 戴长林：《非法证据排除规则司法适用疑难问题研究》，载《人民司法》2013年第9期。

从证据规则的属性而言，非法证据排除规则是关注证据能力的规则。证据能力和证明力是源于大陆法系的概念，前者是作为证据的资格，而后者关注的是证据的证明价值，对案件事实的证明作用。如果与我国传统证据三性理论相对应的话，证据能力与合法性、关联性对应，而证明力则与客观性（真实性）对应。证据能力规则类似于英美的可采性规则。现代诉讼中，绝大部分证据规则都是关注证据能力的规则，不过侧重点有所不同，比如传闻证据规则侧重于真实性考量；而自白任意性规则侧重于正当程序的考量。非法证据排除规则解决的是证据能力问题，而不是证明力问题，其侧重的是程序正当性的考量。法官在审查判断证据时要区分两个层面的内容：首先，需要确认特定的证据是否具有证据能力，即能否作为诉讼证据提交给法庭；其次，在前面认定的基础上才能确认特定的证据对于案件事实的证明具有多大的证明价值。非法证据排除规则解决的是第一个层面的问题。即使非法证据的内容是真实的，因其是非法取得，也不能作为诉讼证据使用，也就谈不上作为定案的根据。换言之，非法证据排除规则的设立主要关注的并非证据是否可靠，即使可能影响案件事实的查明也在所不惜，而是为了保护基本人权和程序公正预先在立法上规定排除某些证据。在目前中国的司法实践层面，这种程序正义理念的接受还需要一个逐步的过程，集中表现为典型的非法证据排除的案例还是非常少见。换句话而言，如果排除非法证据会导致案件事实无法认定，很多法官会陷入两难境地。此外，还需要注意的是，非法证据排除规则对于防范冤错案件具有重要作用。近年来媒体披露的冤错案件，总结其原因时，总能找到刑讯逼供的身影，刑讯逼供使被告人不得不做有罪供述，从而影响案件事实认定。

总之，非法证据排除规则在我国的确立提升了程序正当性价值，也有效地保证了证据的真实性，有助于实现实体公正，严防冤错案件的发生。

证据规则在人权保障和查明真相方面存在自己的价值，非法证据排除规则亦如此，其最首要的价值和功能在于正当程序和人权保障。其强调对犯罪嫌疑人、被告人不强迫自证其罪，不能采取刑讯逼供等非法手段获取证据，遏制了侦查机关的非法取证行为，充分体现了对被追诉人人权的保障。同时，非法证据排除规则在我国的确立和完善，离不开防止冤错案件的考量。从近年来披露的刑事冤错案件来看，都存在刑讯逼供情形，被告人不得不做出虚假陈述。因此在我国排除非法证据还有一个现实动因，即防止冤错案件，这更多的是考虑查明事实的需要。实际上通过非法证据排除也起到了查明案件事实，防止冤错案件的作用。

除此之外，非法证据排除规则还规范了侦查人员文明取证、有助于庭前会议程序完善；是典型的程序性裁判机制，是程序性辩护的主要内容，从而有利于促进控辩审职能的完善；有利于推进审判中心改革。正如最高人民法院沈德咏副院长在陕西省高级人民法院调研时所指出的："各级人民法院要认真贯彻中央全面深化改革领导小组第三十四次会议精神，牢固树立人权保障、证据裁判和程序公正等司法理念，紧紧抓住排除非法证据这个'牛鼻子'，加快推进以审判为中心的刑事诉讼制度改革，努力实现惩罚犯罪与保障人权的有机统一，织密织牢公民人身权司法保障网，让人民群众生产生活更有安全感，切实维护社会大局稳定、促进社会公平正义、保障人民安居乐业。"①

二、比较法视角下的非法证据排除规则②

非法证据排除规则最为系统的国家当属美国，该规则具有以

① 《沈德咏在陕西高院调研时强调紧紧抓住排除非法证据这个"牛鼻子"加快推进以审判为中心的刑事诉讼制度改革》，载《人民法院报》2017 年 4 月 23 日。

② 本部分参考郑旭：《非法证据排除规则》，中国法制出版社 2009 年版，第 4～10 页及其他相关部分；杨宇冠：《非法证据排除规则研究》，中国人民公安大学出版社 2002 年版，第 3～216 页；［美］弗洛伊德·菲尼：《证据排除规则：美国的理论与实践》，薛向楠译，载陈光中主编：《非法证据排除规则实施问题研究》，北京大学出版社 2014 年版，第 51～63 页。

下几个基本特点，第一，规则的适用对象是违反宪法第四、五、六、十四修正案的非法取证行为；第二，其基本理论是震慑理论（deterrence），即预防官员（主要是警察）的非法行为；第三，对非法证据及毒树之果实行强制排除模式，同时规定诸如独立来源等例外。

而在英国，非法证据排除规则体现在其制定法中，即1984年的《警察与刑事证据法》，规定了三种对非法获得的证据的排除，即以强迫为理由；以第76条（2）规定的不可靠为理由；以第78条规定的公正性为理由。其规则的基本特点有，第一，规则适用在刑事诉讼中，集中在违反《警察与刑事证据法》规定的具体情形；第二，采取了强制排除和自由裁量排除相结合的方法，即对不可靠的供述采用强制排除，基于公正考虑的排除则交法官自由裁量。

德国的证据禁止理论非常有特色，可以分为证据收集禁止和证据使用禁止。证据收集禁止是指不允许使用某些方法和手段收集证据，如无证搜查和以强迫手段获取供述，刑事诉讼法和基本法加以规定。证据使用禁止与非法证据排除规则相似，即违反收集禁止获得的证据不得使用。除此之外，还存在独立的证据使用禁止，即由于本身内容违法宪法而被排除，指导性案例是著名的“录音带案”“日记案”。

日本的非法证据排除规则也是考虑震慑警察，限于取证程序违法，与美国相似。

除了发达资本主义国家普遍接受非法证据排除规则外，在联合国刑事司法准则中也体现和规定了非法证据排除。第一，宏观上介绍人权保障，明确反对强迫自证原则，这体现在《公民权利和政治权利国际公约》第14条第3款。第二，1975年联合国大会通过了《保护人人不受酷刑和其他残忍、不人道或者有辱人格待遇或处罚宣言》，宣言第12条明确规定“如经证实是因为受酷刑或其他残忍、不人道或有辱人格的待遇或处罚而作的供词，不得在任何诉讼中援引为指控有关的人或任何其他人的证据”。1984年的《禁止酷刑公约》第15条进一步完善了宣言的规定，赋予法律执行力。在我国的港澳台地区，也规定了非法证据排除规则。

三、我国非法证据排除规则的立法沿革和实施状况

2012年《刑事诉讼法》修改，将“尊重和保障人权”明确写入总则，确立了“不得强迫自证其罪”原则，并且在此基础上完善了非法证据排除制度。

2013年11月中国共产党十八届中央委员会第三次全体会议通过的《中共中央关于全面深化改革若干重大问题的决定》在“九、推进法治中国建设”部分明确指出“完善人权司法保障制度。国家尊重和保障人权。健全错案防止、纠正、责任追究机制，严禁刑讯逼供、体罚虐待，严格实行非法证据排除规则”。

2014年10月中国共产党十八届中央委员会第四次全体会议通过的《中共中央关于全面推进依法治国若干重大问题的决定》在“四、保证公正司法，提高司法公信力”部分进一步强调“加强人权司法保障。健全落实罪刑法定、疑罪从无、非法证据排除等法律原则的法律制度。完善对限制人身自由司法措施和侦查手段的司法监督，加强对刑讯逼供和非法取证的源头预防，健全冤假错案有效防范、及时纠正机制”。2016年以来，围绕审判中心改革，出台了一系列司法文件，也细化了非法证据排除规则。

因此，严格实行非法证据排除规则，健全落实非法证据排除已经成为深化司法改革，推进依法治国进程中的重要环节。

笔者认为，从立法沿革的角度出发，我国非法证据排除规则的确立和发展需要关注以下几个阶段。

第一，1979～2010年《刑事诉讼法》及司法解释。1979年《刑事诉讼法》和1996年修订的《刑事诉讼法》，都明确一个基本立场，就是严禁刑讯逼供和以威胁、引诱、欺骗以及其他非法方法收集证据。从立法的角度看，我国《刑事诉讼法》一直旗

帜鲜明地反对非法取证行为。

1979 年《刑事诉讼法》第 32 条明确规定，“严禁刑讯逼供和以威胁、引诱、欺骗以及其他非法的方法收集证据”。1996 年《刑事诉讼法》第 43 条重申了上述要求。1998 年和 1999 年“两高”陆续出台的司法解释中进一步规定了如果采取了刑讯逼供等非法方法获得的证据应当排除。但由于法律和司法解释确立了“查证确实”的标准，且缺乏操作程序处理非法证据的审查与裁决，实践中鲜有排除非法证据的案例。

第二，2010 年出台的“两个证据规定”，其中《非法证据排除规定》明确了非法证据的范围、操作程序，确立了中国特色的非法证据排除规则。即根据中央关于深化司法体制和工作机制改革的总体部署，2010 年“两高三部”联合出台了“两个证据规定”，确立了系统的非法证据排除规则，得到了社会各界的充分肯定，在实践中取得了积极的效果。“两个证据规定”出台后，实践中对于非法证据排除制度的适用也暴露出一些新情况和新问题，仍然存在排除难等问题。

第三，2012 年《刑事诉讼法》以及相关司法解释。法典和司法解释吸收了《非法证据排除规定》的内容。即 2012 年《刑事诉讼法》在“两个证据规定”的基础上，进一步完善了非法证据排除制度，在证据章用 5 个条文明确了非法证据排除的范围和排除原则，确定了非法证据排除的程序、证明责任和证明标准，强化了“非法证据应予排除”的理念。详言之，2012 年《刑事诉讼法》在规定严禁刑讯逼供的基础上，增加不得强迫任何人证实自己有罪的规定。同时，在证据章中用 5 个条文专门规定了非法证据排除规则，明确规定了非法证据排除的具体标准：采用刑讯逼供等非法方法收集的犯罪嫌疑人、被告人供述和采用暴力、威胁等非法方法收集的证人证言、被害人陈述，应当予以排除。违反法律规定收集物证、书证，可能严重影响司法公正的，应当予以补正或者作出合理解释；不能补正或者作出合理解释的，对该证据应当予以排除。还规定了人民法院、人民检察院和公安机关都有排除非法证据的义务，以及法庭审理过程中对非法证据排除的调查程序。此外，为从制度上防止刑讯逼供行为的发生，增加规定了拘留、逮捕后及时送看守所羁押，在看守所内进行讯问和讯问过程的录音录像制度等配套机制。为了确保准确适用《刑事诉讼法》，最高人民法院于2012年底出台了最高人民法院《关于适用〈中华人民共和国刑事诉讼法〉的解释》，专设“非法证据排除”一节，在尊重立法精神的基础上对非法证据排除制度的有关条文作出了进一步的解释。

2013年最高人民法院《关于建立健全防范刑事冤错案件工作机制的意见》进一步列举了实践中的一些非法取证行为，将冻、饿、晒、烤、疲劳讯问纳入变相肉刑。

综上，从刑事诉讼法典到具体规范性文件，我们已经在立法层面确立了非法证据排除规则。

第四，本轮司法改革关于推进审判中心的文本。中央司法改革文本进一步明确了非法证据范围和操作程序。为推进审判中心的刑事诉讼制度改革而出台两个意见（《关于推进以审判为中心的刑事诉讼制度改革的意见》和《关于全面推进以审判为中心的刑事诉讼制度改革的实施意见》），两个改革文本多处涉及非法证据排除。2017年4月18日第34次深改组会议通过《关于办理刑事案件严格排除非法证据若干问题的规定》（以下简称《严格排除非法证据规定》），会议指出，严格排除非法证据，事关依法惩罚犯罪、保障人权。要加强对刑讯逼供和非法取证的源头预防，明确公安机关、检察机关、人民法院在各自诉讼阶段对非法证据的审查方式和排除职责，从侦查、审查逮捕和审查起诉、辩护、审判等各个环节明确排除非法证据的标准和程序，有效防范冤假错案产生。

从立法沿革可以看出我国非法证据排除规则具有以下特点。

1. 其产生与冤错案件的防范直接相关。近年来披露的冤错案件都暴露了刑讯逼供的存在，造成了虚假供述，从而导致案件事实认定的错误。

2. 在目前国情之下，非法证据排除的重点是刑讯逼供等非法方法获得的口供。对于非法取得的其他言词证据和非法实物证据关注不多，且没有规定毒树之果的处理。

3. 强调在整个刑事诉讼程序，侦查机关、审查起诉机关和审判机关都有权排除非法证据。这点与西方资本主义国家在审判阶段才涉及非法证据排除问题的规则不同。

我国非法证据排除规则的实践实施状况随着司法改革的深入而逐步推进。2010 年“两个证据规定”颁布后，最高人民法院就非法证据排除规则的实施问题专门进行过调研，“从‘两个证据规定’实施以来的司法实践情况看，各地法院对非法证据排除规则的适用仍处于探索阶段，依法排除非法证据的案例不多。有的对非法证据排除规则属性的理解存在偏差，对何种条件下启动非法证据排除程序，在哪个环节启动程序，如何看待申请人的初步举证责任，非法证据如何认定，排除非法证据后对案件如何处理等问题缺乏明确的认识，影响了非法证据排除规则的实施效果”①。

2012 年《刑事诉讼法》修改实施后，随着司法改革的深入，越来越要求严格贯彻非法证据排除规则。无论是学术界还是实务界均对规则的贯彻实施给予充分的关注。整体而言，非法证据排除规则已经得到实务部门的充分重视，同时成为辩护律师程序性辩护的重要和核心内容，实践中也出现了相当一批典型排非案例，供大家借鉴参考和研究思考。同时不可避免还不同程度地存在非法证据认定难、排除难等问题。

有学者通过北大法宝数据库案例（2005 年至 2015 年 8 月 11 日共 1459 个有效案例）的统计得出：排除规则已经从法律文本逐渐走向司法实践，并且在保障人权方面发挥了比较重要的作用，主要表现为绝大多数非法证据排除申请都能够开启对证据合法性的审查，其中约有一成左右的申请得到支持，从而将非法证

① 戴长林：《非法证据排除规则司法适用疑难问题研究》，载《人民司法》2013 年第 9 期。

据予以排除。在非法证据得以被排除的案件中，有些被告人被宣告无罪，有些案件被发回重审，有的案件检察院撤回起诉；有些被告人虽被定罪，但其被指控的部分犯罪事实未被认定。①

总之，虽然非法证据排除规则实施以来，排除的案例并不多，集中表现为典型的非法证据排除的案例还是非常少见；换句话而言，如果排除非法证据会导致案件事实无法认定，所以很多法官选择不排除。但是该规则已经对司法人员的观念产生了重要的影响，使之越来越重视程序的价值，注意人权保障。相信随着司法改革的深入，依法治国的全面推进，非法证据排除规则会发挥越来越重要的作用，中国司法的人权保障程度会越来越高。

四、我国非法证据的范围

在司法实践中，无论是初审阶段，还是复审阶段，都存在非法证据排除规则的具体实施，首当其冲需要解决非法证据的基本范围，其主要疑难问题表现在：非法证据与瑕疵证据的区分；如何判断疲劳讯问；威胁、引诱、欺骗能否作为非法证据排除；重复性自白如何处理等。

《刑事诉讼法》所规定的“非法证据”，与英美法所关注的

① 有关具体数据分析参见易延友：《非法证据排除规则的中国范式》，载《中国社会科学》2016 年第 1 期。在该文中，作者统计得出，第一，年份分布特点：2005～2009 年个位数，很少；2010～2012 年百位数；2013 年之后大幅度增长，2013 年 314 例，2014 年 906 例。第二，地域分布特点：中部、东部的案件数明显高于西部的案件数。其中，浙江、河南、广东 3 省的非法证据排除案例最多，分别达到 192 件、167 件和 138 件。西藏、天津、青海等地案件数最少，分别只有 2 件、3 件和 5 件。第三，罪名分布特点：受贿罪以 388 个案件 21.17% 的比例高居榜首；盗窃罪以 214 个案件 11.67% 的比例位居第二；贩卖毒品罪以 195 个案件 10.64% 的比例排在第三位。第四，裁判情况：未启动非法证据排除程序的案件仅有 155 件，占全部申请案件数的 10.63%；予以排除的案件 136 件，占全部申请案件数的 9.32%；136 件排除案件（120 个案件排除的都是被告人供述）的结果：因非法证据排除导致被告人被宣告无罪的案件为 17 件，占 12.50%；涉及非法证据排除而导致部分事实不予认定的案件 9 件，占 6.62%；发回重审的 11 件，占 8.08%；法院依据其他证据仍然实现对被告人定罪的 99 件，占 72.79%。

"非法证据"一样，都具有特定的含义，即只有通过严重违反法定程序并且侵犯基本人权（或者严重影响司法公正）的非法方法（方式）收集的证据，才属于非法证据。如果仅仅是证据收集程序、方式存在瑕疵，不符合法律的规定，例如，收集调取的物证、书证，在勘查笔录、提取笔录上没有侦查人员等相关人员签名的，不能作为非法证据予以排除，纳入瑕疵证据补正的范围。实践中，上述瑕疵证据可以通过有关办案人员予以补正或者作出合理解释，经补正或者作出合理解释后，依法可以采用。此种情形实际上是在确认该证据真实性的同时认可其证据资格；对于无法补正或者作出合理解释的情形，因不能确保证据的真实性，应当依法对该证据予以排除。可见，与关注证据可靠性问题的瑕疵证据排除规则相比，非法证据排除规则所关注的主要是证据的合法性问题，实践中不能将两者混为一谈。从理论上而言，区分两者可以从取证手段是否侵犯了重大的权益；是否违反了实质性程序规范；采用某一证据是否违背程序正义；采用某一证据是否影响证据的真实性等方面加以判断。①

《刑事诉讼法》第 50 条规定，严禁刑讯逼供和以威胁、引诱、欺骗以及其他非法方法收集证据，不得强迫任何人证实自己有罪。该条文承继了 1979 年以来对刑讯逼供等非法取证行为否定性评价的基本立场。2017 年《严格排除非法证据规定》第 1 条予以重申。同时法典的第 54 条②明确，"采用刑讯逼供等非法方法收集的犯罪嫌疑人、被告人供述和采用暴力、威胁等非法方法收集的证人证言、被害人陈述，应当予以排除。收集物证、书证不符合法定程序，可能严重影响司法公正的，应当予以补正或者作出合理解释；不能补正或者作出合理解释的，对该证据应当

① 参见陈瑞华：《刑事证据法的理论问题》，法律出版社 2015 年版，第 152 ~ 158 页。

② 法典的该条规定源自于 2010 年《非法证据排除规定》的第 1 条、第 2 条、第 14 条。

予以排除”。该条框定了我国非法证据的范围。2012年最高人民法院《司法解释》借鉴联合国《禁止酷刑和其他残忍、不人道或有辱人格的待遇或处罚公约》中酷刑的界定，对第54条非法证据进行了解释，“使用肉刑或者变相肉刑，或者采用其他使被告人在肉体上或者精神上遭受剧烈疼痛或者痛苦的方法，迫使被告人违背意愿供述的，应当认定为此处的‘等非法方法’”。虽然该解释没有列举具体的非法取证行为，但是明晰了判断是否属于非法证据的标准，即采取的非法方法是否迫使被告人违背意愿供述，即是否违反了反对强迫自证其罪的原则。2017年的《严格排除非法证据规定》针对司法实践中反映的范围把握不准的问题，列举了司法实践中关注的几种非法取证行为。

综合上述立法规定，结合理论分析，笔者认为非法证据排除的范围要关注一条底线、两类情形、三个重点情形。

（一）一条底线

非法证据的范围不可能在立法层面上一一列举，司法实践是非常丰富而生动的，法官如何行使好排除非法证据的裁量权，需要在心中确立一条底线，一个基本标准，即所有需要排除的非法证据是采取严重侵犯公民基本权利的手段获取的证据，其非法手段造成了犯罪嫌疑人、被告人肉体或者精神上剧烈疼痛或者痛苦，致使其违背意愿做出了供述，其供述是不自愿的。《刑事诉讼法》第50条明确规定了严禁刑讯逼供和以威胁、引诱、欺骗以及其他方法收集证据，不得强迫任何人证实自己有罪。因为非法取证方法侵犯了犯罪嫌疑人、被告人的人权，导致其供述不自愿，违背犯罪强迫自证其罪原则，不符合无罪推定的理念。

（二）两类情形

非法证据涉及非法言词证据和非法实物证据两大类。前者分为刑讯逼供等以非法方法收集的犯罪嫌疑人供述和以暴力、威胁等非法方法收集的证人证言、被害人陈述。这类言词证据的排除是绝对排除模式，即一旦认定为非法取证行为则专门机关无任何裁量权，必须排除该证据。后者涉及不符合法定程序的可能严重影响司法公正的物证、书证。这类证据的排除是裁量排除模式，即需要裁量是否严重影响司法公正，是否能补正或者合理解释。在整个非法证据排除规则体系中，不涉及毒树之果，在实务部门，普遍认可的观点是不排除毒树之果。整体上规则重点聚焦在非法口供的排除。需要注意的是，我国立法和实践层面都不排除毒树之果，秉持的是砍树吃果论，即排除刑讯逼供等非法方法获得的口供，但是通过口供找到的作案工具等毒树之果则并不排除。

（三）三个重点

如上所述，非法证据的范围重点在于非法口供的界定，即如何正确理解“刑讯逼供等非法取证行为”。从逻辑上而言，存在刑讯逼供、威胁引诱欺骗、其他方法等三类。

1. 第一种需要重点关注的是肉刑或变相肉刑。即如《严格排除非法证据规定》第 2 条明确的，“采取殴打、违法使用戒具等暴力方法或者变相肉刑的恶劣手段，使犯罪嫌疑人、被告人遭受难以忍受的痛苦而违背意愿作出的供述，应当予以排除”。在司法实践中，肉刑比较容易判断。肉刑是指对被追诉人的肉体施行暴力，如吊打、捆绑、殴打及其他折磨人的肉体的方法。变相肉刑难度大些，是指对被追诉人适用非暴力的摧残、折磨，如冻、饿、晒、烤。这些方式虽然在身体上不留伤痕，但是其效果不亚于以暴力殴打为特征的刑讯逼供，往往挑战被讯问者的生理承受极限，是对其精神和肉体的双重折磨。因此，2013 年最高人民法院《关于建立健全防范刑事冤错案件工作机制的意见》第 8 条第 1 款明确排除刑讯逼供或者冻、饿、晒、烤、疲劳审讯等非法方法收集的供述。根据该文件的精神，即使无法明确是暴力取证行为，只要是冻、饿、晒、烤、疲劳讯问等非法行为的，均纳入非法证据的范畴。虽然《严格排除非法证据规定》中没有列举，但是在司法实践中遇到上述情形，应当加以排除。

司法实践中争议最大的是疲劳讯问的界定，立法也没有规定。比如律师认为连续讯问超过24小时就属于疲劳讯问，而侦查机关普遍认为，讯问需要持续一定的时间才有可能突破其心理防线。根据我国现有的国情，首先需要明确的是夜间讯问不等于疲劳讯问。要立足于反对强迫自证其罪，从常人常情的角度，在个案中结合连续讯问时间、间隔时间、休息时间等因素判断是否构成疲劳讯问。笔者认为，不能连续讯问24小时，且讯问期间应当保证必要的休息时间，“每日应当保证不少于8小时连续休息时间”，两次讯问至少需要间隔12小时。

2. 第二种需要重点关注的是威胁、引诱和欺骗等非法方法。实践中，有些非法讯问方法并不直接折磨被告人的肉体，而是主要表现为对被告人进行精神折磨，或者给被告人服用药物。这种“精神层面的刑讯逼供”，更能直接迫使被告人违背意愿作出虚假供述，极易导致错案发生。《严格排除非法证据规定》第3条明确了威胁需要排除的基本立场，即“采用以暴力或者严重损害本人及其近亲属合法权益等进行威胁的方法，使犯罪嫌疑人、被告人遭受难以忍受的痛苦而违背意愿作出的供述，应当予以排除”。但是对于引诱和欺骗没有规定。

从文义解释的角度分析，修改后《刑事诉讼法》实施以来，司法实务界和学界围绕《刑事诉讼法》第50条和第54条的关系进行了激烈的争论。根据第50条规定，应当排除以威胁、引诱、欺骗的方法收集的口供。然而，第54条并没有将“威胁、引诱、欺骗”列入非法口供排除的范围。最高人民法院《司法解释》第95条没有明确规定“威胁、引诱、欺骗”属于非法取供，但通过文义解释，可以把“威胁”纳入该条“使被告人在精神上遭受剧烈疼痛或者痛苦的方法”，但是“引诱、欺骗”是否能够纳入其中值得商榷。同样，通过文义解释可以把“威胁”列入《人民检察院刑事诉讼规则（试行）》第65条“违法程度和对犯罪嫌疑人的强迫程度与刑讯逼供或者暴力、威胁相当而迫使其违背意愿供述的方法”，但“引诱、欺骗”是否符合该规定并不明确。

综上，笔者认为考虑到引诱、欺骗方法在实践操作层面上与侦查策略有区分难度，除非非法手段突破伦理底线，迫使犯罪嫌疑人、被告人违背意志作出陈述，一般不予排除。实践中还存在一个问题，即如果辩方提出要排除引诱、欺骗方法获得的供述，检察机关以不属于非法证据排除的范围拒绝提供录音录像等材料，法院如何处理呢？笔者认为，如果产生初步怀疑，则就属于非法证据的范围，应与检察机关协调提供有关证据。

3. 第三种需要重点关注的是重复自白。[①] 这属于其他非法方法的范畴。在司法实践中，往往存在被告人的多份认罪供述，如果前面的供述是刑讯逼供所获，之后相同的认罪供述是否也要排除呢？目前存在一排到底、只限本次以及讯问主体更换说等三种观点。《严格排除非法证据规定》对此作出了回答，其第5条明确规定，“采用刑讯逼供方法使犯罪嫌疑人、被告人作出供述，之后犯罪嫌疑人、被告人受该刑讯逼供行为影响而作出的与该供述相同的重复性供述，应当一并排除，但下列情形除外：（一）侦查期间，根据控告、举报或者自己发现等，侦查机关确认或者不能排除以非法方法收集证据而更换侦查人员，其他侦查人员再次讯问时告知诉讼权利和认罪的法律后果，犯罪嫌疑人自愿供述的；（二）审查逮捕、审查起诉和审判期间，检察人员、审判人员讯问时告知诉讼权利和认罪的法律后果，犯罪嫌疑人、被告人自愿供述的”。故立法秉持的是折中的观点。笔者认为判断的关键还是前述的自愿性标准。

其他非法方法的外延是非常丰富的，为司法实践中的各种非

① 实践中要注意不能把“重复自白”等同于英美法的“毒树之果”（fruits of poisonous tree）。“毒树之果”排除规则中的“毒树”，是由非法方式取得的证据，“毒树之果”是从前者当中获取的资料和进一步获得的其他证据。“重复自白”并不是从非法口供中直接获取的资料，也不是根据非法口供进一步取得的其他证据，因而不属于“毒树之果”。但是我们可以吸收英美法系“毒树之果”排除规则的合理因素，把非法取供之后再次作出的、与非法口供内容一致的“重复自白”予以排除，以保障人权和实现程序正义。

法取证方法规定了宏观的框架，《严格排除非法证据规定》还列举了非法限制人身自由获得的供述排除，“采用非法拘禁等非法限制人身自由的方法收集的犯罪嫌疑人、被告人供述，应当予以排除”，“采用暴力、威胁以及非法限制人身自由等非法方法收集的证人证言、被害人陈述，应当予以排除”，这是针对司法实践中的难点问题加以针对性解决，很有意义。在实践中，如何理解非法拘禁等非法限制人身自由的方法呢？笔者认为只要没有合法依据限制人身自由状态下获取的供述、被害人陈述、证人证言均无证据资格，应当排除，包括超期羁押。

五、非法证据排除规则的审判操作程序及证明

如前所述，我国的非法证据排除规则的一大特色是侦查、审查起诉和审判阶段均涉及非法证据的排除。因此《严格排除非法证据规定》的第二部分、第三部分就如何在侦查、审查逮捕、审查起诉阶段排除非法证据做出具体规定（第 8 ~ 18 条），第五部分[①]涉及审判阶段的操作，限于主题和篇幅，以下对审判阶段的操作程序和证明问题概括介绍。

非法证据排除规则的基本流程如下：申请方提出排除申请并承担初步说明责任；然后法官进行初步调查，如果产生怀疑，则进入正式调查程序，由控方举证，如果确认非法取证行为或者不能排除非法取证的，则排除该证据。对该问题的处理要写入裁判文书，据此可以提起二审救济。[②] 二审开庭审理的情况下，如果涉及非法证据的排除，同样要遵循以下四个方面的程序要求。

（一）辩方申请非法证据排除，提出线索或材料

《刑事诉讼法》规定：当事人及其辩护人、诉讼代理人有权申请人民法院对以非法方法收集的证据依法予以排除。申请排除

① 第四部分涉及辩护问题（第 19 – 22 条），强化法律援助和值班律师制度构建。

② 专门的救济事项和特殊规定在后面部分加以阐述。

以非法方法收集的证据的，应当提供相关线索或者材料。

为了将非法证据排除问题尽量解决在庭前，确保庭审集中审理，最高人民法院司法解释规定：人民法院向被告人及其辩护人送达起诉书副本时，应当告知其申请排除非法证据的，应当在开庭审理前提出，但在庭审期间才发现相关线索或者材料的除外。《意见》和《实施意见》以及《非法证据排除规定》均持相同立场。

实践中，如果被告人及其辩护人意图提出排除非法证据申请，通常已经在庭前掌握了相关的线索或者材料。要求被告人及其辩护人在开庭审理前提出非法证据排除申请，可以督促被告人及其辩护人尽量在开庭审理前提出排除非法证据的申请，进而通过庭前会议程序妥善解决该问题，避免在庭审中突然提出非法证据排除申请而导致庭审中断。与审判人员依职权对证据收集的合法性进行调查的程序不同，对于当事人及其辩护人、诉讼代理人申请排除非法证据的，申请人负有提供相关线索或材料的初步责任。根据实践调研，非法证据排除实践中由辩方申请启动的占绝大多数。赋予其一定的说明责任，防止其随意提出排非申请，而且如果侦查人员确有非法取证情形，那么被告人通常亲历整个过程，有接触证据、提供证据的便利。司法解释规定，申请人应当提供的线索或材料主要是指："涉嫌非法取证的人员、时间、地点、方式、内容等相关线索或者材料。"例如，如果被告人明确指出，某讯问人员于特定的时间在看守所以外的特定场所对其实施刑讯逼供，该情况就可以被视为司法解释中所称的"线索"。

（二）庭前会议中非法证据排除问题的处理

在庭前会议中，人民检察院可以对取证的合法性进行说明，反驳当事方提出的非法证据排除申请。司法解释对此专门规定：开庭审理前，当事人及其辩护人、诉讼代理人申请排除非法证据，人民法院经审查，对证据收集的合法性有疑问的，应当依照《刑事诉讼法》第 182 条第 2 款的规定召开庭前会议，就非法证据排除等问题了解情况，听取意见。人民检察院可以通过出示有关证据材料等方式，对证据收集的合法性加以说明。如果双方达成协议，则庭审中不予处理；如果不能达成协议，则在庭审中启动调查程序。《意见》和《实施意见》赋予庭前会议一定的效力，因此有助于程序性事项在庭前解决，防止庭审中断。如《意见》第7条明确规定，"控辩双方对管辖、回避、出庭证人名单等事项提出申请或者异议，可能导致庭审中断的，人民法院可以在庭前会议中对有关事项依法作出处理，确保法庭集中、持续审理。对案件中被告人及其辩护人申请排除非法证据的情形，人民法院可以在庭前会议中核实情况、听取意见。人民检察院可以决定撤回有关证据；撤回的证据，没有新的理由，不得在庭审中出示。被告人及其辩护人可以撤回排除非法证据的申请；撤回申请后，没有新的线索或者材料，不得再次对有关证据提出排除申请"①。

（三）程序上遵循先行当庭调查的基本原则

最高人民法院司法解释对此规定："法庭审理过程中，当事人及其辩护人、诉讼代理人申请排除非法证据的，法庭应当进行审查。经审查，对证据收集的合法性有疑问的，应当进行调查；没有疑问的，应当当庭说明情况和理由，继续法庭审理。当事人及其辩护人、诉讼代理人以相同理由再次申请排除非法证据的，法庭不再进行审查。"非法证据排除申请经审查使法庭产生怀疑，才会进入正式调查，而正式调查遵循当庭先行调查原则。先行调查是由该规则的证据能力属性决定的。早在《非法证据排

① 《严格排除非法证据规定》第25条表达了同样的意思，"被告人及其辩护人在开庭审理前申请排除非法证据，按照法律规定提供相关线索或者材料的，人民法院应当召开庭前会议。人民检察院应当通过出示有关证据材料等方式，有针对性地对证据收集的合法性作出说明。人民法院可以核实情况，听取意见。人民检察院可以决定撤回有关证据，撤回的证据，没有新的理由，不得在庭审中出示。被告人及其辩护人可以撤回排除非法证据的申请。撤回申请后，没有新的线索或者材料，不得再次对有关证据提出排除申请"。

除规定》中就有有关规定："被告人及其辩护人在开庭审理前或者庭审中，提出被告人审判前供述是非法取得的，法庭在公诉人宣读起诉书之后，应当先行当庭调查。"虽然我国不实行陪审团制度，不实行英美法系严格的审前证据资格的审查，但是从逻辑上而言，在证据合法性存在争议的情况下，只有先解决合法性问题，才能进入真实性的审查。因此，证据资格的争议要在法庭调查之前先行进行。如果经过审查认定特定的证据材料是非法证据，就应当依法予以排除，无须对该证据材料进行后续的法庭调查。

庭审过程中对非法证据排除的申请进行"先行"调查，是一项基本的原则。但基于审判效率和法庭秩序等方面的考虑，必要时也要对该原则设定一些例外情形，比如对于被告人人数较多、案情复杂且多名被告人提出非法证据排除申请的案件，可以考虑在法庭调查结束前一并对排除非法证据的申请进行调查。需要注意的是，法庭调查结束前一并调查同样要遵循证据能力优先解决的逻辑，即涉及非法证据排除的证据不能宣读具体内容。[①]

（四）证明责任属于控方，但是辩方有一定的说明责任，控方的证明标准要达到"事实清楚、证据确实充分"

基于无罪推定引申的控方举证，《刑事诉讼法》明确规定："在对证据收集的合法性进行法庭调查的过程中，由人民检察院对证据收集的合法性加以证明。"这既有助于实现程序公正，也能够避免实践中要求被告方承担证明责任的不当做法。在被告人及其辩护人提出排除非法证据申请的情况下，如果人民检察院不能证明证据收集的合法性，人民法院应当依法排除相关的证据。

检察机关承担举证责任的过程中，其举证手段是多种的。司

---

① 《严格排除非法证据规定》第33条明确：法庭对证据收集的合法性进行调查后，应当当庭作出是否排除有关证据的决定。必要时，可以宣布休庭，由合议庭评议或者提交审判委员会讨论，再次开庭时宣布决定。在法庭作出是否排除有关证据的决定前，不得对有关证据宣读、质证。

法解释明确规定："法庭决定对证据收集的合法性进行调查的，可以由公诉人通过出示、宣读讯问笔录或者其他证据，有针对性地播放讯问过程的录音录像，提请法庭通知有关侦查人员或者其他人员出庭说明情况等方式，证明证据收集的合法性。"目前许多法院都在探索警察出庭作证，其中包括对取证合法性的证明。[①] 对于以前司法实践中流行的书面说明，笔者认为没有什么证明价值。最高人民法院《司法解释》对此规定："公诉人提交的证明取证过程合法性的说明材料，应当经有关侦查人员签名，并加盖公章。未经有关侦查人员签名的，不得作为证据使用。上述说明材料不能单独作为说明取证过程合法性的证据。"《严格排除非法证据规定》予以确认。

那么，法院如何才能排除非法证据呢？《刑事诉讼法》规定，"对于经过法庭审理后，确认或者不能排除以非法方法收集证据情形的，对有关证据应当予以排除"。即包括两种情形，第一，"确认以非法方法收集证据"。如果当事人及其辩护人、诉讼代理人提出排除非法证据的申请后，提供了明确的证据材料，能够证明侦查人员对其实施了刑讯逼供行为，就能够"确认"侦查人员是以非法方法收集证据。第二，"不能排除以非法方法收集证据情形"。这是指如果当事人及其辩护人、诉讼代理人向人民法院提出排除非法证据的申请，法院经审查后启动了专门的调查程序，人民检察院无法提供确实、充分的证据证明取证的合法性。在法官对证据合法性存在疑问的情况下，如果人民检察院未能充分履行举证责任，就应当按照存疑有利于被告人的原则，认定相关证据是非法证据。例如，对于法律明确要求对讯问工作进行全程同步录音录像的案件，如果侦查机关在讯问时没有遵守法律的规定，未进行全程同步录音录像，讯问的场所又并未在看

---

① 比如中国人民公安大学和北京市第一中级人民法院、苏州市公安局就联合进行了警察出庭作证的课题研究，成果已经出版，参见李玉华、周军、钱志健：《警察出庭作证指南》，中国人民公安大学出版社 2014 年版。

守所内进行，没有其他在场人员能够证明讯问的合法性和被告人供述的自愿性，此种情况就属于“不能排除以非法方法收集证据情形”。[①] 概括起来，司法实践中主要存在三种情况：（1）对于应当对讯问过程录音录像的案件没有提供讯问录音录像，或者讯问录音录像存在选择性录制、剪接、删改等情形；（2）对于侦查机关没有在规定的办案场所讯问；（3）对于检察人员在重大案件侦查终结前未对讯问合法性进行核查，或者未对核查过程同步录音录像，或者录音录像存在选择性录制、剪接、删改等情形。如果现有证据不能排除以非法方法收集证据情形的，则可以排除有关证据，这是对非法证据排除规则的证明责任和证明标准运用分析的结果。

第五节　传闻证据规则

传闻证据规则是英美法系最为悠久的证据规则，源于普通法且已经存在了数百年，是普通法中最复杂和最受争议的一个证据规则。大陆法系的直接言词原则与其有异曲同工之效，亦强调证人出庭作证，接受法庭询问。我国推行以审判为中心的刑事诉讼制度改革，解决证人出庭难的问题是关键所在，唯有关键证人出庭，提高出庭率，才能实现庭审实质化，从而查明事实和保障被告人的对质权。

一、传闻证据规则的内涵和价值

传闻证据规则是指原则上排斥传闻证据作为认定犯罪事实的根据的证据规则。换言之，如果一个证据属于传闻证据，并且没有法定（普通法和制定法）的例外情况，则该证据不得被法庭

---

① 《严格排除非法证据规定》第 9～12 条秉持《刑事诉讼法》第 120～121 条对讯问地点、录音录像等程序要求，进一步明确要在规定的地点讯问、特定案件必须全程录音录像等要求。

采纳。[①] 何谓传闻证据，一般包括两种情况：一是转述他人的陈述；二是非于庭审日或者法庭上所作的陈述。

该规则最初的价值主要在于有助于查明案件事实真相，因为根据经验总结认为传闻证据的可信度差；后来逐步体现出保障被追诉者的对质权的程序价值。总之，传闻证据在诉讼中的使用剥夺了诉讼双方包括被告人对原始人证的询问和反询问的权利，由于无法以交叉询问进行质证，违背了对抗制诉讼的基本精神，容易导致误判，而且传闻证据的使用也违反了刑事诉讼的直接审理原则，由于法官未能直接听取原始人证陈述，未能从陈述的环境和条件、陈述的内容和陈述时的态度、表情、姿势等各方面情况对陈述的真实性进行审查，不利于法官获得正确的心证。因此，现代诉讼法中，传闻证据规则具有查明案件事实和保障程序正义的双重价值，侧重点在于前者。从自由心证的角度而言，规范了进入心证的证据范围，是自由心证的证据法层面的制约和保障。

二、传闻证据规则的比较法考察[②]

英美法系传闻证据规则内涵丰富。该规则的具体内容有二：第一，明确传闻证据需要排除，如美国《联邦证据规则》第 802 条规定："传闻证据，除本证据规则或其他联邦最高法院根据立法授权或国会立法所确认的规则另有规定外，不得采纳。"第二，根据各国情况规定若干例外。后者是最受争议的，各国做法不一。英美证据理论认为传闻的例外需要具备两个条件：一是具有"可信性的情况保障"，即传闻证据从多种情况看具有高度的可信性，即使不经过当事人反询问，也不至于损害当事人的利益。二是具有"必要性"，即存在无法对原始人证进行反询问的

① 参见刘玫：《传闻证据规则及其在中国刑事诉讼中的运用》，中国人民公安大学出版社 2007 年版，第 28 页。

② 详细资料可以进一步参见刘玫：《传闻证据规则及其在中国刑事诉讼中的运用》，中国人民公安大学出版社 2007 年版。

客观情形。因而不得不适用传闻证据。如原始证人死亡、病重、旅居海外或去向不明等。日本《刑事诉讼法》还规定传闻证据可基于当事人双方同意或合意而取得证据能力。因此日本法中的传闻法则的例外较之英美法更为广泛。

如美国，《联邦证据规则》第803条和第804条，一共列举了30条例外。这些例外可以分为两类：第一类是陈述者能否出庭作证不具有实质意义，也就是说原陈述者“不必”出庭作证（第803条）；第二类为原陈述者“不能”出庭［第804条（b）］，前者涉及24种，后者涉及6种情形。有学者[①]将其例外分为两类：附条件的例外和无条件的例外。所谓无条件的例外，是指即使在直接感知案件事实的人可以作证的情况下，传闻证据也可以采纳为证据。其实质是从立法上正式承认了此类传闻证据的证据能力。属于此类传闻证据有：陈述者在事发当时或时隔不久作出的关于该事件的陈述；陈述者就令人吃惊的事件在极度兴奋或受刺激的状态中所作的陈述；陈述者就自己的心理状态、感情、知觉或身体状态（如意图、打算、动机、内心情感、疼痛或身体健康等）的陈述；出于医疗诊断或治疗目的所作的陈述；证人亲身经历但已不能充分回忆时，其记忆犹新时所作的记录；属于商业、协会等日常业务活动的记录档案；公共机构或公务员依其法定职责就其进行的活动或观察的情况所作的记录、报告等；关于出生、死亡、婚姻等重要统计资料，商业和科学出版物、结婚证书、学术论文、碑铭墓刻、有罪判决，关于在家系中的名分，关于品格的名声等。

所谓附条件的例外，是指在直接感知案件事实的人不能出庭作证时，方得采纳的传闻证据。此类传闻证据的证据能力是有条件的，决定于直接感知案件事实的人能否出庭作证。如果其能够出庭作证，传闻证据就不具有可采性；如果其不能出庭作证，该

① 参见宋英辉、吴宏耀：《传闻证据排除规则》，载《人民检察》2001年第6期。

项传闻证据则具有可采性。所谓“不能出庭作证”，包括以下几种情形：陈述人享有免予作证的特权并拒绝作证的；陈述人虽无免予作证特权，但宁愿受处罚亦不作证的；陈述人由于死亡，或患身体上或精神上的疾病，或健康状况不佳不能出庭或不能作证的；陈述人声称对自己所作陈述的内容已记不清的；通过传票或其他合理手段无法通知陈述人出庭作证的。在陈述人不能出庭作证的情况下，下列证据不适用传闻证据排除规则：在同一诉讼或其他诉讼过程中提供的证词；临终陈述；对己不利的陈述；关于个人或家史的陈述。

在大陆法系存在着与传闻证据规则相似功能的直接言词原则以及相关制度。① 直接言词原则是诉讼法和证据法的原则，包括直接原则和言词原则，前者是指裁判者必须亲自接触案件的所有材料，因此在庭审中，应当让当事人、证人、鉴定人出庭并亲自听取他们的陈述。直接原则要求裁判者的事实认定建立在法庭证据调查之上，因此裁判者不得中途退庭，否则要更新审判程序。如日本《刑事诉讼法》第 315 条规定，“在开庭后更易审判官时，应当更新审判程序”。后者是指法院审理案件时，特别是当事人及其他诉讼参与人对诉讼材料的提出和进行辩论，要在法官面前以言词和口头的方式提出和进行。两者相互贯通和兼容。

综上，直接言词原则同传闻证据排除规则一样，均不承认证人在法庭之外所作的案件事实的陈述的证据能力，要求言词证据的提供者出庭。

---

① 可以参考达马斯卡：Of Hearsay and Tts Analogues，76 Minn. L. Rev. 425 - 458（1991 - 1992）一文，该文将英美法系的传闻证据规则以及大陆法系的直接言词原则统摄在“处理派生材料的方式”下进行比较。该文的中译本可以参见：刘玫、初殿清译：《英美法系的传闻规则以及大陆法系的类似规定》，载《诉讼法研究》第 10 卷，中国检察出版社 2006 年版；或者吴宏耀等译：《比较法视野中的证据制度》，中国人民公安大学出版社 2006 年版，第 249 ~ 288 页。

三、我国相关立法规定和实践探索

1996年《刑事诉讼法》修改一个最深刻的变化在于确立抗辩式的庭审方式，这需要一系列的配套制度，其中证人出庭作证制度就是非常重要的一个。证人出庭对于查明事实真相、保障诉讼当事人的质证权利具有重要意义。但是，我国证人出庭比率低，不足10%，有统计数据认为不足5%，这严重制约了新的庭审方式的运行。因此，无论是理论界还是实务界都在探索改革完善之道，其中确立关键证人出庭作证制度成为大家的共识。

2007年最高人民法院、最高人民检察院、公安部、司法部《关于进一步严格依法办案确保办理死刑案件质量的意见》首次在规范性文件中明确了出庭证人的标准，即人民法院应当通知下列情形的被害人、证人、鉴定人出庭作证：（1）人民检察院、被告人及其辩护人对被害人陈述、证人证言、鉴定结论有异议，该被害人陈述、证人证言、鉴定结论对定罪量刑有重大影响的；（2）人民法院认为其他应当出庭作证的。经人民法院依法通知，被害人、证人、鉴定人应当出庭作证；不出庭作证的被害人、证人、鉴定人的书面陈述、书面证言、鉴定结论经质证无法确认的，不能作为定案的根据。这条意见体现出直接言词原则的精神，对于解决证人出庭难问题有极大的指导意义。

2010年出台的《办理死刑案件证据规定》也强调了关键证人出庭制度（第15条）[①] 并在第16条规定了证人保护条款，完善了证人出庭的保障措施，加上《刑法修正案（八）》新增的禁止令制度，我国的立法在证人保护方面前进了一大步。但是还需要对证人强制到庭以及证人补偿问题加以规定。此外，还要注意证人到庭后对其进行有效的询问，需要研究交叉询问制度、通知证人到庭等证人出庭程序性问题。

---

① 人民检察院、被告人及其辩护人对证人证言有异议，该证人证言对定罪量刑有重大影响的，或者人民法院认为其他应当出庭作证的，证人都应当出庭作证。

2012 年《刑事诉讼法》在上述立法的基础上完善了证人出庭的相关制度，即在证据章中明确规定了证人保护和证人补偿制度；在一审程序中规定了关键证据出庭作证及强制证人到庭制度。第一，《刑事诉讼法》关于出庭作证的范围，在保留原来比较理想的规定之基础上，在第 187 条第 1 款、第 2 款进而规定："公诉人、当事人或者辩护人、诉讼代理人对证人证言有异议，且该证人证言对案件定罪量刑有重大影响，人民法院认为证人有必要出庭作证的，证人应当出庭作证。""人民警察就其执行职务时目击的犯罪情况作为证人出庭作证，适用前款规定。"

第二，规定了强制出庭的制度及惩罚措施。《刑事诉讼法》第 188 条规定，"经人民法院通知，证人没有正当理由不出庭作证的，人民法院可以强制其到庭，但是被告人的配偶、父母、子女除外。证人没有正当理由拒绝出庭或者出庭后拒绝作证的，予以训诫，情节严重的，经院长批准，处以十日以下的拘留。被处罚人对拘留决定不服的，可以向上一级人民法院申请复议。复议期间不停止执行"。也就是说作证是每一个公民的义务，没有正当理由不按人民法院通知出庭作证的，人民法院可以强制其到庭。这是我国首次在《刑事诉讼法》中确立的强制出庭作证制度。同时立法免除了被告人的配偶、父母、子女的强制到庭作证的义务，需要注意的是并非免除作证义务。

第三，规定了对证人作证的保护制度及经济补偿制度。《刑事诉讼法》在原有法律笼统规定作证保护的基础上，在第 62 条规定："对于危害国家安全犯罪、恐怖活动犯罪、黑社会性质的组织犯罪、毒品犯罪等案件，证人、鉴定人、被害人因在诉讼中作证，本人或者其近亲属的人身安全面临危险的，人民法院、人民检察院和公安机关应当采取以下一项或者多项保护措施：（一）不公开真实姓名、住址和工作单位等个人信息；（二）采取不暴露外貌、真实声音等出庭作证措施；（三）禁止特定的人员接触证人、鉴定人、被害人及其近亲属；（四）对人身和住宅采取专门性保护措施；（五）其他必要的保护措施。证人、鉴定人、被害人认为因在诉讼中作证，本人或者其近亲属的人身安全面临危险的，可以向人民法院、人民检察院、公安机关请求予以保护。人民法院、人民检察院、公安机关依法采取保护措施，有关单位和个人应当配合。”同时，第63条规定：“证人因履行作证义务而支出的交通、住宿、就餐等费用，应当给予补助。证人作证的补助列入司法机关业务经费，由同级政府财政予以保障。有工作单位的证人作证，所在单位不得克扣或者变相克扣其工资、奖金及其他福利待遇。”这些规定都是为了解除证人作证的后顾之忧，以保证证人出庭作证。

这些立法规定完善了我国证人出庭制度，但是实践中证人出庭难的问题仍然没有解决。新一轮司法改革提出推进以审判为中心的刑事诉讼制度构建，解决证人出庭问题是重点。《意见》第12条明确指出，“完善对证人、鉴定人的法庭质证规则。落实证人、鉴定人、侦查人员出庭作证制度，提高出庭作证率。公诉人、当事人或者辩护人、诉讼代理人对证人证言有异议，人民法院认为该证人证言对案件定罪量刑有重大影响的，证人应当出庭作证”。

《实施意见》表达了同样的意思。《法庭调查规程》则细化了作证程序，完善了出庭后的质证。为维护被告人质证权，准确审查判断证据，控辩双方对证人证言、被害人陈述、鉴定意见以及侦破经过、证据来源、证据真实性或者证据合法性有异议，申请证人、被害人、鉴定人、有专门知识的人、侦查人员或者有关人员出庭，人民法院经审查认为有必要的，应当通知上述人员出庭。人民法院通知有关人员出庭后，控辩双方负责协助对本方诉讼主张有利的有关人员到庭。实践中要妥善处理法庭通知出庭、控辩双方协助到庭和法庭强制到庭的关系，切实提高出庭率。为规范发问程序，证人出庭后，先由对本方诉讼主张有利的控辩一方发问；发问完毕后，经审判长准许，对方也可以发问。控辩双方发问完毕后，可以归纳本方对证人证言的意见；控辩双方如有新的问题，经审判长准许，可以再行发问。为确保发问效果，控辩双方可以通过提问的方式向证人询问与案件事实有关的问题，也可以让证人向法庭自由陈述其亲自感知的案件事实。证人出庭作证的，其庭前证言一般不再出示、宣读，但以下情形除外：证人出庭作证时遗忘或者遗漏庭前证言的关键内容，需要向证人作出必要提示；或者证人的当庭证言与庭前证言存在矛盾，需要证人作出合理解释。为核实证据来源、证据真实性等问题，或者唤起证人记忆，经审判长准许，控辩双方可以在询问证人时向其出示物证、书证等证据。①

围绕立法和中央司法改革的文本，各地积极探索证人、鉴定人、侦查人员出庭作证，成都市中级人民法院、温州市中级人民法院等作为庭审实质化改革的先锋，为我们提供了丰富的实践经验。

四、完善证人出庭的延伸思考——如何进行有效质证

证人出庭率的提升是今后要努力的方向。如上所述，司法实践中很多法院进行了很好的探索。除了正确理解证人出庭的条件外，还要用好强制证人出庭制度，完善证人保护措施。相关研究成果都提出了很好的建议。笔者认为制度上的设计目前比较完善，主要在于加强实务操作，贯彻实施证人出庭作证的范围、证人保护、补偿等制度，善于用现代科技手段探索远程视频作证。这需要各个法院勇于实践，积累经验，具体分析。

从证据审查判断的角度而言，无论一审还是二审或者其他复审程序，证人出庭后，如何进行有效询问成了摆在理论界和实务界面前一个重要的课题。

笔者在法官培训过程中发现实现庭审实质化面临一个很现实的问题就是要解决质证问题。我们在组织模拟庭审的过程中，学员们认为最大的难点在于法庭调查中对证据的质证如何有效开

① 参见戴长林、刘静坤：《“三项规程”重点内容解读：让以审判为中心的刑事诉讼制度改革落地见效》，载《人民法院报》2017 年 7 月 1 日。

展，在证人（包括鉴定人）出庭的情况下如何进行有效询问。比如经过庭前会议确定3名关键证人出庭，但对于其庭前书面证言如何使用存在不同意见；又比如控辩双方对出庭证人进行发问，法官如何裁判程序争议，驾驭好庭审。如果无法进行有效质证，庭审还是走过场。在司法实践层面上，质证虚化是审判中存在的突出问题，体现在质证能力差、质证准备不足、质证规则缺乏等。组织庭审时发现的一些问题，虽然看似是技术性的，但是背后折射出了一些深层次的东西。

自从党的十八届四中全会提出“要推进以审判为中心的诉讼制度改革”后，无论是法学界还是实务界都非常关注这个话题，而且在实践层面上已经开始积极的探索。

（一）有效的质证是实现庭审中心的重要路径

我们都不否认，在现阶段，审判中心的实现要求庭审实质化并起决定作用，其中一审程序是基础。“刑事庭审实质化是以审判为中心的诉讼制度改革的基本要求，其内核是被告人的刑事责任在审判阶段通过庭审方式解决。”① 目前人民法院根据“四五改革纲要”的要求进行的审判中心的实践也主要是从庭审中心的角度进行的。

而庭审中心或者庭审实质化要求正如第六次刑事审判工作会议所提出的“审判案件以庭审为中心，事实证据调查在法庭，定罪量刑辩论在法庭，裁判结果形成于法庭，全面落实直接言词原则，严格执行非法证据排除制度”。基于证据是诉讼的基础和核心的大前提，笔者认为，构建完善的质证规则是其中的关键一环。

1. 有效的质证是贯彻直接言词原则的重要体现。直接言词原则和传闻证据规则具有查明事实真相、保障被告人对质权的价值功能，在我国确立有限的直接言词原则是学术界大多数人的观点，这就要求“完善证人、鉴定人出庭制度”。如果证人不出

---

① 汪海燕：《论刑事庭审实质化》，载《中国社会科学》2015年第2期。

庭，就无法针对证人进行质证，影响案件事实的查明和被告人的权利保障。而证人出庭后，无法有效质证，如一直以“不清楚、忘记了”等言词回答，则最终也无法实现直接言词原则的价值。

2. 有效的质证是贯彻证据裁判主义的重要体现。事实认定是法律适用的基础，证据裁判主义要求案件事实认定以符合法律规定的经过法定程序核实的证据为基础，没有证据不能认定。因此“证据三性”的查明非常关键。而质证主要就是针对证人等进行的询问，从而检验证据的合法性、关联性和真实性。这构成了案件事实认定的基础。没有质证，则定案失去正当程序基础，而没有有效的质证，无法对人证等各种证据进行有效检验，就无法贯彻证据裁判主义。

3. 有效的质证是实现庭审任务的重要方式。法庭审理的基本环节包括法庭调查和法庭辩论，而前者是基础。法庭调查是在审判人员主持下，控辩双方和其他诉讼参与人的参加下，当庭对案件事实和相关证据进行审查、核实的诉讼活动。其基本任务在于查明案件事实、核实证据。因此，法庭调查的中心活动就是质证。只有对控方提供的各种证据进行有效的质证，才能将这些证据作为认定事实的基础，从某种意义上而言，庭审质证的效果直接关系到案件处理的质量。

当然有效的质证还充分体现了对被告人诉讼权益的保障。正如许多学者认可的，质证中包含对质的含义，而对质权是被告人重要的诉讼权利。通过对质权的行使，被告人可以对证人等诉讼参与人进行询问，发表对证据的意见和看法。

（二）质证的基本要素包括质证的主体、对象和具体规则

质证是什么呢？按照陈光中先生的观点，“质证是在法庭审理过程中控辩或当事人双方在法官的主持下，采用询问、辨认、质疑、辩驳、核实等方式对证据的效力进行质辩的诉讼活动”[①]。

① 陈光中主编：《证据法学》（第2版），法律出版社2013年版，第292页。

从以上解释看，质证不仅指诉讼双方在庭审中对证人的询问，还指对其他证据的核实。此外，在司法解释方面，我国刑事诉讼中的“质证”不限于“证人证言”，也包括其他证据。准确把握质证要考虑到一些基本的要素即质证的主体、对象以及规则的构建。

1. 质证主体。笔者认为，在中国质证主体应该包括控辩审三方。首先是法官这个角色，按照我们目前模式的设定，他依然享有在庭审中补充发问的权利。《刑事诉讼法》第 186 条、第 189 条规定的“审判人员可以讯问被告人”“审判人员可以询问证人、鉴定人”以及第 191 条规定的庭外调查核实权充分体现中国法官角色的职权主义色彩。因此，法官除了主持质证活动外，还要进行质证活动，实际上还是承担着质证的角色。所以笔者认为他也是质证的主体。控方与辩方更不用多说，他们是质证的主要主体。控方在庭审中提供证据，并对所提出的证据进行发表意见和询问等活动，并反驳、解释辩方的质证意见。而辩方（被告人及其辩护人）则侧重于质疑证据，进行反询问。各个角色基于各自的诉讼地位和职能各司其职开展质证活动。

2. 质证的对象。质证的对象是证据，在我国不仅指言词证据还包括其他证据。从庭审实质化的角度来说，要求“事实证据调查在法庭，定罪量刑辩论在法庭，裁判结果形成于法庭”，其中“事实证据调查在法庭”是基础一环，对证据的调查其实就是一个对各种证据进行质证的过程。实现庭审实质化，就必须对证据进行有效质证。如果进一步探究的话，质证针对的是证据，还是证据的提供者——人呢？[①] 质证作为体现直接言词原则的活动，其典型的行为表现是询问，而询问是针对人进行的。从直接言词的精神出发，证据的提供者应该出庭接受交叉询问。在司法实践中，证人不出庭，可以宣读书面证言并对其进行质疑，

① 已经有学者明确表明质证对象应当是提供证据的人，参见杨宇冠、刘曹祯：《以审判为中心的诉讼制度改革与质证制度之完善》，载《法律适用》2016 年第 1 期。

严格意义上而言不是真正有效的质证。如果我们把质证的重心放在提供言词证据或者实物证据的人身上，对他进行询问、质疑、反驳等活动，那么在某种程度上就弱化了庭前书面证言的证据能力，减少了案卷、笔录的影响。

3. 质证的具体内容或者说规则。在这个规则的构建当中，涉及很多重要的内容，比如质证程序、质证效果。但最关键最受人关注的还是一个交叉询问规则的问题。在我们法官学院的刑事培训班上，很多法官都表示出对交叉询问规则的兴趣以及思考如何具体运用，一些法官在自己承办的案件中进行了具体的实践和尝试。比如交叉询问作为来自英美法系的规则，是否适合中国？法官如何把握居中裁判与交叉询问的关系？在中国如何确立交叉询问的具体范围？询问方式如何实践？是否一律禁止诱导性询问？如何针对普通证人、专家证人、鉴定人、侦查人员发问？限于时间不在此展开，但是笔者认为由于诉讼文化、诉讼模式等因素的差异，在借鉴国外交叉询问规则时必须立足中国实际，法官基于个案的探索、各地法院的试点会提供非常可贵的实践基础，推动立法和司法。

（三）辩护权的有效行使是质证规则运行的重要保障

质证的有效运行需要各项诉讼制度的保障，离不开整个司法体制的完善，离不开质证主体素质和能力的提高。在诉讼制度方面，科学的诉讼分流机制、合理的法庭审判组织以及完善的辩护制度等都至关重要。其中完善的辩护制度以及辩护权的有效运行起着非常重要的作用。质证是辩护人在庭审上的主要活动，辩护权的有效运行才能保障质证的顺利、充分进行。如果缺少辩护人的有效辩护，则无法形成真正的控辩对抗，进而影响质证效果。

2012 年《刑事诉讼法》对辩护制度做了较大范围的修改，充实了辩护权的内容，基本解决了“旧三难问题”（调查取证难、会见难、阅卷难）。但是制约辩护权有效开展的因素仍然存在，还存在刑事案件辩护率低，辩护质量不高，法律援助范围过窄以及效果不佳等问题。根据相关媒体报道和学者研究，各地律师辩护率在20%左右。当然，在不同审判阶段、不同级别的法院以及不同地区的法院具体的辩护率有所区别，一般审判阶段的辩护率高于审前阶段，中级人民法院的一审辩护率高于基层人民法院的一审辩护率。而有辩护人参与的案件，也存在辩护质量不高的问题，比如在庭审实践中，经常能看到某些辩护人提出的辩护意见泛泛，缺乏针对性，仅表达诸如偶犯、初犯、认罪态度好等概括性意见。同时，法律援助尤其是刑事法律援助制度也亟须发展，比如一般情况下，受委托的辩护人的辩护质量往往高于受指定的辩护人；承担法律援助的律师存在基本的会见、阅卷不到位，辩护效果差的问题。

笔者认为除了完善辩护环境外，目前要借法律援助制度的春风，完善指定辩护质量，确立死刑案件辩护人的准入机制，进而提升整体辩护质量，促进辩护权的有效行使。2015年6月中共中央办公厅、国务院办公厅印发了《关于完善法律援助制度的意见》，强化了刑事法律援助制度，一是要增加法律援助值班律师制度，二是法律援助案件要扩大到刑事案件速裁程序试点和刑事和解程序中，三是要将法律援助范围扩大到死刑复核程序。在此背景下，我国的刑事法律援助制度进入到一个新的发展阶段，相信通过法律同仁的共同努力，辩护制度会有更大的完善和进步。

综上，解决证人出庭后，如何有效质证，充分保障对质权的实现和查明案件事实，才是今后以审判为中心的刑事诉讼制度构建的着力点，唯有如此，才能真正实现传闻证据排除规则的价值目标，体现直接言词原则的基本精神。

第六节　补强证据规则

在证据评价上，现代诉讼由于实行自由心证，很少对证据的证明力预先做出规定，但是根据经验法则，某些形式的证据，为了避免在运用中出现错误，需要设立补强规则。在证据的证明力委诸于法官或陪审团自由判断的现代诉讼中，补强规则对证明力的限制构成了自由心证的例外。也就是说不同证据的证明力有强有弱，有的证据的证明力明显偏弱，如果贸然采用，则容易误判。为了防止误认事实或者其他危险性，而在运用某些证明力显然薄弱的证据认定案情时，必须有其他证据补强其证明力，则为补强证据规则。两大法系国家都以不同的形式采用了补强证据规则。

特定类型的证据虚假的可能性比较大，如口供，法律规定此类证据不得单独作为认定案件事实的依据，只有在其他证据与其相互印证时，方能认定案情。在刑事诉讼中，大陆法系国家一般规定，只有被告人口供不得认定被告人有罪。即使单凭被告人口供就足以使法官形成有罪确信时，法官也不得仅据此而裁决被告人有罪。因此，该规定显然是自由心证的例外，限制了在被告人口供是唯一不利于被告人的证据的情况下，法官对该口供证明力的评价。荷兰早在1838年就以补强证据规则的形式对法官的自由心证加以限制，其一是法庭不能仅根据被告人的口供就判有罪；其二是法官不能仅根据一个人的证言就判被告人有罪。

英美刑事诉讼中，补强证据可以表述为：corroborating evidence；corroborative evidence reinforcing evidence。依照制定法或者惯例，以下情形需要补强证据：对伪证罪的证明；对某些性犯罪的证明，在对妇女和儿童的某些性犯罪中，如果只有一个证人的证言，不能认定被告人犯这种罪行，除非该证言在某些实质的细节上有其他控诉证据增加其证明力；儿童提供的不经宣誓的证言；某些宣誓证言；共犯的证言，英国“一名共犯的证供不能作为另一名共犯的吻合证据”；1960年《道路交通法》进行的证明（在英国）。仅有自白不得认定被告人有罪，但是并不是自白的内容都需要补强证据。依据判例，犯罪的主观方面，被告人和犯人的同一性，犯罪实施以外的量刑情节、存在处罚条件及累犯前科等，不需要补强。但是在诉讼实务中，对有关科刑的事实需要自白以外的证据予以补强，则是通例。

补强证据规则在刑事诉讼中主要体现为自白补强规则。笔者以日本为例再予以详细介绍。依照日本《刑事诉讼法》规定，不论是否被告人在公审庭上的自白，当该自白是对被告人不利的唯一证据时，不得认定被告人有罪。要认定其有罪，在自白之外，还须有其他证据。确立补强法则，一是为了防止误判；二是为了防止偏重自白。成为自白的补强证据的，必须是有证据能力的证据，且必须是本人供述（自白）以外的证据。但是，对于本人记载的日记、笔记、备忘录等，如果并非是预料到侦查、公审而记载的，则可以成为本人自白的补强证据。在日本，口供补强规则包括三方面内容：（1）补强的范围，解决什么样的事实需要补强的问题。（2）补强证据的证据能力。补强证据也是用于认定犯罪事实的证据，因而必须具有严格的证明方式所要求的资格。而且，既然是用于补足自白的证据，因此还必须是独立于被告人口供的证据。（3）共犯口供的补强问题。对于该问题，日本有两种不同的意见。积极说强调单独被告人与共案被告人口供的同质性，认为补强规则的目的在于防止偏重自白和避免误判，而在这一点上，被告人的自白与共案被告人的自白并无不同，因此共犯口供也需要补强。消极说强调单独被告人与共案被告人口供的异质性，认为共案被告人的口供具有“第三者陈述”的性质，因此共犯口供不需要补强。

我国立法中规定需要补强的证据包括：刑事诉讼中的犯罪嫌疑人和被告人供述；民事诉讼中的未成年人所作的与其年龄和智力状况不相当的证言，与当事人一方有亲属关系的证人出具的对该当事人有利的证言，没有其他证据印证并有疑点的视听资料，无法与原件、原物核对的复印件、复制品，对方当事人不予认可的当事人本人的陈述等。我国的补强规则尚处于萌芽阶段，仅规定了哪些证据类型应当补强，但是对于补强证据所应具备的条件以及需要达到的程度等具体问题，尚未规定。尤其是自白补强证据规则更是需要进一步研究，以规范口供的采纳。

司法实践中，在遵循补强证据规则的基本要求下，如何正确对待口供，审查判断好口供是实践难点。笔者认为，犯罪嫌疑人、被告人供述和辩解是法定的证据种类，是犯罪嫌疑人、被告人对案件事实的供认或者辩解，其供认的内容往往比较具体，直接指向案件主要事实。但是由于其在诉讼中的被追诉者地位，供述具有易变性，虚假的可能性大。正因为如此，对待口供要慎重，既不能完全忽视，也不能依赖口供，只有口供是不能确定被告人有罪的。

下篇

司法适用

第四章 刑事二审程序中的证据运用

如上篇所述，上诉审的基本功能在于纠错、救济和统一法律适用，根据这次司法改革的方向，二审重在处理事实和法律争议。

司法实践层面，二审中存在的主要问题有：（1）关于上诉不加刑原则的适用。二审将只有被告人上诉的案件定性从未遂改成既遂，是否违反上诉不加刑？二审以事实不清发回一审法院重审后，一审补充起诉了刚刚抓获的第一被告人的同案犯，共同犯罪事实认定方面没有发生变化，能否加重第一被告的刑罚；如果一审加重第一被告人的刑罚，那么二审能否以程序违法为由再次发回重审？被告人上诉提出事实不清、省检察院建议二审发回重审的案件，是否一律应当发回重审？如何在具体案件中适用《刑事诉讼法》第226条规定的“第二审人民法院发回原审人民法院重新审判的案件，除有新的犯罪事实，人民检察院补充起诉的以外，原审人民法院也不得加重被告人的刑罚”等问题。（2）二审程序问题。如二审开庭审理的上诉案件，检察机关不派员出庭怎么处理？某案上诉后才达成和解，程序和文书如何处理？最高人民法院发回重审的案件，对判决已生效的同案犯需再审的，是否可并案按二审程序审理？（3）二审开庭程序的操作，即如何落实二审庭审实质化，解决好证人出庭、排非问题。

关于上诉不加刑原则的具体适用与证据规则没有直接关系，但是涉及上诉人基本权利保障，一定要严格按照《刑事诉讼法》

第226条[①]和司法解释相关规定实施，在具体个案中把握的基本精神：是不能因为公权力机关的行为导致的案件错误由上诉人来承担，导致其处于不利的境地。

笔者从审判中心出发，围绕证据规则的构建，重点探讨三个问题，即疑案在二审中的处理、非法证据排除规则在二审中的适用、传闻证据规则在二审的适用。

第一节　疑案的处理

如前所述，无罪推定原则是刑事诉讼中的基本原则，起源于古代罗马法，确立于近代，现已为联合国人权公约和法治国家宪法所确定，并逐渐为世界各国刑事诉讼法典所规定。无罪推定原则要求受刑事指控者被证实有罪之前应被推定为无罪，证明责任由控方承担，证明应达到排除合理怀疑的证明标准，存疑案件的处理应有利于被指控人。其中存疑案件的处理有利于被指控人包括两层意思，“一是案件在有罪无罪存疑时，应当作出无罪判决，即‘疑罪从无’。具体而言，如果控方提出的证据不足以排除合理怀疑地认定被告人有罪时，应当作无罪处理。二是在案件定罪确定的前提下，罪重罪轻存疑时，应当作出罪轻判决，此即‘罪重罪轻从轻’。具体而言，如果控方提出的证据确定足以认定被告人有罪，但是无法确定罪重罪轻时，应当作出罪轻判决。总而言之，‘疑罪从无’、‘罪重罪轻存疑时从轻’是现代法治理念中无罪推定所应当包含的基本内容”[②]。

---

① 《刑事诉讼法》第226条规定：“第二审人民法院审判被告人或者他的法定代理人、辩护人、近亲属上诉的案件，不得加重被告人的刑罚。第二审人民法院发回原审人民法院重新审判的案件，除有新的犯罪事实，人民检察院补充起诉的以外，原审人民法院也不得加重被告人的刑罚。人民检察院提出抗诉或者自诉人提出上诉的，不受前款规定的限制。”

② 陈光中、张佳华、肖沛权：《论无罪推定原则及其在中国的适用》，载《法学杂志》2013年第10期。

理论上而言，疑案包括事实上的疑案和法律上的疑案。前者是指刑事诉讼中对案件事实的证明没有达到法律所要求的程度的案件；后者是指事实清楚，但是适用罪名或者量刑不能确定的案件。在此讨论的是事实上的疑案，也是疑罪从无原则中的疑罪，更是司法实践中刑事法官关注的焦点。“何为疑罪？通常而言，疑罪是指已有相当证据证明被告人有重大犯罪嫌疑，但全案证据尚未达到确实、充分的程度，尚不能确认被告人就是真正的罪犯。疑罪从无，就是在刑事司法中出现这种既不能排除犯罪嫌疑又不能证明有罪的两难情况下，从法律上推定为无罪的一种处理方式。”①

实践中如何具体把握呢？聂树斌案再审判决指出：“原判据以定案的证据没有形成完整锁链，没有达到证据确实、充分的法定证明标准，也没有达到基本事实清楚、基本证据确凿的定罪要求。原审认定聂树斌犯故意杀人罪、强奸妇女罪的事实不清、证据不足。”由此也就明确了疑罪的认定标准。面对疑罪，现代法治国家采取的立场是“疑罪从无”，要求从有利于被追诉人的原则出发，罪与非罪难以确定时，按照无罪处理；罪轻与罪重难以确定时，按照罪轻处理。

在我国立法层面上，1996 年《刑事诉讼法》修改就明确了“疑罪从无”，“证据不足，不能认定被告人有罪的，应当作出证据不足、指控的犯罪不能成立的无罪判决”。2012 年再修改时加以重申。但是在司法实践中，对于一些本应作无罪判决的案件，由于面临来自公安机关及地方政府以及被害人等方面的压力，法院往往作出“留有余地”的有罪判决。我国法院无罪判决率逐年下降，2000 年为 1.02%，2010 年为 0.10%，2014 年为 0.066%。②疑罪从无在实践样态方面演变成疑罪从轻、疑罪从挂、疑罪从

① 沈德咏：《论疑罪从无》，载《中国法学》2013 年第 5 期。

② 参见王亦君：《778 个无罪判决说明什么》，载《中国青年报》2015 年 3 月 13 日第 4 版。

撤等。

笔者认为，疑罪从无的原则要一以贯之，无论是一审还是二审。从二审程序而言，二审法院发现案件事实存疑，根据现有立法可以查清后改判，也可以发回重审。《刑事诉讼法》规定的以事实不清或者证据不足为由发回重审主要是为了尽可能查明案件事实真相，维护案件的实体公正。据最高人民法院的统计数据，近些年来，7.8%左右的刑事二审案件被发回重审，其中绝大部分案件都是因为事实不清或者证据不足而发回的。[①] 结合实践调研情况和法官反馈的疑难问题，笔者对事实不清证据不足的疑案在二审的处理进行探讨。司法实践层面的典型案例是福建念斌案。

一、福建念斌案——二审疑罪从无的典范

根据裁判文书的叙述，念斌案的审理经过如下：福州市中级人民法院审理福州市人民检察院指控被告人念斌犯投放危险物质罪，附带民事诉讼原告人丁某虾、俞甲提起附带民事诉讼一案，于2008年2月1日作出（2007）榕刑初字第84号刑事附带民事判决。宣判后，被告人念斌不服，提出上诉。2008年12月18日，福建省高级人民法院以（2008）闽刑终字第141号刑事裁定撤销原判，发回福州市中级人民法院重新审判。2009年6月8日，福州市中级人民法院经重新审判，作出（2009）榕刑初字第25号刑事附带民事判决。被告人念斌不服，提出上诉。2010年4月7日，省高级人民法院以（2009）闽刑终字第391号刑事附带民事裁定驳回上诉，维持原判，报请最高人民法院核准。2010年10月28日，最高人民法院以（2010）刑三复21722109号刑事裁定不予核准，撤销二审裁定，发回本院重新审判。2011年5月5日，本院以（2009）闽刑终字第391－1号刑事裁定，

① 参见陈光中、曾新华：《刑事诉讼法再修改视野下的二审程序改革》，载《中国法学》2011年第5期。

撤销原判，发回福州市中级人民法院重新审判。2011 年 11 月 7 日，福州市中级人民法院经重新审判，作出（2011）榕刑初字第 104 号刑事附带民事判决。被告人念斌不服，再次提出上诉。省高级人民法院于2013 年7 月4 日至7 日和2014 年6 月25 日至26 日，两次依法公开开庭审理了本案，2014 年8 月22 日最终作出宣告无罪的裁判。[①] 整个案件生效裁判文书的产生非常不易，体现了疑罪从无的精神。该案历时 8 年 10 次开庭审判，4 次被判处死刑立即执行，发回重审 2 次。

文书的关键点就是围绕本案的事实不清证据不足展开分析，将事实区分为不同层次。法院整体上通过证据的分析评判认为，“二被害人系中毒死亡，但原判认定致死原因为氟乙酸盐鼠药中毒依据不足，认定的投毒方式依据不确实，毒物来源依据不充分，与上诉人的有罪供述不能相互印证，相关证据矛盾和疑点无法合理解释、排除，全案证据达不到确实、充分的证明标准，不能得出系上诉人念斌作案的唯一结论。因此，原判认定上诉人念斌犯投放危险物质罪的事实不清，证据不足，原检察机关指控上诉人念斌所犯罪名不能成立”。具体有以下几个分析要点：

（一）关于被害人中毒原因一节

原判认定，被害人俞乙、俞丙系氟乙酸盐鼠药中毒死亡。主要依据是原审庭审中检察机关举证的法医学鉴定意见、俞乙的呕吐物的理化检验报告、被害人陈述和证人证言。检方认为，原判采信的上述证据和检方在二审庭审中新出示的被害人俞乙、俞丙的尿液和心血的理化检验报告、俞乙心血的质谱图、检验电子数据、鉴定人证言、侦查机关的情况说明等证实，在俞丙的心血、尿液和俞乙的心血、尿液及呕吐物中检出了氟乙酸盐鼠药成分，与其中毒症状相符；俞丙的尿液与标样的质谱图、俞乙的心血与呕吐物的质谱图相同的问题，鉴定人出庭说明系归档时弄混导

① （2012）闽刑终字第10 号。

致，并且重新提供了俞乙心血的质谱图和相关检验电子数据、补充的尿液实验，可以予以解释。因此，可以认定二被害人死于氟乙酸盐鼠药中毒。辩方认为，辩方在二审庭审中新出示的理化检验报告的质谱图和检方出示的上述证据，以及鉴定人出庭说明，证实本案检验过程未进行“空白”对照检验，不能排除检材被污染的可能；根据提取的质谱图，均不能判定检出氟乙酸盐鼠药成分；由于质谱图出现错误，被害人心血、尿液和呕吐物的理化检验报告不能作为认定死因的依据。现有证据不能认定被害人死于氟乙酸盐鼠药中毒。本院认为，检辩双方出示的上述证据能够证实，被害人俞乙、俞丙系中毒死亡。但原判认定系氟乙酸盐鼠药中毒，证据不确实、不充分。第一，检材与标样的质谱图不应相同。标注为被害人俞丙尿液和标注为标样的两份质谱图相同，有悖常理。同时，标注为俞丙尿液的质谱图、检验电子数据的文件名，与俞丙尿液检材的名称也不相符。检方聘请的专业人员提出，该质谱图是否为俞丙尿液的质谱图存疑。辩方聘请的专业人员提出，该质谱图就是标样而非尿液的质谱图。鉴定人出庭说明二者质谱图相同，系将俞丙尿液的质谱图当作标样的质谱图归入档案造成；检验电子数据的文件名与检材的名称不相符，系因命名规则不统一造成。该解释不足以采信。补充的尿液实验因检验条件不相同，缺乏证明价值。因此，俞丙尿液检材的检验结果的真实性存疑。第二，分别标注为被害人俞乙心血、呕吐物的二份质谱图也相同，同样有悖常理。同时，标注为俞乙呕吐物的质谱图、补充所称的俞乙心血的质谱图以及检验电子数据的文件名，与俞乙呕吐物、心血检材的名称也不相符。鉴定人出庭说明二者质谱图相同，系因文件名近似误把呕吐物的质谱图当成心血的质谱图归入档案造成；检验电子数据的文件名与检材的名称不相符，系因命名规则不统一造成。该解释亦不足以采信。因此，俞乙心血、呕吐物检材的检验结果的真实性也存疑。第三，鉴定机构在对俞丙的尿液、心血和俞乙的尿液、心血和呕吐物检材的检验过程中，均未按照专业规范要求进行“空白”对照检验，以防止假阳性检验结果，因此难以排除检材被污染的可能。第四，根据俞丙心血、俞乙尿液检材的检验数据，能否判定检出氟乙酸盐鼠药成分，双方聘请的专业人员提出的意见严重分歧。因此，从俞丙心血、俞乙尿液中检出氟乙酸盐鼠药成分的检验结论可靠性存疑。此外，与被害人共进晚餐的俞甲、念某珠有中毒症状，但未做相应检验，无法认定中毒原因；丁某虾、陈某娇自述并无明显中毒症状，也未做相应检验，是否中毒不明。综上，据以认定二被害人中毒原因的理化检验报告不足以采信，其他共进晚餐人员认定中毒原因或有无中毒缺乏充分依据，原判认定二被害人死于氟乙酸盐鼠药中毒的事实不清，相关证据不确实、不充分。

（二）关于投毒方式一节

原判认定上诉人念斌将鼠药投放在被害人家厨房铝壶水中，致使二被害人食用了使用铝壶水烹制的食物中毒死亡。主要依据是原审庭审中原检察机关举证的被害人陈述和证人证言，现场勘验检查笔录、现场照片和提取痕迹、物品登记表，铝壶水、高压锅和铁锅的理化检验报告，铝壶的侦查实验笔录，上诉人念斌的有罪供述和指认现场录像等证据。

检方认为，原判采信的上述证据和检方在二审庭审中新出示的理化检验报告的检验电子数据、侦查机关的情况说明等证实，从铝壶水、高压锅、铁锅表面残留物中，均检出与被害人生物检材中相同成分的氟乙酸盐鼠药，与上诉人念斌供述将鼠药投放在铝壶水中能相印证；提取送检铝壶及壶水、高压锅和铁锅过程的程序瑕疵，鉴定人和侦查人员出庭作了说明补正。因此，可以认定念斌将氟乙酸盐鼠药投放在铝壶水中。

辩方认为，辩方在二审庭审中新出示的检验鉴定委托书、鉴定受理登记表、分析检验记录表、质谱图、现场照片光盘、侦查机关的情况说明和检方出示的上述证据，以及鉴定人、侦查人员出庭所作说明，反映现场勘验检查工作及笔录制作不规范，铝壶及壶水、高压锅和铁锅的提取送检程序不合法，物证来源不清应予排除；鉴定机构对铝壶水、高压锅和铁锅的检验过程不规范，根据检验数据均不能认定检出氟乙酸盐鼠药成分，理化检验报告不能作为定案依据，故不能认定念斌将鼠药投放在铝壶水中。

本院认为，第一，铝壶、高压锅的提取送检问题。现场勘验检查笔录记载的提取送检时间为“7 月 28 日”，与检验鉴定委托书记载的“8 月 9 日”相矛盾。侦查人员出庭说明系“8 月 8 日傍晚”提取送检，与庭前说明提取送检时间是“8 月 9 日”前后不一，而且现场照片、指认现场录像显示，8 月 9 日晚现场厨房还存在相同的高压锅，此无法合理解释。第二，铁锅的提取送检问题。现场勘验检查笔录记载的提取送检时间为“7 月 28 日”，与检验鉴定委托书记载的“8 月 1 日”相矛盾，检验时间又载明是“7 月 31 日”，送检与检验的时间前后倒置。侦查人员出庭说明提取送检时间是“7 月 31 日”，前述问题系因事后综合制作现场勘验检查笔录和补办检验鉴定委托手续造成，此合理性依据欠缺，不足以采信。第三，鉴定受理登记表记载，侦查机关送检铝壶及里面的 3500 毫升水，但现场勘验检查笔录未记载提取铝壶时壶中有水。侦查人员出庭说明笔录记载原物提取铝壶即包括壶中的水，缺乏充分依据；出庭说明将铝壶水分装到矿泉水瓶中送检，缺乏笔录记载，且与庭前说明记不清具体送检情况不一致；侦查实验笔录也不能说明提取时铝壶中的水量。因此，该 3500 毫升壶水检材与提取的铝壶之间的关联性缺乏确实依据。第四，鉴定机构在对铝壶水、高压锅和铁锅表面残留物检材的检验过程中，未按照专业规范要求进行“空白”对照检验，以防止假阳性检验结果，因此难以排除该 3 份检材被污染的可能。第五，根据铝壶水、高压锅和铁锅表面残留物检材的检验数据能否判定检出氟乙酸盐鼠药成分，双方聘请的专业人员提出的意见严重分歧。因此，从铝壶水、高压锅和铁锅中检出氟乙酸盐鼠药成分的检验结论可靠性存疑。此外，证人陈某娇证实是使用丁某虾家铝壶的水还是红桶的水洗鱿鱼，说法不一，难以采信系使用铝壶的水捞鱿鱼。综上，铝壶水、高压锅和铁锅的提取送检过程不清，检材来源相关证据间的矛盾和疑点得不到合理解释，检验过程不规范，检验结论可靠性存疑，理化检验报告不足以采信，因此，认定铝壶水有毒缺乏确实依据，原判认定念斌将鼠药投放在铝壶水中事实不清，关键证据链条中断。

（三）关于毒物来源一节

原判认定上诉人念斌投放的鼠药系在平潭县医院附近向摆地摊的杨某炎购买。主要依据是原审庭审中原检察机关出示的证人杨某炎等人证言及辨认笔录、查获的杨某炎配制鼠药工具的照片、理化检验报告、鼠药包装袋、搜查证、搜查笔录、扣押物品清单及照片，念斌的有罪供述及指认购买鼠药地点笔录和录像等证据。检方认为，原判采信的上述证据和检方在二审庭审中新出示的理化检验报告的检验电子数据、证人杨某炎指认卖鼠药地点照片、证人刘某印证言、侦查前期查找鼠药来源材料、侦查人员所作说明和侦查机关的情况说明等证实，根据上诉人念斌供述的购买鼠药地点找到了卖鼠药的杨某炎，并从杨某炎配制鼠药的工具中检出了与被害人中毒相同成分的氟乙酸盐，念斌供述购买鼠药的时间亦得到证人证言印证；念斌与杨某炎相互不能辨认，供述的卖鼠药人的年龄与杨某炎不相符，供述的鼠药包装袋规格与实物不相符，是凭其个人主观感受进行描述，不影响鼠药来源的认定，可以认定念斌投放的鼠药系从杨某炎处购买。辩方认为，辩方在二审庭审中新出示的理化检验报告的质谱图、侦查机关的情况说明和检方出示的上述证据等证实，上诉人念斌与证人杨某炎相互不能辨认，也未能供述杨某炎的外貌特征，供述卖鼠药人的年龄与杨某炎不相符，供述的鼠药包装袋规格与查获的实物不相符；配制鼠药工具的检验过程不规范，根据检验数据不能认定检出氟乙酸盐鼠药成分，理化检验报告不能作为定案依据，故没有证据证实念斌购买杨某炎卖的氟乙酸盐鼠药。

本院认为，第一，侦查机关找到卖鼠药的证人杨某炎，但上诉人念斌与杨某炎相互不能辨认；供述的卖鼠药人的特征及年龄，与杨某炎情况差异明显；供述的鼠药包装袋规格，与从杨某炎住处查获的实物差异较大；供述在购买鼠药时到过商店批发香烟，时间约为7月中旬，与证人证实其批发香烟时间为7月初不一致。第二，鉴定机构在对配制鼠药工具塑料盆、铁盆检材的检验过程中，未按照专业规范要求进行“空白”对照检验，以防止假阳性检验结果，因此难以排除该2份检材被污染的可能。第三，根据配制鼠药的工具碗、塑料盆和铁盆检材的检验数据，能否判定检出氟乙酸盐鼠药成分，双方聘请的专业人员提出的意见严重分歧。因此，从碗、塑料盆和铁盆中检出氟乙酸盐鼠药成分的检验结论可靠性存疑。综上，念斌与杨某炎相互不能辨认，供证存在不吻合之处，配制鼠药工具的理化检验报告不足以采信，原判认定念斌投放的鼠药系从杨某炎处购买依据不充分。

此外，关于有罪供述不稳定，庭前供述和辩解存在反复，庭前供述与其他证据不能相互印证，不足以采信。

上述三个方面所涉及的中毒原因、投毒方式和毒物来源是本案中互相关联的关键事实，是判断念斌是否构成以投毒方式故意杀人的关键点，根据案件证据分析，被害人的中毒原因不清楚，即是否是氟乙酸盐鼠药中毒不清楚；投毒方式不明，即念斌将氟乙酸盐鼠药投放在铝壶水中的投毒行为没有确实充分的证据予以证明；毒物来源不确定，根据现有证据无法确定念斌是否从杨某炎处购买鼠药。故无法确定念斌故意杀人事实清楚、证据确实充分。另在证据分析中，对于有关生物理化报告的准确理解和评价在本裁判文书中令人印象尤其深刻。

二、二审程序中发回重审制度的思考

从念斌案可以看出，由于发回重审制度的存在和没有限制使用，2012年前念斌案发回重审2次。笔者认为无限制地发回重审，侵害了被告人的诉讼权利，也不符合诉讼规律。

笔者选取发回重审制度展开现状、问题、原因以及对策的分析，剖析二审程序中司法职权的运行和配置，探究二审中无罪推定原则的贯彻落实。

（一）发回重审制度的立法和司法现状

发回重审是我国二审法院针对一审裁判作出的处理方式之一，我国《刑事诉讼法》专门予以规定。归纳起来，存在以下两种情况的可以/应当发回重审：一是原判事实不清或者证据不足。二是严重程序违法发回重审。具体包括违反公开审判规定、违反回避制度、审判组织组成不合法等。其中程序严重违法的应当发回，而事实不清或者证据不足的情况下，可以发回重审或者查清事实后改判，给了二审法官选择权。此外，《刑事诉讼法》分别规定了发回重审的次数限制（1次为限）、程序以及审限，即原审法院对于发回重审的案件，应当另行组成合议庭并按照一审程序进行审判，审限从收到发回的案件之日起计算，重新审理后可以依法上诉抗诉。

在司法实践中，对于程序严重违法的发回重审一般都能依法进行，法律明确规定的程序违法在司法实践中理解起来没有任何问题，而对于法律弹性规定，“其他违反法律规定的诉讼程序，可能影响公正审判的”存在具体案件具体分析的空间，给了法官自由裁量的空间，各地把握并不一致。

司法实践中，二审处理方面最值得关注的是针对“事实不清或者证据不足”案件的应对，从根本上牵涉到疑罪从无的贯彻。从全国了解的情况来看，[①] 一般都是退回一审法院。通过问卷调查，笔者了解到：对于二审阶段发现的事实不清或者证据不足的案件，有69%的法官通常做法是直接发回重审；有10%的法官则会自己查清楚后再依法改判。对于此类案件，有59%的法官认为不应当直接作出无罪判决；而有36%的法官则认为应作出无罪判决。

针对这类案件，总结目前司法实践中的做法，以发回重审为主要方式，直接改判为辅，具体存在以下情况：（1）发回一审法

---

① 笔者参加陈光中教授主持的关于刑事二审程序的课题，课题组在全国范围内进行了调研，本部分有关数据和情况来自这些调研活动。

院，让一审法院与检察机关协商，由检察机关自己主动提出撤诉申请，然后由法院作出准许撤诉的裁定。这是司法实践中最普遍的做法。严格意义上说，符合现行法律规定。（2）直接发回一审法院，由一审法院裁判。这种做法在实践中也比较普遍。但是解决问题不彻底，可能造成重复审判多次。（3）直接与侦查机关联系，建议侦查机关就部分不清的案件事实进行补充侦查。这是违反诉讼原理和法律规定的。（4）从轻处罚，这就是所谓的“疑罪从轻”。（5）直接改判无罪。但是案件非常少。请参见下面数据。

表一：2004～2007 年华北地区某中级人民法院二审改判无罪情况统计

年度	2004	2005	2006	2007
改判案件数量	67	43	64	66
改判无罪	0	0	1	1
所占比率	0%	0%	1.6%	1.5%

注：本表中的案件总数按当年审结的案件数量计算。

表二：2004～2007 华南地区某高级人民法院二审改判无罪情况统计

年度	2004	2005	2006	2007
改判案件数量	59	64	71	78
改判无罪	1	0	1	0
所占比率	1.7%	0%	1.4%	0%

注：本表中的案件总数按当年审结的案件数量计算。

笔者认为发回重审制度的主要问题在于：（1）法律对发回重审虽然规定了次数限制，但实践操作层面倾向发回重审解决事实问题，转嫁风险，易造成程序逆转。在 2013 年之前的司法实践中不乏发回重审数次，最终处理结果还是原审的情况，浪费司法资源，亦徒增当事人负担，更易造成被羁押人的超期羁押，损害有关人员的合法权益。如王某某挪用资金案。[①] 王某某（河南

① 参见李秀卿、李恩树：《豫一普通案件一审 5 次判决 4 次发回重审 6 次审判结案》，载《法治周末》2010 年 12 月 2 日。

省新乡市金汇肉品有限公司原董事长）于2007年1月24日被河南省获嘉县法院以挪用资金罪判处拘役5个月。3个月后，新乡市中级人民法院以“事实不清，证据不足”为由，裁定撤销原判，发回重审。同年10月10日，县法院再次以同罪判处王某某拘役5个月。当年12月13日，中院又一次裁定撤销原判，发回重审。理由依然是“事实不清，证据不足”。然而，在所有的事实均没有改变的情况下，县法院却在第三次重审时，以挪用资金罪判处其有期徒刑5年。王某某第三次提出上诉，中院裁定结果仍是撤销原判，发回重审。2008年7月25日，县法院对该案的第四次一审判决又回到了原点——以挪用资金罪判处王某某拘役5个月。面对王某某的第4次上诉，中院又裁定发回一审法院重审。2009年4月13日，县法院对该案作出第五次一审判决，以挪用资金罪判处王某某拘役9个月。王某某第五次提出上诉。但这次，中院于2009年6月11日作出裁定，驳回上诉，维持原判。随后，王某某向河南省高级人民法院申诉。2010年11月22日，河南省高院决定撤销一、二审法院的判决，宣告王某某无罪。至此，该案在4年多时间里，历经一审法院5次判决，被新乡中院4次发回重审，最后经过河南省高院的再审，一共6次审判才最终结案。

（2）关于事实不清或者证据不足，法律规定了两种途径，但司法实践中一般采取发回。这种立法的规定并没有贯彻无罪推定，即疑罪从无，不利于保护被上诉人和原审被告人的合法权利。我国的刑事诉讼制度吸收了无罪推定的基本精神，确立了疑罪从无，一审中证据不足的无罪判决就是典型的体现。但是二审中却没有将此贯彻到底，面对证据不足的情况可以发回重审。

（3）程序违法发回重审情况不够全面。尽管程序价值得到了很大提升，但是在我国的立法层面，对于程序违法如何制裁的机制几乎没有规定，程序违法发回重审弥补了这方面的空白，但是存在列举不足，弹性条款裁量空间过大的问题，在执法过程中对某些严重程序违法情况容易忽视。

（二）原因分析

这些问题的存在使得二审程序救济的功能并没有很好地发挥，也不利于及时纠正一审的错误（包括实体和程序错误）。缺陷背后的原因是多方面的，有观念层面的，也有制度层面；有法律内的，也有法律外的；有立法方面的也有司法方面的。如前所述，这些问题的存在反映出我国的司法人员包括法官检察官等人员在观念上存在问题，制度设计上也存在不足，如二审程序中诉讼结构的失衡，司法资源配置欠优化，职权配置不够合理等等。从司法职权配置角度出发，存在以下原因：

1. 审判职权的承担主体——法官对程序的价值仍然重视不够。据笔者了解，程序的价值已经得到了很大的提升，法官们普遍了解程序具有独立的价值，但是一旦在司法资源总体不足的情况下，面对程序和实体的冲突时，往往选择实体，即使有时是很无奈的。

2. 上下级法院之间还没有做到真正的审级独立，两级法院之间，法院和检察院之间，乃至法院和侦查机关之间还存在不合理之处。比如针对事实不清案件发回重审的过程中，二或者三机关之间的协商机制，法院无罪判决案件比例极小的状况都反映出审判职权、检察职权等之间配置存在的问题。

3. 检察机关在二审中定位的模糊性。学术界乃至理论界对这个问题一直存在争论。典型的表现就是二审庭审的牌子对于检察院所派的人员的称呼，各地叫法不统一，或“检察员”或“公诉人”等。这种模糊性带来检察院二审出庭力量的不足，导致人民法院面对事实不清案件时，检察机关参与的积极性差，从而使法院难以做到查清事实改判，因此大量案件被发回重审。

4. 法院审判职权并没有得到充分发挥，集中体现在二审法院不敢作出“证据不足的无罪裁判”，而大量地采取发回重审的方式。当然，这与二审开庭比例小（带来通过不开庭方式查清事实改判难度大）等其他制度因素有关，但深层次的原因还是在于审判职能未能充分发挥。

也就是说，纵向层面上是审判权、检察权等国家权力配置不科学，彼此之间尚未形成合理的监督制约关系；而纵向层面上在于同一机关内部上下级之间权力配置的非科学性，最突出的问题在于行政化色彩浓重。具体到刑事二审程序，一样摆脱不了上述问题。以发回重审制度为例。在横向关系上，最大的问题在于检察机关二审定位不准，存在模糊性，导致检法两家一味讲究合作，动辄发回重审；法院独立裁判能力欠缺，审判职能并未充分发挥，典型体现在面对无罪裁判的缺乏，无罪推定无法在二审中得以体现。纵向关系上，上下级法院之间并未贯彻好法律所规定的指导关系，请示汇报制度、错案追究制的现实存在造成二审程序处理结果上非正常的维持原判。

（三）改革完善二审发回重审制度

司法改革正如火如荼地进行，二审程序的改革也是刑事司法改革的重要组成部分，对于发回重审制度的改革完善笔者从两个层面进行分析，提出初步建议。

1. 从制度及实施层面，笔者认为应当完善以下五点：（1）证据不足的明确可以直接无罪，贯彻二审中的无罪推定。立法应当明确增加此种处理方式。有法官就反映，现行《刑事诉讼法》并没有明确规定二审法院可以对事实不清或者证据不足的案件直接作出无罪判决，而只是规定了维持原判、发回重审和依法改判三种裁判形式，而且法律还明确规定对此类案件可以发回重审，也可以查清后依法改判。因此，二审法院直接作出宣告无罪的判决没有法律依据。（2）严格贯彻《刑事诉讼法》第225条第2款的规定，限制发回重审次数，发回重审以一次为限。这样可以减少程序逆转机会，节约司法资源。正如念斌案所展示的，2012年前发回重审没有次数限制，2012年修改法律时予以规定。（3）在实践中要准确理解事实不清、证据不足，如果属于量刑等法律适用问题则应当严格依法改判，而非发回重审。但是，在过去的司法实践中，原审判决事实清楚、证据充分，只是适用法律错误的案件，二审法院通常也会发回原审法院重审。之所以在实践中出现大量此种发回重审主要有以下几种原因：第一，案件当事人矛盾尖锐，处理难度较大时，将矛盾下交，推卸审判责任；第二，受案外因素影响，为平衡关系而将案件发回重审；第三，害怕责任追究，由一审法院自我纠正错误以照顾其颜面。广州许霆案即如此。① 笔者认为，广东省高级人民法院以事实不清、证据不足发回重审理由不充分，应直接改判。（4）严格贯彻发回重审后一般不加刑的立场，落实上诉不加刑原则。如前所述，如何理解适用《刑事诉讼法》第226条规定的“第二审人民法院发回原审人民法院重新审判的案件，除有新的犯罪事实，人民检察院补充起诉的以外，原审人民法院也不得加重被告人的刑罚”是实践中的问题。笔者认为，发回重审后必须同时具备新的犯罪事实和检察院补充起诉两个条件，才有可能加重刑罚。对于新的犯罪事实不能做泛化理解，比如财产类案件中由于证据分析的不同带来的数额认定的变化不能作为新的犯罪事实。即使法院发现了新的犯罪事实，但是检察院并未补充起诉，

① 许霆案基本情况：2006年4月21日晚10时，被告人许霆来到广州天河区黄埔大道某银行的ATM取款。在取出1000元后，他惊讶地发现银行卡账户只被扣了1元，狂喜之下，许霆连续取款5.4万元。当晚，许霆回到住处，将此事告诉了同伴郭安山。两人随即再次前往提款，之后反复操作多次，许霆先后取款合计17.5万元；郭安山则取款1.8万元。事后，二人各携赃款潜逃。同年11月7日，郭安山向公安机关投案自首，并全额退还赃款1.8万元。经天河区法院审理后，法院认定其构成盗窃罪，但考虑其自首并主动退赃，故对其判处有期徒刑一年，并处罚金1000元。而潜逃一年的许霆，17.5万元赃款被挥霍一空，2007年5月22日在陕西宝鸡火车站被警方抓获。2007年11月20日，广州市中院审理后认为，被告人许霆以非法侵占为目的，伙同同案人采用秘密手段，盗窃金融机构，数额特别巨大，行为已构成盗窃罪，遂判处其无期徒刑，剥夺政治权利终身，并处没收个人全部财产。该案件经媒体报道后引起社会的广泛关注，普遍认为量刑过重。许霆不服判决提出上诉，2008年1月9日，广东省高级人民法院认为原一审判决事实不清、证据不足，撤销原一审判决，发回广州中院重新审理该案。2008年3月31日，广州中院在事实无任何变化的情况下以盗窃罪改判许霆有期徒刑5年，罚金2万元，追讨其取出的173826元。广州中院认定许霆犯盗窃罪，判处有期徒刑5年。许霆再度上诉，2008年5月，广东省高院二审驳回上诉，维持原判。

那么法院只能在原来起诉的事实范围内进行裁判，而不能擅自对新事实进行评价，否则就违反了不告不理原则。（5）完善程序严重违法发回的情形，增加如辩护权被侵犯，证人未出庭等情形。

2. 从根本上而言，笔者认为应当从三个方面优化职权配置，改革完善发回重审制度。（1）充分发挥二审法院的审判职能。我国《人民法院组织法》以及各个诉讼法均明确了人民法院是国家的审判机关，属于典型的司法机关。人民法院审判权的核心内容审理和裁判，是国家权力的一种。审判权具有被动性、中立性、终局性、独立性、裁决性。在刑事二审程序中，裁判的终局性在二审终审制的制度背景下更加凸显。但是发回重审制度的无限制以及法院在我国本身的弱势地位导致二审法院司法权威的不足。面对事实不清、证据不足的二审案件，二审法院并不敢依照疑罪从无的精神进行改判，宣告无罪，这充分反映了法院的地位；同时也折射出在我国司法体制下，法院、检察院、公安机关之间的关系。笔者认为，人民法院的地位与我国社会主义民主和法治的程度密切联系，我们应当在坚持党的领导和人民代表大会制度下尽量提升人民法院的地位，彰显法院的权威。我国正处于社会转型期，市场经济的发展和改革的深化使法律在社会生活中的地位日益提高，越来越多的纠纷进入了审判机关的视野，这会大大提升法院的地位。

（2）完善审级独立，处理好上下级法院关系。请示汇报制度的现实存在以及错案追究制度的运行也是二审审判职能不能合理发挥的重要因素。因此，必须处理好上下级法院关系，排除非法律因素的影响。《宪法》第127条规定，“最高人民法院监督地方各级人民法院和专门人民法院的审判工作，上级人民法院监督下级人民法院的审判工作”。因此，人民法院上下级之间是监督与被监督的关系。上级法院对下级法院的显性控制是上诉审和审判监督程序，除此之外，在审判实践中，还存在着下级法院向上级法院的案件请示汇报制度，异化了上下级法院之间的关系定位。笔者认为请示汇报制度是特定时期下的产物，有其存在的历史合理性，从长远来看，不符合诉讼基本原理，应当予以废除。我国的错案追究制度的存在也影响了上下级法院的合理定位。法官业绩考评往往简单地将案件改判发回率作为考评法官工作优劣的依据，并与承办人员的奖惩、升迁以及收入直接挂钩，这种利害关系机制，无形中激励了下级法院的法官因担心自己承办的案件被发回、改判而频繁进行请示，以确保自己的观点及处理意见得到上级法院的认可，避免案件上诉后遭到发回或改判而对自己不利。

（3）明确检察机关在二审中的职能，强化二审职责。笔者认为，检察机关在二审中基本职能仍然是控诉，同时需要注意客观义务。我国《宪法》规定人民检察院是法律监督机关，这只是笼统规定。具体在诉讼过程中，无外乎承担控辩裁三种基本职能之一，二审程序也不例外。具体而言，二审是针对一审已经作出的裁判进行，一审裁判要么支持控诉要么不支持，二审检察机关参与诉讼最终还是对于控诉主张的进一步坚持或者变更，还是履行控诉职能。当然在少数情况下，检察机关基于客观义务，会处于有利于原审被告人的角色，维护其权利。此外，还应当指出的是，需要强化检察机关二审责任。在实践中，大部分二审案件都是法官直接与被告人接触，检察机关基本上不参与，因此，在二审中，检察机关的指控责任非常弱，一旦出现问题，法官只能自己去核实有关证据和材料。检察机关的机构设置上也反映出了这一问题，出庭二审程序的检察人员是二审监督处的工作人员，而二审监督处人员的数量和素质都无法与公诉处相比。既然二审程序仍是诉讼程序的一种，就应当符合诉讼的基本构造，实现控辩双方平等对抗，法官居中裁判。因此，应当突出检察机关在二审中的责任。

第二节　二审中非法证据排除规则的适用

一、非法证据范围的二审认定

如前所述，非法证据范围是实践中适用排除非法证据规则首先要解决的问题。本部分结合实践中的典型案例，就疲劳讯问、威胁、重复自白的实践认定进行分析。

关于疲劳审讯的认定。疲劳讯问属于变相肉刑，但是《严格排除非法证据规定》没有明确规定，实践中如何认定需要积累指导性案例经验。可以参考《刑事审判参考》的吴某、朱某某贪污案［第1141号］。① 该案的基本案情如下：被告人吴某，男，1961年5月28日出生，原系扬州市人力资源和社会保障局新城西区办事处副主任、主任。因本案于2013年1月11日被逮捕。被告人朱某某，女，1980年9月29日出生，原系扬州市人力资源和社会保障局开发区办事处合同制聘用人员。因本案于2013年1月11日被逮捕。江苏省扬州市江都区人民检察院以被告人吴某、朱某某犯贪污罪向江都区人民法院提起公诉。被告人吴某的辩护人提出吴某在2012年12月27日的一份询问和三份讯问的有罪供述，侦查机关采用变相肉刑的方式获取口供，应当作为非法证据予以排除；吴某在一审开庭时当庭提出，其到案初期所作的4次有罪供述系受到侦查机关疲劳审讯、精神恍惚情况下作出的，属于非法证据。其后，江苏省人民检察院审查批捕人员提审时，由于前期侦查人员在场，其心理上受到干扰，所作的重复有罪供述仍然属于非法证据，也应当予以排除。吴某及其辩护人提供了其到案时间、到案初期数次讯问的时间，以证明侦查机关对其实施了长时间的疲劳审讯。

① 参见《刑事审判参考》第106集。

一审法院经过初步审查后，认为有必要启动证据合法性调查程序，法院决定中止法庭调查，启动非法证据排除审查程序，对侦查人员的取证行为是否合法进行调查。为此，法院当庭播放了讯问过程的同步录音录像，通知侦查人员出庭作证，对取证过程进行说明。讯问笔录和同步录音录像反映，侦查机关采用上下级机关“倒手”“轮流审讯”的方式连续讯问吴某长达 30 多个小时，而且期间没有给予吴某必要休息，属于疲劳审讯。但是对于检察机关提审时的有罪供述没有排除。

笔者认为，该案例中展示的 4 次讯问是侦查机关采取车轮战的方式进行的，长达 30 多个小时，没有保证犯罪嫌疑人必要的休息时间，属于严重侵犯公民权利的行为，迫使其不能自主供认。疲劳讯问属于“刑讯逼供等非法方法”，据此取得的口供要排除。《刑事诉讼法》第 117 条明确：讯问应当保证犯罪嫌疑人必要的休息时间，连续、长时间讯问，不给饮食、不让休息，客观上会导致其肉体或精神上剧烈疼痛或痛苦，造成违背意志做出供述，侵犯公民基本权利。是否构成疲劳讯问是实践中的判断难点，标准除了本书上篇所述的基本底线外，可以从连续讯问时间、间隔时间、必要休息时间等要素入手。本案中，吴某 1961 年出生，案发时 52 岁，被侦查人员连续讯问 30 多个小时，超过 24 小时，而且讯问期间没有必要的休息。显然，违反了《刑事诉讼法》第 50 条的反对强迫自证其罪原则、违反了《刑事诉讼法》第 117 条讯问的程序性规定，构成疲劳讯问，属于第 54 条规定的刑讯逼供等非法方法，应当予以排除。

关于威胁方法的认定。典型的案例是郑某某贪污、受贿、滥用职权案［第 1140 号］。[①] 基本案情如下：被告人郑某某，男，1943 年 8 月 14 日出生，原系汕头海关副关长、党组成员兼调查局局长。广东省广州市人民检察院以被告人郑某某犯贪污罪、受贿罪和滥用职权罪，向广州市中级人民法院提起公诉。被告人郑

① 参见《刑事审判参考》第 106 集。

某某及其辩护人均否认起诉书指控的受贿犯罪事实，提出在侦查阶段，侦查人员以抓捕其家属相威胁，进行疲劳审讯，并以取保候审相诱惑，其在侦查阶段对收受贿款部分的供述系侦查人员非法取得，应当依法排除。同时，辩护人还认为，证人证言与被告人供述有矛盾，不能相互印证，检察机关指控被告人犯受贿罪的事实不清，证据不充分，被告人不构成受贿罪。广州市中级人民法院经公开审理查明后认为，李某某交代的行贿细节与被告人郑某某的供述存在不吻合之处，且郑某某当庭否认受贿，提出侦查办案人员以取保候审相诱惑和以抓捕其子女相威胁获取其有罪供述，检察机关未能提出有罪供述系合法取得的相关证据，故相关有罪供述依法应当排除。综合全案，在无其他证据佐证的情况下，检察机关指控郑某某犯受贿罪的证据不足，故有关郑某某犯受贿罪的指控不能成立。一审宣判后，广州市人民检察院提出抗诉，广东省人民检察院支持抗诉，认为本案在侦查过程中虽然存在侦查机关威胁被告人郑某某要抓捕其女儿、女婿和以取保候审相诱惑等情形，但这种情况是否属于《刑事诉讼法》规定的威胁、欺骗情形，目前尚无明确的认定标准。侦查机关没有严重侵犯郑某某的基本权利，郑某某仍有选择余地，不能因为侦查部门的审讯策略而排除其认罪供述。郑某某在侦查阶段对收受贿款的认罪供述和行贿人李某某的指认吻合一致，郑某某受贿 40 万元的事实清楚，证据确实充分，应予认定（其他抗诉内容略）。广东省高级人民法院认同一审意见，裁定驳回抗诉，维持原判。

在本案审理过程中，法院和检察院的观点不一致，分歧点在于威胁与审讯策略的区分，威胁作为非法证据排除时的具体认定问题。《严格排除非法证据规定》第 3 条规定，采用以暴力或者严重损害本人及其近亲属合法权益等进行威胁的方法，使犯罪嫌疑人、被告人遭受难以忍受的痛苦而违背意愿作出的供述，应当予以排除。法律对此予以明确，可以更好地指导实践。本案即符合该条的规定。郑某某一案中，侦查机关存在典型的威胁行为，具体表现为“抓捕其女儿、女婿”，女儿是直系血亲，如果被抓捕，会对其合法权益造成重大影响，因此被告人精神上承受了巨大压力，违背意志作出供述。应当对其供述加以排除。

关于重复自白的认定。在前述的吴某案中，对于被告人提出的重复自白排除的问题，审判机关没有排除，从原理上而言，由于讯问主体的变更，即从侦查人员换成审查批捕人员，可以切断之前非法取证行为带来的持续强迫影响，因此不排除。这也是《严格排除非法证据规定》第5条所明示的，即采用刑讯逼供方法使犯罪嫌疑人、被告人作出供述，之后犯罪嫌疑人、被告人受该刑讯逼供行为影响而作出的与该供述相同的重复性供述，应当一并排除，但下列情形除外：（1）侦查期间，根据控告、举报或者自己发现等，侦查机关确认或者不能排除以非法方法收集证据而更换侦查人员，其他侦查人员再次讯问时告知诉讼权利和认罪的法律后果，犯罪嫌疑人自愿供述的；（2）审查逮捕、审查起诉和审判期间，检察人员、审判人员讯问时告知诉讼权利和认罪的法律后果，犯罪嫌疑人、被告人自愿供述的。此外，需要明确的是，根据《严格排除非法证据规定》第5条，之前的自白是采取刑讯逼供的非法方法获取的，导致的重复供述才予以排除。如果是采取威胁等方法获取的口供，即使受之前行为的影响也不适用该条。郑某某案中，依本条规定，由于非法供述是威胁取得的，不适用重复自白排除。笔者认为这是本条不妥之处。

在陆某非法持有毒品案[①]中，法院则排除了重复性自白，最终指控的运输毒品罪证据不足，以非法持有毒品罪定案。

在司法实践中，还存在采用暴力、威胁以及非法限制人身自由等非法方法收集的证人证言、被害人陈述，也应当排除。可以参考黄某某受贿、陈某某行贿案。[②] 实践中还存在这样的做法：

---

① 江苏无锡高新技术开发区（2013）新刑初0161号。参见《中国法院2015年度案例（刑事案例）》，中国法制出版社2015年版，第214页。

② 参见戴长林、罗国良、刘静坤：《中国非法证据排除制度原理·案例·适用》，法律出版社2016年版，第287页。

侦查机关违反规定将被告人提押到看守所外讯问的口供，不能排除以非法方法收集证据的，有关供述不得作为定案根据。[①]

二、非法证据排除规则的普通救济——侧重于程序操作

“两高三部”《严格排除非法证据规定》于2017年6月27日一经公布实施，就引起了社会各界的广泛关注和普遍肯定。该规定是在2010年《非法证据排除规定》、2012年《刑事诉讼法》及相关司法解释的基础上，针对2010年以来贯彻实施非法证据排除规则在实践中的问题而加以完善的。《严格排除非法证据规定》基于切实防范冤假错案、完善非法证据排除规则和推进司法理念创新和制度创新的需要，细化了非法证据排除的标准，完善了从侦查、审查起诉到审判的非法证据排除程序，对于推进刑事司法公正、保障人权、提升正当程序价值和推进以审判为中心的刑事诉讼制度改革都具有重大意义。

在规则适用中，有一个问题不容忽视，即非法证据排除程序中的救济问题。在之前的文本中，这个问题着墨不多，而在《严格排除非法证据规定》中涉及4个条文（第38条至第41条），涵盖二审、死刑复核、再审程序中的非法证据排除问题，成为一大亮点。虽然这些规定还比较原则，但是体现了基本的操作思路，针对司法实践的问题展开，具有很大的指导意义。

对于二审程序、死刑复核程序和再审程序中的非法证据排除问题要引起大家的重视，无论在理论还是在实践层面上，该规则的严格适用和贯彻落实当然包括一审程序在内的所有审判程序。二审程序是基于上诉或者抗诉启动的针对一审未生效裁判进行审查的救济程序，在两审终审制下，其救济和纠错两大基本功能的发挥至关重要，而非法证据排除规则在二审程序中的适用，一方面给予被告人救济的机会；另一方面也给予二审法院纠正一审法

① 参见戴长林、罗国良、刘静坤：《中国非法证据排除制度原理·案例·适用》，法律出版社2016年版，第280页。

院在裁判非法证据问题上错误的机会。对于死刑案件，经过死刑复核程序才产生生效裁判，因此死刑案件的普通救济包括二审程序和死刑复核程序。而再审程序是针对已生效裁判确有错误设置的特殊救济程序，同样要面临非法证据排除的问题，可以考虑将“非法证据应当排除而未排除”的情形作为再审的理由。

笔者认为非法证据排除规则作为我国程序性裁判的典型样态，目前构建了相对独立的司法救济程序。我国的非法证据排除规则有其自身的特色，比如重点针对非法供述；强调侦查、审查起诉、审判机关均有排除非法证据的职责。一审针对非法证据排除没有单独的裁定或者决定，而是统一体现在一审裁判文书中。因此，如果对一审关于非法证据排除的裁决有异议，要提起上诉或者抗诉，针对的是一审裁判，故目前我国非法证据排除规则的司法救济途径是相对独立的，而不像英美法系可以单独、即时提起上诉。

根据笔者研究，二审中的非法证据排除司法现状不容乐观，需要我们严格贯彻相关规定，推进规则的实施。在《非法证据排除规定》正式实施之前，司法实践中，在二审中排除非法证据的案例非常少。根据一些学者研究，遇到非法证据情况，司法实践中二审法官一般不直接排除，即“一审对于是否存在刑讯逼供、是否排除证据未置可否，二审中上诉人认为控方提出的证据存在很多疑点，甚至有非常明确的证据证明刑讯逼供的存在。二审法院并没有直接排除非法获得的证据，而是以事实不清、证据不足为由发回重审，而再审法院则在‘查明事实’的基础上再次作出了原审认定，只是通常会在量刑幅度上有所改变。至于二审法院降低量刑幅度与辩方提出刑讯逼供的上诉理由之间存在什么关系，因为没有实证研究的更多素材，无法证实”。①

二审司法实践中同样存在非法证据排除少，排除难的问题，

---

① 吴丹红：《非法证据排除规则的实证研究——以法院处理刑讯逼供辩护为例》，载《现代法学》2006 年第 5 期。

呈现出以下特点：（1）虽然二审规定了全面审查原则，但是如果上诉或者抗诉中没有明确提出非法证据问题，二审法官即使在审理过程中发现非法证据情况，也不会进行针对性处理，对证据的合法性问题不持积极审查态度。（2）实践中，上诉理由中提出非法证据的案件比例小。司法实践中，上诉启动二审的案件中，其理由一般有以下三种：量刑偏重或者畸重，这种案件占据了大部分；原判认定的事实有误，证据不确实充分；程序违法，此项可以包含取证手段非法。此类案件比例最少。当然，许多案件上诉理由涉及多个方面，也有很多案件理由很泛泛。笔者参与陈光中先生二审课题调研，在北京市第二中级人民法院调阅了50个案例，其中2006年案卷9个；2005年案卷11个；2004年案卷29个；2003年案卷1个。在全部50个案卷中，包括经济犯罪7个，“准经济犯罪”（职务侵占罪、挪用资金罪）5个。上诉案卷共计37个；抗诉案卷共计11个；上诉与抗诉兼有的案卷共计2个。其中3个案件上诉理由涉及取证手段，这3个案件的上诉理由都涉及多个方面，包括了非法取证的问题。（3）针

序号	案由	上诉理由	二审处理
1	陈某某职务侵占案	请求撤销一审判决，宣告上诉人无罪，原判认定事实错误，程序违法，采信的证据系违法取得。	发回重审
2	高某某盗窃案	没有将手提包盗走，只是拿手提包看了看又放回原处，不认罪，不按手印，被打后才按手印。	撤回上诉
3	丁某、索某某抢劫案	请求轻判，属从犯，侦查阶段刑讯；犯罪中止，认定事实不准，适用法律有误	因索某有立功表现而依法改判

对有提出非法证据上诉的案件，二审法官处理上一般倾向于交一审法官处理。也就是说，一般采取发回重审的方式。上面提到的二审案件，被告人陈某某以原判事实认定错误，程序违法，采信的证据系违法取得为由提出上诉，要求撤销原判，宣告无罪。二审法院开庭审理此案，且有证人出庭作证，最终裁定原判认定原审被告人陈某某犯职务侵占罪的事实需进一步查证，故发回重审。司法实践中也存在二审排除刑讯获得的口供，并据此减轻刑罚的案例，不过这极为罕见。

在此，笔者依据最新非法证据排除规定，就二审程序中的非法证据排除规则适用的几个具体问题结合实践案例谈几点看法。

1. 控辩双方对一审合法性的裁判有异议的救济程序。规定秉持 2012 年司法解释的精神，重申“人民检察院、被告人及其法定代理人提出抗诉、上诉，对第一审人民法院有关证据收集合法性的审查、调查结论提出异议的，第二审人民法院应当审查”。这是典型的非法证据排除规则的救济。《规定》第 36 条还明确了人民法院对证据收集合法性的审查、调查结论，应当在裁判文书中写明，并说明理由。这就为控辩双方提出二审救济，表达异议提供了保障机制，使得救济的对象明确化和强化了权利行使的针对性。

控辩双方的异议在实践层面一般涉及三种情况：（1）一审法院驳回辩方排除非法证据的申请；（2）一审法院启动非法证据排除调查程序，最后没有排除非法证据；（3）一审法院排除了非法证据，人民检察院提出抗诉。前两种情况二审法院可以根据具体情况进行审查，如果合法性存疑，则排除证据；如果认为合法性没有问题，则驳回上诉理由。第三种情况的处理也是类似的思路。二审在处理过程中，可以召开庭前会议核实情况、听取意见。

司法实践层面上的案例可以参考程某某职务侵占案。检察机关指控：被告人程某某于 1994 年 6 月入职某公司，后被派往广东省佛山市南海区以某公司名义开展业务。程某某 1994 年至

2006年间，利用职务的便利，侵占公司财产，数额巨大，其行为已构成职务侵占罪，应依法惩处。

被告人程某某否认其是某公司的员工，辩称其与某公司是合作关系，在侦查阶段是受到刑讯逼供才作出有罪供述。其辩护人也提出，公安机关在本案的侦查过程中存在刑讯逼供等违法行为。

一审法院认为：被告人在庭审阶段供称自己在侦查阶段遭到刑讯逼供，且提供了相关被刑讯逼供的线索。庭后，根据被告人的申请，法院委托佛山市第一人民医院于2010年7月23日对被告人进行了法医学鉴定，反映被告人的左足拇趾软组织挫伤。虽然，法医学鉴定不能反映被告人受伤的具体时间及被告人的受伤是否因刑讯逼供所致，且看守所出具的入所体检表及审讯录音录像均反映公安机关没有对被告人刑讯逼供，但是不能排除被告人庭前供述属非法取得的可能性。故被告人程某某在侦查阶段的供述不能采信。检察机关指控被告人程某某犯职务侵占罪不能成立。依照《刑事诉讼法》第162条第3项的规定，判决被告人程某某无罪。一审宣判后，检察机关提出抗诉，认为本案有被害人陈述、证人证言、书证等证据证实，且与被告人程某某在侦查阶段的供述相互吻合，以上证据来源合法、内容真实，能够形成完整的证据链条，足以认定。二审法院经审查后，驳回上诉，维持原判。本案中检察机关对一审排除非法证据的裁判提出抗诉，二审法院支持一审法院观点。

在金某某贪污、受贿案中，① 涉及被告人不服一审法院对证据收集合法性争议的处理结果，在二审期间再次申请排除非法证据并提供新的线索的处理。被告人一审提出排除非法证据申请，但是没有提供线索，二审再次提出申请并提供线索，二审法院应当予以审查。如果申请得到支持，排除了非法证据，则看余下的

① 参见戴长林、罗国良、刘静坤：《中国非法证据排除制度原理·案例·适用》，法律出版社2016年版，第344~350页。

证据能否确定案件事实，影响到事实认定和法律适用的，按照相关规定处理即可。

2. 关于在二审中首次提出非法证据排除申请的处理问题。《严格排除非法证据规定》明确规定，“被告人及其辩护人在第一审程序中未申请排除非法证据，在第二审程序中提出申请的，应当说明理由。第二审人民法院应当审查”。2010 年《非法证据排除规定》和最高人民法院《司法解释》对此均有规定。《严格排除非法证据规定》立足积极应对辩方申请，并适当加以限制的立场。在司法实践中，辩方基于各种原因没有在一审中提出排除非法证据的申请，直到二审才提出申请的现象比较常见。如果一律不审查或者不区分情况进行审查都不是合适的做法。一方面，允许辩方在二审中随意提出申请，存在助长滥用诉讼权利的嫌疑，而且针对二审首次排除非法证据的申请进行审查不符合二审审理对象，也不利于对该问题的救济。根据诉讼原理，二审的审理对象是一审的裁判结论，控辩双方通过上诉或者抗诉启动二审，由于我国坚持全面审查原则，二审法院的审理不受上诉抗诉理由的限制。但是基于两审终审制原理，二审法院一般不审理未经一审裁判的事项。首次提出排非申请意味着未经一审法院审理，如果二审法院直接受理，则失去了救济的机会。但是，考虑到实践中存在一审之后才发现有关线索或者一审由于没有有效的辩护，无法提出非法证据排除申请，为保护被告人权利，在二审才提出申请的，要说明理由。综上，笔者认为，要区别情况进行处理，且处理时要充分利用庭前会议制度，进行协商。如果协商不成，笔者倾向于发回重审。

时某某案涉及的就是如下问题，被告人一审期间没有提出非法证据排除申请而在二审阶段提出的，如何处理？

检察机关指控：被告人时某某明知他人制造甲基苯丙胺而提供毒物制品麻黄素，其行为应当以制造毒品罪追究刑事责任。被告人时某某提出，其对赵某某等人购买麻黄素是为了制造甲基苯丙胺并不明知。一审法院认为：检察机关指控被告人时某某犯罪的事实清楚，证据确实、充分，适用法律正确，指控成立。时某某及其辩护人提出的辩解和辩护意见不能成立，不予采纳。故认定被告人时某某犯制造毒品罪，判处有期徒刑15年。一审宣判后，被告人时某某上诉提出，在侦查阶段有刑讯逼供现象，讯问时不让睡觉，对所做笔录未仔细看，自己在看守所时有伤在身。其辩护人提出了相同的辩护意见。

二审法院认为：上诉人时某某所称在侦查阶段被派出所保安人员打了，但未提供具体人员、时间、地点等相关线索；其称在入看守所时有伤在身，经当庭质证的2008年6月30日有时某某签字的健康检查笔录证明其伤情并非上诉人时某某称刑讯逼供所致伤，出庭作证的讯问人员当庭证言亦证明对时某某讯问时没有对其刑讯逼供，上诉人时某某该点上诉理由及其辩护人的相关辩护意见无证据证实，且与事实不符，不能成立。故驳回上诉，维持原判。

该案中，二审法院针对请求进行了初步审查，得出了自己的结论。

3. 一审法院怠于审查排除非法证据申请的处理。《规定》指出“第一审人民法院对被告人及其辩护人排除非法证据的申请未予审查，并以有关证据作为定案根据，可能影响公正审判的，第二审人民法院可以裁定撤销原判，发回原审人民法院重新审判”。该《规定》不同于2010年《非法证据排除规定》（第12条）和2012年最高人民法院《司法解释》所确定的对于这种情况应当予以审查的概括规定，而是单独将其作为一审法院程序严重违法可能影响公正审判的事项，列入发回重审的事由。这个规定丰富了《刑事诉讼法》第227条的内容，对二审中解决该问题有很强的针对性、操作性。在实践层面上，需要法官合理行使自由裁量权，判断好“可能影响公正审判”。

4. 关于检察机关举证时限问题。在司法实践中，存在人民检察院在一审中未出示证明证据合法性的证据，一审法院排除了该证据，检察院在二审又出示一审未出示的证据，如何处理需要明确。《严格排除非法证据规定》新增加该内容，即“人民检察院在第一审程序中未出示证据证明证据收集的合法性，第一审人民法院依法排除有关证据的，人民检察院在第二审程序中不得出示之前未出示的证据，但在第一审程序后发现的除外”。作为公权力机关，人民检察院应当根据非法证据排除规则中控方举证的理念积极举证，不能故意隐瞒证据，除非一审程序之后才发现的证据可以在二审出示。笔者认为该条文给检察机关举证设置了时限，限制了二审举证范围，有利于控辩平衡；有利于维护一审裁判的稳定性和权威性。

被称为“非法证据排除第一案”的章某某受贿案生动地阐释了一、二审情况和检察机关的举证。被告人章某某，因涉嫌受贿罪于2010年8月5日被逮捕。检察院指控章某某自2005年至2009年期间，身为国家工作人员，利用职务上的便利，多次非法收受他人贿赂共计76000元，其行为构成受贿罪，并于2011年3月25日向人民法院提出公诉。案件经过2011年4月11日、2011年5月11日、2011年6月20日、2011年7月20日4次庭审。被告人章某某及其辩护人提出，被告人审判前的供述系非法所得，并提供了被告人在侦查阶段接受审讯时受伤的线索，申请法院排除非法证据。法院依法调取了被告人出入看守所的体表检查登记表，证实被告人在审讯结束回所时体表有伤。法院经审查后，在庭审中启动了非法证据的调查程序。公诉人当庭出示、宣读了被告人的有罪供述笔录、亲笔供述，播放了被告人有罪供述的片段，提交了有关侦查人员依法办案、没有刑讯逼供、诱供等违法情况的说明。法院经审查后认为，检察机关提交的证据材料无法证明被告人体表伤的形成原因，据此要求检察机关提交相关的讯问过程录音录像。但公诉人未提供原始的讯问过程录音录像，并表示侦查人员不出庭作证。

该案一审阶段，检察机关未能全面履行举证义务，对被告人在审讯中受伤的情况不能作出合理的解释，在案证据不足以证明侦查机关获取被告人有罪供述的合法性。由于在被告人提出非法证据排除申请并提供明确线索后，检察机关未能依法履行有关取证合法性的证明责任，法院依法排除了被告人在审判前的有罪供述。该案一审宣判后，检察机关提起抗诉，并在二审期间提请行贿人出庭作证，提交了行贿人的同步审讯录像、被告人章某某的同步审讯录像以及侦查人员关于讯问过程合法性的证言，上述证据能够证明侦查机关获取章某某供述的合法性。二审法院认定章某某审判前的有罪供述可以作为证据采用。就个案处理而言，二审法院的做法在当没有法律明确规定时有一定合理性。但是从裁判的稳定性和司法权威的角度考虑，对于一审法院依法有据的裁判，二审法院应当给予支持，进而督促检察机关严格按照法律规定履行有关证据合法性的证明责任。对于一审期间被告人及其辩护人提出的非法证据排除申请，检察机关应当全面收集并提供证明取证合法性的证据，不能怠于取证、举证。

最后，关于二审程序中的合法性调查程序，根据《严格排除非法证据规定》第 39 条，参照第一审程序进行。这是根据实践需求新增加的规定，明确了二审非法证据的具体调查程序。(1) 审理方式的选择。根据《刑事诉讼法》第 223 条的规定，“第二审人民法院对于下列案件，应当组成合议庭，开庭审理：（一）被告人、自诉人及其法定代理人对第一审认定的事实、证据提出异议，可能影响定罪量刑的上诉案件；（二）被告人被判处死刑的上诉案件；（三）人民检察院抗诉的案件；（四）其他应当开庭审理的案件。第二审人民法院决定不开庭审理的，应当讯问被告人，听取其他当事人、辩护人、诉讼代理人的意见”。从法条的解读看，对于合法性存在应当包括在第 223 条第 1 款第 1 项的情形内，合法性提出异议，往往涉及事实认定，可能影响定罪量刑。故开庭审理是常态选择，当然在庭审前可以召开庭前会议，就非法证据排除问题听取意见。具体程序是针对辩方提出的异议，进行初步审查，对供述取得的合法性有疑问的，进入调查程序，控诉方要举证，在双方进行充分质证后，法庭就此问题进行裁决。在整个过程中，可以召开庭前会议，听取意见、了解情况，如果达成协议，在庭审时要加以说明。在司法实践中，二审法院开庭的案件比例非常少，还需要贯彻落实《刑事诉讼法》规定。

需要指出的是，经过证据合法性问题的二审审查，如果排除了非法证据，要根据余下的证据形成的事实认定对案件作出裁判，即原判决认定事实和适用法律正确、量刑适当的，应当裁定驳回上诉或者抗诉，维持原判；原判决认定事实没有错误，但适用法律有错误，或者量刑不当的，应当改判；原判决事实不清楚或者证据不足的，可以裁定撤销原判，发回原审人民法院重新审判。比如黄某某等贩卖、运输毒品案，[①] 涉及二审法院经审查认为原判据以定案的证据系非法证据，依法排除后，证据不足时案件的处理。本案中被告人一审提出排除非法证据申请，一审经审查驳回申请，二审经审查认为要排除有关证据。该证据排除之后，事实处于不清状态，根据法律规定，可以查清事实后改判，也可以发回重审。本案二审法院选择了发回重审，核实有关证据。笔者认为，如果排除有关非法证据后，事实不清证据不足，二审法院应当直接改判，宣告无罪，从而贯彻二审程序中的疑罪从无原则。

此外，实践中还存在一种情况，即基于抗诉或者上诉案件到了二审，但是抗诉或者上诉理由中并没有涉及非法证据排除，二审法院在全面审查过程中能否依职权启动排除非法证据程序呢？笔者认为，根据立法规定，法院可以依职权启动排除非法证据程序。而且我国二审秉持全面审查原则，如果二审法院发现存在非法证据问题，在目前非法证据排除难的现实下，应当发挥两级法院的作用，必要的时候要发挥职权调查作用，查明是否存在非法取证行为。

需要指出的是，在司法实践中，法官究竟如何确定具体的非

① 参见戴长林、罗国良、刘静坤：《中国非法证据排除制度原理·案例·适用》，法律出版社 2016 年版，第 351~358 页。

法行为以及如何排除一项证据，除了制度层面的因素以外，还有很多政策性和技术性因素需要考虑。这些问题即使再高明的立法也是无法解决的；而如果由各地法院自行把握，则不利于法律的统一适用。因此最高人民法院有必要针对实践中的非法证据排除规则问题建立起系统的、比较有影响力的案例，以指导非法证据排除规则的司法运用。

第三节　二审庭审程序的实质化

庭审实质化是实现审判中心的关键一环，包括提升辩护作用、加强庭前会议功能和强化庭审质证等方面。诚然，庭审的重中之重在一审，但二审庭审同样不容忽视。新《刑事诉讼法》实施以来，二审的开庭案件虽然有所提升，但是比例仍然偏小。据法官调研，某地区两级法院刑事二审案件开庭率[①]如下：

计量单位：件

单位	时间	收案	结案	开庭		开庭率
				上诉	抗诉	
G 高级人民法院	2012 年	842	740	112	7	16.08%
	2013 年	906	784	193	9	25.77%
	2014 年	932	812	199	10	25.74%
W 中级人民法院	2012 年	1239	1238	154	36	15.35%
	2013 年	1516	1407	77	33	7.81%
	2014 年	1603	1669	80	43	7.37%

此外，开庭案件的改判率低。由于整体上二审开庭比例低，

① 参见李婷：《司法改革背景下刑事二审庭审实质化问题思考——以刑事二审审判权的运行实践为出发点》，载《法律适用》2016 年第 7 期。

大部分案件的改判是通过不开庭方式进行的。笔者认为，二审开庭方式是庭审实质化的前提，只有开庭审理了，各种证据规则尤其是传闻证据规则才有适用的空间。因此，今后要大力推进二审开庭审理。开庭审理后，要立足二审的审理对象，即一审判决，进行实质化庭审，其中最主要的是推进证人、鉴定人、侦查人员出庭作证，并完善质证规则。

《意见》第12条指出，完善对证人、鉴定人的法庭质证规则。落实证人、鉴定人、侦查人员、出庭作证制度，提高出庭作证率。公诉人、当事人或者辩护人、诉讼代理人对证人证言有异议的，人民法院认为该证人证言对案件定罪量刑有重大影响的，证人应当出庭作证。《实施意见》予以重申。

有实证调研发现，“新法施行两年多以来，基层法院非简易的审判程序中，证人出庭率仍然只有1%左右，并没有显著的提高”①。一审程序尚且如此，二审程序就更加困难了。

因此为了使二审审理实质化，要在以下三个方面加以完善。

1. 逐步提升二审开庭比例。在司法实践中，二审开庭率低与司法资源投入紧张、二审开庭没有突出重点没有效果等因素有关。笔者认为，被告人、自诉人及其法定代理人对第一审认定的事实、证据提出异议，可能影响定罪量刑的上诉案件、抗诉案件、死刑案件要严格推进开庭审理。对于开庭审理的案件，考虑到二审程序的功能定位，要解决事实法律争议的司法改革目标，理性对待全面审查原则，开庭时有重点地进行。正如最高人民法

① 山东省菏泽市巨野县人民法院分析了2013年已审结的411件刑事案件后发现，有证人证言的案件287件，审判阶段证人出庭的案件为3件，占全部案件的0.7%，参见田源、杨继伟：《新刑诉法实施后证人出庭率低的原因分析》，载中国法院网。还有学者专门针对新法实施前后证人出庭情况作了实证调研，其所调研的Y市法院5年来（2010~2014上半年）共开庭审理一、二审刑事案件2996件，但证人出庭作证的案件仅为17件，占开庭案件比重不到1%，参见黎仕强：《新刑诉法视域下证人出庭制度研究——基于Y市两级法院近五年数据的实证分析》，载江西法院网，http：//jxfy. chinacourt. org/public/detail. php？ id =109926。

院《司法解释》第323条规定："开庭审理上诉、抗诉案件，可以重点围绕对第一审判决、裁定有争议的问题或者有疑问的部分进行。根据案件情况，可以按照下列方式审理：（一）宣读第一审判决书，可以只宣读案由、主要事实、证据名称和判决主文等；（二）法庭调查应当重点围绕对第一审判决提出异议的事实、证据以及提交的新的证据等进行；对没有异议的事实、证据和情节，可以直接确认……（四）"被告人犯有数罪的案件，对其中事实清楚且无异议的犯罪，可以不在庭审时审理……"

2. 完善各项证据规则，推进二审证人、鉴定人、侦查人员出庭作证。

关于证人出庭。笔者通过搜索北大法宝2015～2016年二审证人出庭案例，发现近500份案例中，绝大部分的情形是辩方在二审中提出要求某位证人出庭作证，法院以没有必要或者非关键证人予以驳回，支持申请的非常少。[①] 还有一些情形是辩方提出一审法院没有支持证人出庭的请求，要求二审继续救济。这两种情形的本质是一致的，即在司法实践中，申请证人出庭是辩方常见的请求，但是由于对证人出庭范围的理解不一致，往往得不到法院的支持。这里关键在于正确把握证人出庭的范围，即控辩双方对其证言有异议，而法院认为证言对定罪量刑有重要影响两个条件。前一条件侧重于程序正当性的考量，后一条件侧重于实体上查明案件事实的考量。从逻辑上分析，控辩双方提出异议的证人一般都是基于其重要地位，对案件定罪量刑有重要影响的，所以两者一般都是一致的。个别情况下存在分歧，按照目前法律规定，决定权在法院。法院应当善意理解和运用该决定权，推进证人出庭作证。

司法实践中，也存在二审证人出庭作证的案例。比如山东于

① 如广东省佛山中级人民法院（2015）佛中法刑一终字第208号，陈某的辩护人辩护称：……应该对从何某身上搜出的毒品包装袋进行指纹鉴定并应通知何某出庭作证……但是法院认为没有必要予以驳回，且采取不开庭审理方式进行裁判。

欢案的二审。如山东省高级人民法院在裁判文书审理经过中所描述的“聊城市中级人民法院审理聊城市人民检察院指控原审被告人于欢犯故意伤害罪并建议对于欢判处无期徒刑，原审附带民事诉讼原告人杜某1、许某、李某1、杜某3、杜某4、杜某5、杜某6、严某、程某提起附带民事诉讼一案，于2017年2月17日作出（2016）鲁15刑初33号刑事附带民事判决。宣判后，原审附带民事诉讼原告人杜某1、许某、李某1、杜某3、杜某4、杜某5、杜某6和原审被告人于欢不服，分别提出上诉。本院受理后，依法组成合议庭，于2017年5月20日召开庭前会议，27日公开开庭审理了本案刑事部分。山东省人民检察院指派检察员郭琳、扈小刚、李文杰出庭履行职务。上诉人于欢及其辩护人殷清利，被害人杜某2近亲属委托的诉讼代理人方辉，被害人郭某1及其诉讼代理人山东泉沣律师事务所律师伊丕国、李中伟，被害人严某的诉讼代理人严树魁、严建亭到庭参加诉讼。证人苏某、杜某7出庭作证”[①]。该案中，出庭的证人苏某是被告人的母亲，阐述了本人借款的前因事实和案发时情况。而杜某7则是讨债人员，案发时在场。通过出庭作证和质证，还原了案发事实细节，并形成印证，既查明了有关事实，又保障了上诉人的质证权，有助程序公正和实体公正的实现。

再如念斌案也充分推行了二审证人出庭，庭审实质化。最高人民法院发回重审后的二审，经过两次公开开庭审理，多名证人出席法庭并接受交叉询问，控辩双方在法庭上激烈辩论，庭审的实质化得以充分体现。也“正是通过这场高质量的庭审，才进一步证实了案件存在的疑点，最终作出了符合事实和法律的判决”[②]。

关于鉴定人出庭同证人出庭。需要注意的是，如果不出庭

---

① 山东省高级人民法院刑事附带民事判决书（2017）鲁刑终151号。

② 沈德咏：《庭审实质化的六项具体改革措施》，载《法制日报》2016年2月3日第9版。

的，则可以直接否定鉴定意见，重新鉴定。

关于侦查人员出庭。如果涉及取证合法性等事项需要侦查人员出庭，侦查人员应当出庭说明，但是不同于普通证人。

3. 提高审判人员庭审驾驭能力，合理分配司法资源。刑事二审案件的开庭受人力、物力、财力等因素的限制。在一线办案法官流失，警务、用车保障不足，办案经费紧张等困境下，可以探索多样性的审理方式，比如远程视频方式提讯。最高人民法院《司法解释》第 544 条已经明确认可了以视频方式讯问被告人，宣告判决，审理减刑、假释案件。实践中，有个别法院根据案件的特殊情况也尝试过以视频开庭的方式审理二审案件，并且取得了良好效果。随着远程庭审系统的发展和完善，这种符合诉讼经济原则的新型审理方式，在提高审理效率、节省司法资源方面的效果明显，能够在一定程度上缓解当前法院因开庭案件增多伴生的司法资源供不应求的紧张局面。

第四节　二审中电子数据的审查判断

在前文对关联性规则和原始证据优先规则的介绍中，我们可以得知以下三点：第一，相关司法解释将相关性的审查延伸到鉴定意见及视听资料、电子数据，并明确没有相关性的则不能作为定案根据。第二，根据最高人民法院《司法解释》的规定，最佳证据规则不限于书证领域，还涵盖物证、视听资料和电子数据。第三，强调原始存储介质的概念，第 22 条规定："对电子数据是否真实，应当着重审查以下内容：（一）是否移送原始存储介质；在原始存储介质无法封存、不便移动时，有无说明原因，并注明收集、提取过程及原始存储介质的存放地点或者电子数据的来源等情况……"

笔者认为立法关注到了电子数据这类新类型证据种类，但是如何进行审查判断并没有特别系统的规定。2016 年出台的《关于办理刑事案件收集提取和审查判断电子数据若干问题的规定》

（以下简称《电子数据规定》）细化了电子数据的审查判断。在此，结合该规定，结合关联性规则和最佳证据规则谈谈电子数据关联性和真实性的审查判断。

一、电子数据审查判断的重要性

中国的互联网从20世纪80年代末开始，90年代进入活跃期，21世纪开始进入普及和快速增长期。互联网用户从几百万用户发展到7.1亿用户，互联网普及率51.7%（2016年6月）。互联网时代，网络犯罪[①]日益猖獗。根据笔者培训班学员的反馈，由网络犯罪引发的程序和证据问题集中在管辖、被害人确定和电子数据的审查判断三个方面，尤其是第三点。

根据《电子数据规定》，电子数据是案件发生过程中形成的，以数字化形式存储、处理、传输的，能够证明案件事实的数据。电子数据包括但不限于下列信息：电子文件、网页、博客、微博客、朋友圈、贴吧、网盘等网络平台发布的信息；手机短信、电子邮件、即时通信、通讯群组等网络应用服务的通信信息；用户注册信息、身份认证信息、电子交易记录、通信记录、登录日志等信息；文档、图片、音视频、数字证书、计算机程序等电子文件。可见，电子数据已经存在于我们日常生活中的方方面面。如何根据科学把握电子数据的特点，对其合法性、关联性和真实性进行审查判断，是当前司法实践中急需解决的问题。

电子数据具有以下特点：（1）以电子形式出现。电子数据的存在形式，本质上而言是以电子形式存储或者传输的数据。（2）易变和稳定性共存。易变（易删除、易篡改、易丢失等特性）的同时，绝大多数情况下对于电子数据的增加、删除、修改都会留下一定的痕迹，而且被破坏的数据多数情况都可以通过

① 在刑法学意义上网络犯罪存在广义和狭义之分。从广义而言，只要借助或者利用网络手段和网络空间的犯罪都可以划入此范围，如网络诈骗。从狭义而言，是指针对计算机网络系统的犯罪，如第285条第1款规定的非法侵入计算机信息系统罪。

技术手段被恢复到破坏前的状况。(3) 开放性。获取一些电子数据，可以通过一定的技术手段不受时空限制地获取。(4) 没有原始证据。不同于物证、书证等其他证据种类，电子数据可以完全同原始存储介质分离开来。

电子数据的审查判断同样要针对合法性、关联性和真实性展开。关于电子数据的合法性问题可以从收集主体、收集程序、方式是否符合法律规定等方面判断。在此不赘述。

二、电子数据关联性的审查

在网络虚拟空间，在浩如烟海的大数据中，如何找到与案件事实有关联性的电子数据具有很大的挑战性。因此侦查阶段对于电子数据的取证有着与传统取证方式不一样的做法。而电子数据关联性的审查判断要求法官对关联性及电子数据的特性有基本的认识。按照英美证据法，关联性是指证据必须与案件的待证事实有关，从而具有能够证明案件的待证事实的属性，是进入诉讼作为证据的第一道门槛。判断是否有关联性可以从实质性和证明性两个方面进行。前者看是否指向依法需要运用证据加以证明的待证事实；后者看根据逻辑和经验，该证据是否具有使实质性问题可能更为真实或不真实的能力。电子数据是借助于现代信息技术(包括网络技术) 形成的与案件事实有关的电子形式的证据，如邮件、即时通讯信息等。因此，根据学者研究关联性的审查判断关键在于“电子数据能否对案件事实产生实质性影响”，要从电子数据的内容关联性和存储介质等形式载体的关联性两个方面入手，即事的关联和人的关联。

樊崇义教授的实证团队研究后，提出了电子数据的形式关联、实质关联和技术关联等规则。形式关联是指物理联系，解决人与物的关系，看人与物是否存在所有、使用等关系。实质关联是指电子数据与待证事实的关联，实质关联通过具体性质的案件来决定关联点。比如以网络为犯罪现场的案件，进入网络、在网络内活动认定其参与了犯罪；而以网络为犯罪手段的，则传输的电子数据为实质关联点。而技术关联则指利用技术方法（如操作技术、传输技术、存储技术）为关联点。笔者认为这些研究可以为司法实务人员在实践中准确把握电子数据的关联性提供很好的思路和借鉴。此外，实务操作层面，在大数据时代，很多电子数据存储在国内或者国外网络服务商的存储介质上，原始存储介质难以提取，因此要特别注意有关数据下载过程的正当性、准确性。

《电子数据规定》第 25 条对关联性的审查作出了初步规定，“认定犯罪嫌疑人、被告人的网络身份与现实身份的同一性，可以通过核查相关 IP 地址、网络活动记录、上网终端归属、相关证人证言以及犯罪嫌疑人、被告人供述和辩解等进行综合判断。认定犯罪嫌疑人、被告人与存储介质的关联性，可以通过核查相关证人证言以及犯罪嫌疑人、被告人供述和辩解等进行综合判断”。不过本条规定将关联性的判断过多借助于言词性证据，技术性指导不够。

三、电子数据真实性的审查——如何把握原始存储介质

电子数据确立了电子数据与案件的关联后，就要进一步确定其证明案件的程度。只有客观真实的电子数据才能证明案件事实，其中有一个关键点在于把握好原始存储介质。《电子数据规定》第 22 条明确了电子数据真实性的审查，即“对电子数据是否真实，应当着重审查以下内容：（一）是否移送原始存储介质；在原始存储介质无法封存、不便移动时，有无说明原因，并注明收集、提取过程及原始存储介质的存放地点或者电子数据的来源等情况；（二）电子数据是否具有数字签名、数字证书等特殊标识；（三）电子数据的收集、提取过程是否可以重现；（四）电子数据如有增加、删除、修改等情形的，是否附有说明；（五）电子数据的完整性是否可以保证。”由此可知，电子数据没有所谓“原始电子数据”，但有原始存储介质，如果可以移送原始存储介质，则要移送原始存储介质，从而审查电子数

据的真实性；而在无法移送原始存储介质的情况下，要说明原因，注明提取过程，明确电子数据的来源。

在云计算的时代，原始存储介质的移送不具有现实操作性，因此电子数据真实性的审查要关注另一个重要概念，即“完整性”。由于电子数据相对稳定性，要求在审判判断的时候既要关注证据本身的真实性，同时要关注电子数据在提取和保管移送审查环节中有没有被篡改过，这就是其完整性。对电子数据是否完整，应当根据保护电子数据完整性的相应方法进行验证：审查原始存储介质的扣押、封存状态；审查电子数据的收集、提取过程，查看录像；比对电子数据完整性校验值；与备份的电子数据进行比较；审查冻结后的访问操作日志等方法。

在司法实践中，进行真实性判断重点要看电子数据是否被篡改？是否被添加？而由于电子数据本身的科技性决定了往往要借助于鉴定、检验等来确定其真实性。正如司法解释规定的“对电子数据有疑问的，应当进行鉴定或者检验”。2014 年的《关于办理网络犯罪案件适用刑事诉讼程序若干问题的意见》也明确：对电子数据涉及的专门性问题难以确定的，由司法鉴定机构出具鉴定意见，或者由公安部指定的机构出具检验报告。大多数法官远离网络技术，不是技术专家，因此对于电子数据真实性的判断需要借助专家的知识。

从证据理论的角度看，言词证据的真实性考察需要直接言词原则来保障。而实物证据包括电子数据由于其特性，有学者提出实物证据的鉴真规则。[①] 如果电子数据进行了鉴定或者检验，为了对专门问题进行很好的领会，应当鼓励有关人员出庭说明情况。

综上，笔者认为对于电子数据的审查要做到三个坚持：（1）坚持原始介质优先；（2）坚持义务提供，加强网络服务商的安全管理义务和协助义务；（3）坚持技术鉴定。

---

① 参见陈瑞华：《实物证据的鉴真问题》，载《法学研究》2011 年第 5 期。

第五章　死刑复核程序中的证据运用

如前所述，我国《刑事诉讼法》对死刑案件设立复核程序的目的是坚持少杀、慎杀，防止错杀。死刑复核程序是专门针对死刑案件的审判程序，是死刑案件程序控制的最后一道防线，其目的在于贯彻我国的死刑政策，这是带有特定性、独立性目的的。死刑复核程序作为我国刑事诉讼中的一种特殊的诉讼程序，其任务是通过全面审查死刑案件的判决和裁定在认定事实和适用法律方面是否正确，保证死刑（包括死缓）的正确适用。因此事实问题的审查和最终把关在死刑复核程序中占有重要地位。

在司法实践中，针对死刑案件的证据运用存在以下问题：死刑案件的证明标准与普通刑事案件是否相同？各类刑事案件的死刑标准如何把握？定罪事实基本证据充分，能够排除其他人作案，但部分其他证据因客观原因存在瑕疵，被告人情节特别恶劣，当处死刑。这种情况是否符合判处死刑立即执行标准，还是要判处死缓限制减刑为宜？证明标准上“死刑案件与非死刑案件允许有差别”，学理上如何理解？该种差别如何量化？等等。

本部分基于死刑复核程序的完善背景，通过实践中死刑复核程序中证据问题的分析，探讨我国死刑案件证明标准的运用规则，量刑证据运用以及死刑案件中间接证据定案规则。

第一节　死刑复核程序的完善

新中国成立以后，尽管中国一直坚持“少杀、慎杀”的刑事政策，但令人感到遗憾的是，中国在程序上控制死刑的效果不尽如人意。最明显的例证就是，中国判处与执行死刑的案件数量仍然居高不下。正如国内学者指出的那样，“目前在中国，死刑的判决与执行的整体情况都是国家秘密，人们无从知道全国死刑判处与执行的完整数据。但是，目前我国死刑判处与执行数量过大的结论，却很容易根据现有规定推导出来”①。媒体报道的相关数据似乎也能够充分说明中国死刑案件的数量并不在少数。

众所周知，死刑复核程序作为一项颇具中国特色的特殊审判程序，其初衷在于严格控制死刑的适用数量，统一死刑适用标准，贯彻少杀、慎杀的刑事政策，提高死刑案件的审判质量。其功能在于防止错杀、实现少杀、统一死刑适用和保障人权。然而，在死刑复核程序存在诸多问题的情况下，这些初衷并没有得到充分实现。例如，在最高人民法院将大部分死刑案件的核准权下放到高级人民法院从而导致死刑复核程序与刑事上诉程序合二为一的情况下，死刑复核程序往往处于名存实亡的状态。再如，在死刑复核程序通常采取书面复核方式的情况下，控辩双方以及非常关心结果的被害人方无法有效地参与到死刑复核的整个过程，不能充分地发表各自的意见和主张。再加上上下级法院之间的案件请示、汇报惯例以及错案责任追究制的负面影响，死刑复核程序难免流于形式。在这种背景之下，要想在我国实现严格控制死刑的目标，不能不对死刑复核程序予以修改和完善。

实际上，为了提高死刑案件的审判质量，强化死刑复核程序在控制死刑方面的积极作用，2005 年以来我国就开始加大了死刑复核程序的改革步伐。例如，自 2005 年开始，最高人民法院增设 3 个刑事审判庭，专门负责全国死刑案件的复核问题。与此同时，专司死刑复核的工作人员招聘以及法院系统内部的选调工作已经在全国范围内逐步展开。再如，根据 2006 年 10 月 31 日全国人大常委会第 24 次会议通过的《关于修改人民法院组织法

---

① 王世洲：《关于中国死刑制度的反思》，载《北京大学学报》（哲学社会科学版）2004 年第 3 期。

的决定》以及2006年12月13日最高人民法院通过的《关于统一行使死刑案件核准权有关问题的决定》，自2007年1月1日起，最高人民法院统一行使死刑立即执行案件的核准权。而有关死刑复核方面的司法解释工作，相关部门也在有条不紊地进行着，如2007年2月27日最高人民法院发布的《关于复核死刑案件若干问题的规定》、2010年6月13日最高人民法院等联合发布的《关于办理死刑案件审查判断证据若干问题的规定》等。2012年《刑事诉讼法》的修改，完善了死刑复核程序。即为体现适用死刑的慎重，进一步保证死刑复核案件质量，加强对死刑复核程序的法律监督，增加加强诉讼化改造的规定。

从司法实践来看，最高人民法院收回死刑核准权实际上已经取得了明显的成效。例如，最高人民法院新闻发言人倪寿明在接受记者采访、解读最高人民法院的工作报告时曾经指出："2007年，因原判事实不清、证据不足、量刑不当、程序违法等原因不核准的案件，占复核终结死刑案件的15%左右。"① 从以往高级人民法院行使死刑核准权的经验来看，这实际上意味着最高人民法院收回死刑立即执行案件的核准权以后，至少15%的被告人被免于判处死刑。最高人民法院原副院长姜兴长在接受采访时也表示："最高人民法院统一行使死刑核准权后，在办案质量上更加严格，在适用死刑上更加审慎，在审判程序上更加公正，体现了惩罚犯罪与保障人权并重的司法理念，体现了宽严相济的刑事政策、罪责刑相适应的量刑原则和'事实清楚，证据确实、充分'的定案标准，体现了实体公正与程序公正的统一、法律效果和社会效果的统一。"②

尽管如此，我国死刑复核程序仍然面临诸多问题需要加以解决，如死刑复核程序的定位、死刑复核程序的诉讼化改造、死刑

① 参见《法制日报》2008年3月21日。

② 宗边：《死刑核准权收归最高法院统一行使后死刑数量明显下降》，载《人民法院报》2007年9月6日。

案件裁判文书公开等。死刑复核程序的定位与前述的死刑复核程序的功能紧密相关，防止错杀是首位的，通过刑事诉讼中的死刑复核程序来控制死刑，意味着程序性控制的重要意义和价值。2012年《刑事诉讼法》修改，通过加强死刑复核程序的诉讼化改造来更好地实现死刑复核程序的功能。立法继续坚持最高人民法院核准死刑的规定，并增加规定：最高人民法院复核死刑案件，应当讯问被告人，辩护律师提出要求的，应当听取辩护律师的意见。在复核死刑案件过程中，最高人民检察院可以向最高人民法院提出意见。最高人民法院应当将死刑复核结果通报最高人民检察院。最高人民法院通过推动裁判文书上网，也积极将死刑复核裁定书公开到裁判文书网。

在死刑复核程序的完善中，结合我国审级制度的长远改革，笔者认为在我国选择三审终审的多元化的审级制度下，死刑案件应当是最早纳入三审，且三审仍然坚持事实审和法律审结合，而且实施特定条件下的强制上诉制度。三审终审制下，在上诉审的启动方面，有两点需要注意：

第一，划分权利性上诉与裁量性上诉，建立终审上诉许可制。目前在区分权利性上诉与裁量性上诉的国家，被告人的第一次上诉基本上都属于权利性上诉，而第二次上诉则属于法院裁量许可的范围。此外，各国对裁量性上诉的许可标准也大致相同，尤其是被许可进入最高法院的案件必须具有超越案件本身的法律价值，包括出现与最高法院先例相冲突或上诉法院判决之间出现冲突的案件、提出新的法律问题的案件、能够澄清社会上争议已久的法律观点的案件，等等。各国对此问题有类似规定的理由在于，虽然要求复审是被告人的一项基本诉讼权利，但该权利的实现也要受本国社会条件的限制。如果被告人滥用其上诉权的话，不但无法实现司法救济的目的，而且会浪费国家宝贵的司法资源，从而剥夺了其他案件中被告人获得上诉救济的权利。对此只能由上级法院从维护社会整体公正的角度出发，选取那些对整个社会最有意义的法律问题进行审理，才能利用有限的司法资源实现社会公正的最大化。区分权利性上诉和裁量性上诉既保护了被告人的诉讼权利，又赋予了上级法院必要的调控职能，有助于公正与效率的共同实现。除此之外，权利性上诉与裁量性上诉的区分使不同级别的上诉法院在审判权限上也产生了一定区别，从而进一步促进了上下级法院之间职能上的分层。笔者认为，针对死刑案件，第一次上诉属于权利性上诉，第二次上诉也应当属于权利性上诉，也就是说，死刑案件如果提出上诉的，最高审判机关应当受理，不应当裁量受理。

第二，特定情况下实施强制上诉。如果初审法院审理了死刑案件后，没有上诉抗诉的，应当确立强制上诉制度。联合国经济及社会理事会于 1989 年 5 月 24 日 1989/64 号决议通过的《保护死刑犯权利的保障措施的执行情况》第 1 条建议会员国采取步骤执行保障措施并进一步加强对死刑犯的权利的保护，在可行的情况下采取以下办法：……（b）款规定：对所有死刑案件规定强制上诉或复审，并有宽大或赦免的规定。国外也有对上诉权予以特别限制的规定。对死刑案件被告人放弃上诉权的禁止，是为了保证死刑裁判受到更高一级法院的审查，以保证裁判的妥帖性，体现了以程序控制死刑的理念。

第二节　死刑复核程序中死刑案件的证明标准运用规则

在死刑案件的证明标准把握上，比普通刑事案件更复杂和多元。死刑复核程序作为死刑案件的最后一道程序，对证明标准的适用尤其受大家关注。一直以来，关于证明标准的讨论都是证明中的热点和难点问题。对于证明标准首先要明确概念。证明标准是指法律规定的运用证据证明待证事实所要达到的程度的要求，在证据制度中占据着举足轻重的地位。在英美证据法中，证明标准被理解为负有举证责任的一方当事人，就其对主张的事实予以证明达到的水平、程度。大陆法系没有明确的证明标准的概念。

通说认为大陆法系的“内心确信”和英美法系的“排除合理怀疑”是有罪认定的证明标准，且两者之间没有本质的区别。我国法学界对于证明标准的概念有着不同的认识。有人认为，证明标准、证明任务和证明要求是同一个概念，“诉讼中证明的任务，或者称证明要求，是指诉讼中对案件事实证明所要达到的程度或者标准”[①]。有学者主张证明标准的确定性，强调标准的具体操作性。[②] 笔者将证明标准限定定罪需要达到的程度。从审判视角出发看，研究裁判时的证明标准最有意义，因为根据无罪推定原则和《刑事诉讼法》第12条，定罪权在于法院这个唯一的国家审判机关。[③] 证明标准是通过立法规定的，因此具有客观性。详言之，证明标准是法律预先加以规定的，目的在于确立统一的裁判尺度，提高诉讼的可预测性。我国法律明确规定了定罪的标准是案件事实清楚，证据确实、充分，死刑案件亦是如此。

有关刑事定罪标准主要涉及客观真实说和法律真实说的争论。传统的客观真实说认为：“我国诉讼中的证明任务是查明案件的客观真实或案件的真实情况……查明案件的客观真实，归根结底，就是要求司法人员的主观认识必须符合客观实际。”[④] 进而认为，“法院判决中所认定的案件事实与实际发生的事实完全一致”[⑤]。简言之，即要求诉讼证明达到“客观真实”的程度。根据“客观真实”理论，法官在确定被告人有罪时，必须查明

① 陈一云主编：《证据法学》，中国人民大学出版社1991年版，第114页。

② 参见王敏远：《一个谬误、两句废话、三种学说》，载王敏远主编：《公法》第四卷，法律出版社2003年版。

③ 21世纪初期，许多学者提出证明标准层次性观点，即不同诉讼阶段的证明标准不同，并引用美国证据法上的九个层次性标准。笔者认为，以审判为视角探讨证明标准，可以引导审前各个诉讼阶段，且严格意义上的他向证明活动存在审判活动，审前对于证据的判断更多的是自向证明，因此，不同诉讼阶段的证明标准的阐述是建立在传统证明的概念基础上的。

④ 陈一云主编：《证据学》，中国人民大学出版社1991年版，第114页。该书2000年第2版继续坚持了这一观点。

⑤ 巫宇苏主编：《证据学》，法律出版社1986年版，第80页。

案件的“客观真实，而非其它形式、其它程度的真实。也就是说，司法机关在刑事诉讼中所认定的有关犯罪嫌疑人、被告人刑事责任的事实……必须与客观上实际存在过的事实一致”①。

持客观真实观的学者认为，由于诉讼证明的目的是查明案件事实真相，司法机关作出有罪认定时，必须以符合客观案件事实的认识为根据。“刑事诉讼证明所要追求的是客观真实，只有当人们运用证据对案件事实的认识达到了与客观的实际情况相符合时证据就是真实的，否则是虚假的，这就是刑事诉讼证明的任务与要求；而判定其是否真实的标准是看证据是否与案件的客观实际情况相符合”②。

法律真实说有着许多不同的版本，但基本上都主张在区分客观事实与法律事实的基础上，从法律事实作为裁判根据的正当性入手，致力于探讨一种更符合诉讼自身规律的证明标准，提出了“排除合理怀疑”等具体建议。

法律真实观十分强调法律规范在诉讼认识中的地位和作用。一般都认为，在法律视野中，作为裁断依据的事实不是社会经验层面上的客观事实，而是经过法律程序重塑的事实；该事实因符合法定的标准而作为定罪科刑的依据。这种法律事实的认识达到法律规定的标准即“排除合理怀疑”，就可以作为裁判的依据。

从学者的研究中可以看到，客观真实说和法律真实说存在以下基本一致之处：第一，刑事诉讼因直接关系着公民的生命权、自由权等基本人权，其证明标准原则上必须从高从严，应高标准严要求；第二，裁判者必须借助证据才能够认识案件事实；案件事实清楚必须表现为证据的“确实、充分”、逻辑一致；第三，就操作层面的具体标准而言，虽然存在“案件事实清楚、证据

① 陈一云主编：《证据学》，中国人民大学出版社 1991 年版，第 114 页；中国人民大学出版社 2000 年版，第 115 页。

② 张继成：《对“法律真实”和“排它性证明”的逻辑反思》，载何家弘主编：《证据法论坛》（第二卷），法律出版社 2001 年版，第 417 页。

确实充分”“排它性”“排除合理怀疑”等表述，但也有一致的地方，如关于证据锁链的说法。[①]。

但是由于理念上的分歧，导致最大的分歧点就在于对裁判事实的认定上，具体即在诸如犯罪人是谁以及具体行为的认定上能否达到确定无疑，涉及客观真实能否达到。传统的客观真实观认为案件事实的认定必须与客观事实完全符合，而且不区分具体情况，一律要求达到确定性，未免显得过于绝对和僵化，而且对程序的价值也认识不足。发展的客观真实观仍然坚持客观真实可以达到，即主观是可能符合客观的，但进一步指出客观真实是相对性和绝对性的统一。具体到刑事案件事实认定上，对于与定罪量刑有关的事实尤其是在犯罪人的认定上是能够达到确信无疑的。“就刑事司法证明而论，司法人员要查清案件的全部事实情况，对任何案件都是不可能的，但是对于已破案、已查清的案件事实来说，基本犯罪事实或主要犯罪事实的认定是能够达到准确无误的地步的。从这个意义上说，客观真实具有一定的绝对真实的内容，但不能把客观真实曲解为‘绝对的客观真实’或主观完全符合客观，因为总体而言，案件所达到的真实只能是相对真实、不完全真实。反过来说，又不能片面强调真实的相对性，而不承认在证明上有绝对真实的内容，否认对犯罪人认定的准确率一定条件下能够达到100%。对犯罪主体的证明，达到排它性、100%的程度，就具有绝对真实性”[②]。而法律真实观则主张达到法律规定的标准如“排除合理怀疑”即可，事实认定是相对的，只能最大限度地接近客观事实，即使在犯罪主体的关键事实认定上也是如此。

法律真实观理论的提出和完善，对传统客观真实理论进行了

---

① 即证据之间应具有相互印证性；证明方向形成一致性；证据锁链达到闭合性；证据结论具有唯一性。

② 陈光中：《改革、完善刑事证据法若干问题之思考》，载《证据法论坛》（第8卷），中国检察出版社2004年版。

深刻的反思，促进了程序价值的提升，使证据法理论的研究更加深入。发展了的客观真实并没有否认程序的价值，坚持在案件事实认识上的“主观符合客观”原理。

笔者认为应当确立客观的证明标准体系，以指导法官内心的确信，将法官主观的状态和客观的证明标准相结合，以达到事实认定活动主观和客观的统一。从哲学角度而言，这个客观的证明标准是以客观真实的理念为指导的。

将主观的确信建立在客观基础上，是西方自由心证发展的趋势。这种客观基础中最重要的就是心证程度评价的客观标准，也就是要求自由心证下，确信要达到证明标准，因此这个证明标准的规定就成了关键。

在大陆法系，传统上没有证明标准的明确概念，内心确信从某种意义上说就是标准，只不过是主观标准、心理标准而已。但是，为了防止自由心证原则下的主观擅断，客观证明标准的追求一直在进行。最著名的就是从德国发展起来的“高度盖然性”标准理论。[①] 但是大陆法系这种证明标准所追求的是实体真实，是极为可能接近客观事实的，但是不能完全达到。这不符合马克思主义的真理绝对性原理，因此带有哲学上的先天缺陷。

因此，笔者认为必须要以客观真实的理念为指导，将客观真实与法律真实相结合，以使证明标准的运用合理化。“诉讼中的客观真实是指诉讼中，司法人员认定案件事实的结论符合案件事实的客观存在情况，即主观符合客观实际情况。”[②] 定罪的最高要求是客观真实，具体还可以区分不同情况设立不同的标准。客观真实的证明标准是指导刑事诉讼活动定罪的最高标准，但要针对不同案件不同对象适当降低证明标准，将客观真实与法律真实

---

① 参见雷万来：《民事证据法论》，中国台湾瑞兴图书股份有限公司 1997 年版，转引自罗玉珍：《民事证明制度与理论》，法律出版社 2003 年版，第 695 ~ 772 页。

② 陈光中：《改革、完善刑事证据法若干问题之思考》，载《证据法论坛》（第 8 卷），中国检察出版社 2004 年版。

相结合。比如在具体犯罪事实构成要件中，对于主要犯罪事实必须达到确定无疑的程度，但是有些主观要件的证明可以降低标准。从而形成确信无疑、接近确信无疑、优势证据等不同的层次。①

具体证明标准体系的构建需要注意可操作性，注意与法官的内心确信相结合。我国目前立法上对于证明标准的表述是“事实清楚、证据确实充分”，笔者认为继续用这个标准可以，它体现了对客观真实的追求，但是不能对其作出僵化的、形而上的解释。注意对证据确实充分的主观认识方面要达到内心的确信无疑，主观上要认为认识清楚了。借助证据达到主客观的统一。2012年《刑事诉讼法》对证明标准的细化就体现了这个趋势。《刑事诉讼法》第53条规定，对一切案件的判处都要重证据，重调查研究，不轻信口供。只有被告人供述，没有其他证据的，不能认定被告人有罪和处以刑罚；没有被告人供述，证据确实、充分的，可以认定被告人有罪和处以刑罚。证据确实、充分，应当符合以下条件：（1）定罪量刑的事实都有证据证明；（2）据以定案的证据均经法定程序查证属实；（3）综合全案证据，对所认定事实已排除合理怀疑。

在司法实践中，我们强调死刑案件的标准更加严格。那么死刑案件的证明标准与其他刑事案件的证明标准有区别吗？这个问题在理论界存在分歧，在实务界存在困惑。笔者认为按照证明标准的基本界定，作为定罪要求的证明标准在任何刑事案件中是一致的，都表述为“事实清楚、证据确实充分”，理由如下：

第一，如前所述，虽然《办理死刑案件证据规定》是针对死刑案件的，但中央政法五机关在印发“两个规定”的通知中特别指出，办理其他刑事案件，参照《办理死刑案件证据规定》执行。该条针对立法上规定的证明标准进行了解释，其实是适用于所有刑事案件的。从法律规范角度看，立法上定罪的标准只有

① 参见陈光中：《构建层次性的刑事证明标准》，载陈光中、江伟主编：《诉讼法论丛》（第7卷），法律出版社2002年版。

一个，就是“事实清楚、证据确实充分”。在司法实践中个案的把握要根据《办理死刑案件证据规定》第5条的规定进行。可能判处死刑的案件定罪事实的确定要注意有关事实要有证据，证据必须查证属实，得出的结论必须是唯一的。此外，从逻辑顺序上看，只有确定了定罪事实后，才进入是否判处死刑的判断。

第二，死刑案件和非死刑案件的区分，在于最后可能判处的刑罚，因此从这层意义出发，两类案件的区分在于刑罚的适用，这与量刑事实的把握是直接相关的。我们说，对于死刑案件要有更严格的证明标准时，其实针对的是判处死刑的证据把握上要非常严格，这其实是量刑范畴。

第三，《办理死刑案件证据规定》第5条规定的证明标准如果结合证明对象的规定，则可以发现立法针对的是适用死刑事实采取了最严格的证明标准，不限于对被告人从重处罚的事实。

综上，我们认为从定罪角度而言，无所谓死刑案件和非死刑案件的区分，是否判处死刑属于量刑的范畴，所以刑事案件定罪的标准是一样的，根据目前法律规定和司法解释，就是事实清楚、证据确实充分。当然，在司法实践中，针对统一的证明标准，在具体案件的把握上，审判主体的差异等因素，严格程度有所不同。而所谓的死刑案件证明标准要严格把握，应当是指在死刑适用事实上的标准。

最高人民法院《刑事审判参考》刊登的罗某故意杀人、放火案[①]可以为我们在具体案件中如何把握死刑案件的证明标准提供参考。

基本案情如下：被告人罗某，男，1963年4月6日出生，农民。1982年至1995年因犯盗窃罪6次被判刑，2002年8月23日因犯故意伤害罪被判处有期徒刑10年，2008年8月19日刑满释放，2008年10月29日因涉嫌犯故意杀人罪、放火罪被逮捕。某人民检察院以被告人罗某犯故意杀人罪、放火罪，向某中级人

① 《刑事审判参考》2011年第2集（总第79集）。

民法院提起公诉。被告人罗某对指控的事实及罪名无异议，但请求从轻处罚。其辩护人以罗某具有认罪、悔罪情节为由，请求对罗某从轻处罚。

某中级人民法院经公开审理查明：2008 年 9 月 30 日 22 时许，被告人罗某来到某市被害人高某（男，殁年 48 岁）、付某（女，殁年 46 岁）夫妇家中，与高某喝酒后住在高家。因在喝酒时与高某言语不和，罗某渐生恼怒。10 月 1 日凌晨 2 时许，罗某进入二被害人卧室，用从高某家院内捡来的砖块击打高某头部，又用肘猛击付某胸部，致二人死亡。为毁灭罪证，罗某放火后逃离，致二被害人的房屋烧毁，造成直接经济损失人民币 14223 元。

某中级人民法院认定上述事实的证据有：

1. 侦破经过证实，公安机关接火警报案后，发现被害人高某、付某死在卧室内，属死后焚尸，遂将火灾转为杀人案件侦查。经走访调查发现，刚从监狱释放的罗某案发前曾到过高某家，即确定其有重大作案嫌疑，后通过调查罗某的去向，于 2008 年 10 月 12 日将罗某抓获。

2. 现场勘查笔录等证实，现场被烧房屋为土木结构居民住房，由东向西分为主卧室、客厅和次卧室共三间房，南面是一敞开院子。院内西侧、紧邻次卧室的南面为厨房。二被害人尸体均在主卧室内，无生前挣扎迹象。主卧室房顶燃烧程度重于客厅，客厅房顶燃烧程度重于次卧室。2008 年 10 月 21 日，公安机关根据被告人罗某的供述对现场进行补充勘查，在厨房东南角有一鸡舍，附近地面见 7 块碎砖头，砖头断面新鲜，将此拼接成一块较为完整的砖块。

3. 尸体检验报告证实，被害人高某、付某系死后焚尸。由于二被害人尸体烧毁严重，不能准确推断死因及致伤工具。被害人高某达到醉酒状态。被害人付某颅骨开裂、额部及顶部硬膜外血肿，高温和钝性暴力作用均可形成，不排除系钝性暴力所致。根据二被害人的损伤情况，可排除锐器砍、刺或者扼压颈部致死。

4. 物证检验报告证实，从现场主卧室地面提取的水泥块、燃烧残留物、衣服及棉絮残留物共6份检材进行检验，均未检出汽油、柴油、煤油成分；二被害人心血中均未检出一氧化碳成分；被害人高某心血中乙醇含量为269.35mg/100ml（达到醉酒状态）。

5. 火灾原因认定书证实，被害人高某、付某家火灾系人为放火，引燃主卧室床铺等物品向四周蔓延扩大成灾。

6. 刑事科学技术鉴定书确定被害人高某、付某的身份。

7. 证人李某的证言证实，10月1日凌晨3时许，发现高某家着火遂报警，当时高某家大门被锁住，他用脚踹开大门。

8. 证人杨某的证言证实，案发前罗某去过被害人家，案发当日上午他将罗某送到高某家所在的巷口，罗某说要去高某家。

9. 证人张某（在高某家对面开商店和麻将摊）的证言证实，案发前一天罗某称高家没人，将背包寄放她处。案发当日中午，罗某说高某已回家并将包取走。案发前，听被害人付某说罗某在她家住了六七天。

10. 证人高某（被害人小女儿）的证言证实，她听邻居讲罗某案发前曾到过自己家中。

11. 证人叶某的证言证实，案发当晚20时许罗某到自己家中吵闹，后被她丈夫杨某驱逐出门。

12. 证人张某的证言证实，案发当天上午罗某到她家中，19时许罗某吃完晚饭后从她家中离开。

13. 证人尹某的证言证实，罗某于2008年10月2日来到自己家中，12日被抓获。

14. 被告人罗某在被抓获当日第一次讯问时称其案发当晚住在车站，没有杀人放火，当日第二次讯问时即交代了杀害高某、付某并焚尸灭迹的事实。在侦查阶段随后的两次供述及庭审中，对杀害二被害人并焚尸灭迹的事实均供认不讳。

认定上述事实的其他证据还有：被害人的大女儿证实，高某喜爱喝酒，付某患有扩张性心肌病、原发性高血压；精神疾病鉴定意见书证实，罗某对杀人放火时的行为具有实质性辨认和控制能力，具有完全刑事责任能力；火灾直接财产损失核定通知书证实直接财产损失情况等。

某中级人民法院认为，被告人罗某因琐事而故意杀人，并放火烧毁房屋焚尸灭迹，危害公共安全，其行为分别构成故意杀人罪和放火罪。罗某犯罪情节特别恶劣，罪行极其严重，且系累犯，主观恶性深，人身危险性和社会危害性大，应依法严惩。依照《刑法》第232条、第114条、第48条、第57条第1款、第65条第1款、第69条、第36条第1款之规定，判决如下：被告人罗某犯故意杀人罪，判处死刑，剥夺政治权利终身；犯放火罪，判处有期徒刑五年；决定判处死刑，剥夺政治权利终身。

一审宣判后，被告人罗某上诉提出：其在与高某争吵时扔砖块砸到高某头上将其砸死，其患有脑神经萎缩精神疾病，不能控制自己的情绪而引发本案。罗某的辩护人认为，罗某无杀人犯罪动机和主观故意，其行为构成故意伤害罪，原判定罪不准。

某高级人民法院经二审审理认为，被告人罗某因琐事而故意杀害被害人高某、付某，并放火烧毁房屋制造假象，焚毁罪迹，危害公共安全，其行为分别构成故意杀人罪和放火罪。罗某犯罪情节特别恶劣，罪行极其严重，且系累犯，其主观恶性、人身危险性和社会危害性大，应依法严惩。罗某归案后虽认罪、悔罪，但综合全案的性质、情节及后果，不足以对其从轻处罚。原判认定的事实清楚，证据确实、充分，定罪准确，量刑适当，审判程序合法。依照《刑事诉讼法》第189条第1项和第199条之规定，裁定驳回上诉，维持原判，并依法报请最高人民法院核准。

基于上述案件材料，最高人民法院进行复核，本案的关键在于案件是否达到了确实充分的证明标准。最高人民法院经复核认为，第一审判决、第二审裁定认定被告人罗某犯杀人罪、放火罪的部分事实不清，证据尚未达到确实、充分。具体分析如下：

就本案而言，有被害人邻居的证言、现场勘查笔录及尸检报告等证实高某、付某在家中非正常死亡后其房屋被放火焚烧，因此故意杀人、放火的犯罪事实客观存在，该起犯罪事实的时间、地点及后果也能够得到相应证据证实，另外，精神疾病鉴定意见书也能证实被告人罗某具有完全刑事责任能力。然而，就全案现有证据来说，证实罗某是否实施了犯罪行为、实施犯罪行为的手段是什么的证据，还未达到确实、充分的标准，所得出的结论尚不具有唯一性。主要体现在：（1）缺乏案发时被告人罗某是否在犯罪现场的证据。从表面上看，有一组证据证明罗某在案发时去过被害人家，但在多名证人中无一人能证实案发当晚罗某确实在被害人家中。①被害人女儿称其听邻居杨某说罗某案发前去过其家，而杨某只能证明案发当日听罗某说要去被害人家，并未目睹罗某去被害人家。因此，高某、杨某的证言实际上是一种传闻证据，起不了补强口供的作用。②被害人高某家对面摆麻将摊的张某证明，案发前一天罗某将背包寄放在麻将馆，案发当日中午将包取走，且案发前听被害人付某说罗某在她家住了六七天。张某的证言也与罗某口供印证，但仍然无法证明案发时即 2008 年 9 月 30 日 22 时许罗某在案发现场即被害人高某家的事实。上述证人证言，能够证明罗某与被害人高某在案发当天有某种联系，但要锁定罗某案发时在作案现场，其证明力比较单薄。因此，从证据的证明力分析，实际上除罗某供述案发当晚至被害人家喝酒后杀人外，并没有相应的证据证明罗某案发时在被害人家。（2）缺少证明被告人罗某实施杀人、放火行为的客观性证据。一般而言，犯罪分子总会在杀人现场留下一些蛛丝马迹。比如，足迹、指纹或者其他衣物等；又如，从被告人身上提取的被害人的血迹，从被告人处提取的被害人使用的物品等。这些都属于客观性证据。从证据体系的分类说，客观性证据包括物证、书证、鉴定结论、勘验检查笔录、视听资料、电子证据，其中的物证往往是锁定犯罪分子作案的关键证据，对案件的侦破和事实的认定起着重要甚至是决定性的作用。但在本案中，没有一个客观性证据能够锁定罗某系犯罪行为实施人，罗某杀人、放火的过程仅有罗某的供述。另外，已提取的客观性证据均为先证后供，没有一个是根据口供取得的。而《办理死刑案件证据规定》第34条规定，根据被告人的供述、指认提取到了隐蔽性很强的物证、书证，且与其他证明犯罪事实发生的证据相互印证，并排除串供、诱供等可能性的，可以认定有罪，但本案中没有符合该条规定的物证、书证。另外，案件起初作为火灾案件调查，后转为刑事案件侦查，但是二被害人尸体已经火化，失去了复检条件。（3）被害人死亡原因、致死凶器与被告人罗某的供述没有达到“供证一致”。客观地说，本案中有不少证据与被告人供述是相印证的。例如：①尸体检验报告证实，二被害人系死后焚尸；物证检验报告证实，二被害人心血中均未检出一氧化碳成分，与罗某关于将二人杀死后放火的供述相符。②现场勘查笔录证实，被害人家主卧室房顶燃烧程度重于客厅，客厅房顶燃烧程度重于次卧室（燃烧程度由东向西逐渐减轻）；火灾原因认定书证实，火灾系人为放火，引燃主卧室床铺等物品向四周蔓延扩大成灾；物证检验报告证实，从主卧室提取的地面水泥块、衣服及棉絮残留物等6份检材均未检出汽油、柴油、煤油成分。这些证据与罗某关于在房屋东边的二被害人卧室用打火机点燃纸片再点燃蚊帐放火的供述相符。③物证检验报告证实，被害人高某达到醉酒状态，与罗某关于作案前其与高某喝酒、高某醉酒的供述一致。④现场勘查笔录记载的二被害人尸体位置、朝向，被害人家房内情况，与罗某供述的相关情况一致。⑤三名被害人的邻居火灾报警时间与罗某交代的放火时间大致相同。⑥证人李某证实，救火时发现被害人家大门被锁住，用脚踹开大门，与罗某关于放火后离开时关上大门的供述一致（被害人家大门的门锁系一关即锁的弹簧锁）。但是，本案是一起杀人后放火的案件，公安机关一开始作为放火案件侦查，案发当地居民也将本案作为放火案件看待。而火灾案件在灭火中和灭火后，是一个开放的现场，除隐蔽性情节外，对一般性的案件情节，周围居民一般都会知晓。

本案系2008年9月30日发生，尸体检验于10月1日即作出，而罗某于10月12日才被抓获。在此期间，罗某作为被害人的同村居民，是能够了解案件一些情节的。况且，本案证据之间存在明显的矛盾，在被害人死亡原因和被告人的作案工具问题上，口供与其他证据的矛盾无法得到排除，也无法得到合理解释。（1）关于作案手段的证据存在矛盾。被告人罗某供述，他先用砖块砸击高某头部一下，又转到另外一张床上用肘部猛击付某胸部两下，待二人死亡后他才放了火。但尸体检验报告显示，被害人高某的头面部未见明显锐器创口，颅骨未见骨折，颅内未见异常，而被害人付某却颅骨开裂，额部及顶部硬膜外血肿。对此法医认为，不能排除付某的伤是暴力作用所致。因本案案发时先认定为火灾，后转为刑事案件侦查，二被害人尸体已被火化，现在无法复检。现有证据中，尸检报告证实与被告人供述的作案手段存在矛盾，且对该矛盾无法作出合理解释。（2）关于作案工具的证据存在矛盾。被告人罗某供述其使用砖块砸击被害人，作案后将砖块扔到院内，公安机关根据罗某的交代于火灾发生20天后对现场进行了补充勘查，在院内厨房边的鸡舍下提取7块碎砖头，经拼接成一块整砖，罗某经辨认该砖块照片，确认系其作案凶器。但是，罗某供称作案用的砖块系半块整砖或者断成两截的砖块，而提取的砖块却有7块，与罗某供述不符。罗某案发后指认案发现场时，确认院内一堆瓦砾处系其扔弃砖块的位置，但当时公安机关并没有提取。从补充勘查的现场照片看，鸡舍下也并没有7块碎砖，碎砖从何处提取不清；从照片上看，提取的碎砖块断层新鲜，按常理不符合救火现场砖块的特征。因提取在案的物证与被告人供述相矛盾，疑点颇多，不能认定为作案工具，导致本案作案工具来源不清。根据《办理死刑案件证据规定》第32条第2款“证据之间具有内在的联系，共同指向同一待证事实，且能合理排除矛盾的，才能作为定案的根据”的规定，本案中证据存有上述矛盾，显然不能得到合理排除。综上，对罗某是否实施了犯罪行为、实施犯罪行为的手段、作案工具等涉及定罪的关键事实不清，证据链条或存在缺口，或证据间存在无法排除和合理解释的矛盾，全案证据尚未达到判处死刑的证据标准。所以，最高人民法院以部分事实不清、证据不足为由不核准对被告人罗某判处死刑的裁定是符合法律以及《办理死刑案件证据规定》要求的。

笔者认为死刑案件证明标准的分析方法与非死刑案件是一致的，都要符合以下三个条件：定罪量刑的事实都有证据证明；据以定案的证据均经法定程序查证属实；综合全案证据，对所认定事实已排除合理怀疑。本案中涉及死刑的案件事实是故意杀人，其证明对象是实体法上的犯罪构成要件，即主体、主观方面、客体和客观方面。需要满足：这些事实都有证据证明，证据经法定程序查证属实，综合全案排除合理怀疑。本案的合理怀疑没有排除，在被告人是否到过案发现场和是否杀人、放火等关键事实方面，只有被告人的供述，缺乏其他直接证据，而且现场也没有指向被告人的客观性证据，因此无法得出被告人作案的结论。在我国的司法实践中，遵循印证的证明模式，只有被告人供述，一方面不符合《刑事诉讼法》的口供补强规定；另一方面也不符合印证的证明模式。①

第三节 死刑案件量刑证据的运用规则

死刑案件如何裁量刑罚、如何把握死刑适用尤其是死刑立即执行的适用是实践中的难点所在，这涉及量刑和量刑证据的运用。

① 关于理论界讨论印证的文章可以参见龙宗智：《刑事印证证明新探（上）》，载《法学研究》2017 年第 2 期；左卫民：《“印证”证明模式反思与重塑：基于中国刑事错案的反思》，载《中国法学》2016 年第 1 期；封利强：《我国刑事证据推理模式的转型：从日常思维到精密论证》，载《中国法学》2016 年第 6 期；栗峥：《证据链与结构主义》，载《中国法学》2017 年第 2 期等。笔者认为我国实践中的印证证明方式需要理论的梳理，论证其合理性，分析其不足之处（如精细不足），结合审判为中心的刑事诉讼制度构建加以完善。

量刑是根据量刑情节，采取合适的方法确定刑罚的活动。量刑的目的在于是否适用刑罚和恰当地适用刑法，体现适当与否的评价。除罪刑法定、平等适用刑法外，还要遵循罪刑相适应原则。量刑活动中很多时候控辩并非严格对抗，一些能提供被告人人身危险性、主观恶性等信息的人如缓刑官可参与量刑。无罪推定原则以及建立在此基础上的证据规则是否适用于量刑值得探讨。定罪和量刑活动是紧密联系又有着区别的：（1）定罪活动是量刑活动的前提，如果没有犯罪事实，则不需要进行量刑。（2）控方举证是基于无罪推定的理念，主要针对指控的犯罪事实展开的。与此相适应的严格证明的一系列规则，也主要是针对定罪事实的——定罪证据的收集、审查、判断应当适用严格的标准，即必须适用具有证据能力的证据且经过法庭质证后才能作为定案的依据。可以说，无罪推定原则以及建立在此基础上的证据规则主要是围绕定罪问题展开的。（3）量刑活动具有不同于定罪的特点。其目的和内容、所遵循的刑法基本原则以及参与的主体、依据的程序和证据规则与定罪活动都有差异。

量刑的相对独立性决定了在证据运用包括事实认定标准的把握上存在区别。根据《办理死刑案件证据规定》第5条的规定，被告人从重处罚的标准同定罪的标准，而从轻处罚的量刑事实没有规定，按照最高人民法院的解释，这部分量刑事实的证明标准要低于定罪标准，采取优势证据标准。①

《办理死刑案件证据规定》第5条对死刑案件的证明对象作出了限定，即办理死刑案件，对于以下事实的证明必须达到证据确实、充分：（1）被指控的犯罪事实的发生；（2）被告人实施了犯罪行为与被告人实施犯罪行为的时间、地点、手段、后果以及其他情节；（3）影响被告人定罪的身份情况；（4）被告人有刑事责任能力；（5）被告人的罪过；（6）是否共同犯罪及被告

① 参见张军主编：《刑事证据规则理解与适用》，法律出版社2010年版，第90页。

人在共同犯罪中的地位、作用；（7）对被告人从重处罚的事实。

上述第1项到第6项是犯罪事实，第7项是典型的量刑事实，限于从重处罚的事实，也就是说，对于是否构成犯罪的法定标准是事实清楚、证据确实充分，而典型的量刑事实证明标准只规定了从重处罚的事实也要达到定罪的证明标准，充分表明对被告人的权利保障。《办理死刑案件证据规定》第36条规定了死刑案件中常见的影响量刑的酌定情节，并指出不能排除被告人具有从轻、减轻处罚等量刑情节的，判处死刑应当特别慎重。①

可知，立法明确了定罪标准和量刑标准的区分，并对各自的证明对象进行了规范。《办理死刑案件证据规定》明确了适用确实充分的证明标准的事实不包括对被告人从宽处理的量刑事实和程序法事实，体现了不同的证明对象适用不同的标准的思想。

根据《刑法》第48条规定，死刑只适用于罪行极其严重的犯罪分子。对于应当判处死刑的犯罪分子，如果不是必须立即执行的，可以判处死刑同时宣告缓期二年执行。因此死刑的裁量就是判断“是否罪行极其严重”。这主要涉及罪行确定的基础上，各种量刑事实的确定。在司法实践中，影响死刑裁量的主要有自首立功的事实、被害人过错的事实、被告人赔偿的事实、案发起因的事实等。

2016年的贾某某故意杀人案可以为我们分析判断是否罪行极其严重提供实践参考，该案的基本情况如下：贾某某，男，河北石家庄市长安区某村村民。2015年11月，贾某某犯故意杀人

---

① 《办理死刑案件证据规定》第36条：在对被告人作出有罪认定后，人民法院认定被告人的量刑事实，除审查法定情节外，还应审查以下影响量刑的情节：（1）案件起因；（2）被害人有无过错及过错程度，是否对矛盾激化负有责任及责任大小；（3）被告人的近亲属是否协助抓获被告人；（4）被告人平时表现及有无悔罪态度；（5）被害人附带民事诉讼赔偿情况，被告人是否取得被害人或者被害人近亲属谅解；（6）其他影响量刑的情节。既有从轻、减轻处罚等情节，又有从重处罚等情节的，应当依法综合相关情节予以考虑。不能排除被告人具有从轻、减轻处罚等量刑情节的，判处死刑应当特别慎重。

罪被判处死刑，贾某某不服判决提出上诉。2016 年 5 月 17 日，河北省高级人民法院驳回上诉，维持原判。2016 年 10 月宣布被判死刑。2016 年 11 月 15 日，贾某某被执行死刑。其涉嫌的杀人事实为：2015 年 2 月 19 日大年初一，河北石家庄市长安区某村村民贾某某举起手中的射钉枪，对准村党支书何某某的后脑，将其当场射杀在团拜会的现场。贾某某随后弃枪开车离开，汽车被村民撞停，民警赶到将其控制。此时贾某某身体多处受伤，右小腿粉碎性骨折。该案引起了许多学者的热议，从死刑裁量的角度看，涉及是否自首、被害人是否有过错等量刑因素的考量。最高人民法院刑三庭法官在答记者问中表明了贾某某不构成自首、被害人没有重大过错等观点，并指出贾某某符合“罪行极其严重”，分析如下：“保留死刑，严格控制和慎重适用死刑”是我国一贯的刑事政策，就是要以最严格的标准和最审慎的态度，确保死刑只适用于极少数罪行极其严重的犯罪分子，保证更准确地依法惩治严重刑事犯罪。故意杀人犯罪非法剥夺他人生命，是最严重的暴力犯罪，我国《刑法》第 232 条规定，故意杀人的，处死刑，无期徒刑或者 10 年以上有期徒刑。据此，对故意杀人的罪犯在决定处以何种刑罚时，必须严格依法，首先，对是否罪应处死作出裁量，根据罪恶程度决定是否判处死刑。其中，对罪恶严重，特别是对蓄谋报复，严重危害社会治安，罪行极其严重、情节特别恶劣的故意杀人犯罪分子，应坚决依法严厉惩处。本案经最高人民法院复核，认为被告人贾某某即属于法律规定罪应判处死刑立即执行的犯罪分子。

贾某某因对已签订拆迁协议的旧房被合理拆迁不满，在事过近两年后，蓄意报复，当众用射钉枪将被害人杀害，犯罪情节极其恶劣，罪行极其严重。具体来说：

1. 预谋报复，主观恶性极深。本案与突发性激情犯罪，即一般民间纠纷导致矛盾激化、在情绪冲动、一时失控下引发的突发案件不同，贾某某对以往因房屋拆迁产生的矛盾记恨在心，蓄意报复杀害被害人何某某。为实施杀人，贾某某做了近两年的准备，精心策划杀人活动，包括准备杀人凶器，选择杀人的时间、地点，直至实施杀人犯罪，反映出具有极深的主观恶性。

2. 持枪作案，手段特别残忍，社会危害性极大。涉枪犯罪历来是我国重点打击的犯罪。贾某某事先购买了 3 把射钉枪、1 把仿真手枪以及射钉弹药等并进行改装试验。经他改装后的射钉枪装弹后可随意发射，且威力大，射出的钢钉能打透五合板，足以达到其所追求的杀人目的。

贾某某作案时携带 3 把装好弹药的射钉枪，以及 1 把具有杀伤力经鉴定属枪支的仿真手枪，在被害人何某某身后持射钉枪对其头部射击，射钉贯穿被害人头部后，存留在被害人右面部，致被害人颅脑损伤死亡。

3. 杀人后持枪抗拒群众抓捕，人身危险性极大。贾某某杀人后驾车逃跑，村民试图拦截，贾某某拒不停车并开车向村民冲撞。贾某某所驾车辆被村民驾车拦截、撞停后，不仅拒捕，而且下车持枪恐吓追赶的村民，并开枪射击。其对村民开枪拒捕的行为反映出对社会极大的人身危险性。

4. 刻意选择在春节作案，犯罪情节和社会影响特别恶劣。春节是中国人最重视、最重要的传统节日，而贾某某却有意选择农历大年初一，在全村老少欢聚一堂、互相团拜、自排节目演出的欢乐喜庆时刻，当着全村近千名男女老少的面开枪杀人，引起村民极大的恐慌和愤慨，造成严重社会影响。案件一审时，数百名村民向法院联名请愿，强烈要求法院主持正义，依法严惩贾某某。"① 最高人民法院基于上述分析核准死刑。

最高人民法院出版的《刑事审判参考》也有相当多的案例

① 《贾敬龙为何"罪该处死"？——最高法刑三庭负责人就贾敬龙故意杀人死刑复核案问题答记者问》，载 http：//news. xinhuanet. com/2016 - 11/15/c _ 1119912541. htm。

涉及死刑的裁量。[①]

第四节 死刑案件间接证据定案规则

在刑事司法理论中，根据证据与案件主要事实的关系，可以将证据分为直接证据与间接证据。直接证据是指能够独立地用来证明案件主要事实的证据；间接证据是指不能独立地直接证明案件的主要事实，但可以证明案件事实的某一方面或者环节，如作案动机、目的、时间、地点、手段、被害人死因、身份及与作案人的关系等。间接证据虽不能直接证明案件的主要事实，但当间接证据结合起来形成一个具有内在联系的完整证据体系时，便可证明案件的主要事实，得出罪行系何人所为及如何为的结论。从司法实践看，完全运用间接证据定案与有直接证据时的定案存在一定区别，在实践中应更加慎重，严格遵循以下证据的审查判断规则：(1) 每一间接证据须查证属实，不存疑问；(2) 每一间接证据确与案件事实均有客观联系，能够证明案件事实的某一方面或者环节；(3) 各间接证据之间须协调一致，没有矛盾；(4) 各个间接证据必须形成一个完整的证据体系，足以得出唯一的、排他的肯定结论。

死刑案件中间接证据定案则需更加慎重，但是也无须排斥和不敢以间接证据定案。杨某故意杀人案[②]可以提供实践参考。"基本案情如下：被告人杨某，男，1984 年 2 月 2 日出生，农民。2002 年 11 月因犯故意伤害罪被判处管制 1 年。因涉嫌犯故意杀人罪于 2005 年 11 月 8 日被逮捕。

---

① 比如古丽波斯坦·巴吐尔汗贩卖毒品案，涉及司法机关查获部分毒品后，被告人主动交代了实际贩毒数量，并达到死刑数量标准的，如何量刑，载《刑事审判参考》2011 年第 6 集（总第 83 集）；蒋文正爆炸、敲诈勒索案——余罪自首中如何认定"不同种罪行"和"司法机关已掌握的罪行"，载《刑事审判参考》2011 年第 3 集（总第 80 集）等。

② 系【512 号】案件，收录于《刑事审判参考》总第 65 集。

北京市人民检察院第二分院以被告人杨某犯故意伤害罪，向北京市第二中级人民法院提起公诉。

北京市第二中级人民法院经公开审理查明：

2005年9月27日16时许，被告人杨某在北京市丰台区五里店南里27号楼2单元002号，因感情问题与李某某（女，殁年26岁）发生争执，杨某持菜刀砍击李某某的颈部、腕部，造成李某某左侧颈总动脉破裂、左侧颈静脉完全离断，致李某某急性失血性休克死亡。杨某自杀未遂被当场抓获。

上述事实，有下列证据证实：

1. 证人党某某的证言：我和女友李某某同租住在丰台区五里店27号楼地下室，杨某是李某某单位的保安，想要和李某某交朋友，总给李某某打电话。2005年9月25日杨某曾把李某某带到香山，让李某某和他交朋友。26日22时许，我和石某陪李某某到苏州桥附近见杨某。我听李某某说杨某还不肯放手后，想约几个朋友教训他一下。27日1时许，李某某打电话约杨某到五里店附近见面，我和石某、田某、宋某某等朋友在附近等着，后警察来了，李某某说杨某跑了，并和警察说了近几天发生的事。27日16时许，我收到李某某发的内容为“报”字的短信，因26日晚我们说好如果杨某来就发短信告诉我，所以我就打“110”报警说丰台区五里店27号楼地下室有人持刀行凶，之后我跑回租住处，但打不开门，敲门没人回应，我就到地下室外的半阳台处往里看，李某某在卫生间里晃了一下，我叫她，她让我走，我觉得不对劲就没离开。警察来了后，我说那男的就在地下室的屋里，警察敲门没反应。我带民警到南侧阳台，阳台的铁丝网被人弄开一个大洞，里面对着的卧室有窗帘挡着，李某某在里面求我走，接着就是她被捂嘴发出的唔声。警察打电话叫来增援人员后，先来的两个警察从半阳台下去进屋开了门，我进屋后见李某某趴在地上，杨某仰面躺在地上，二人浑身是血，我打了“120”十多分钟后，医生和李某某的母亲都来了。

2. 证人李某的证言：2005年9月27日16时许，我和刘某某接“110”报警称五里店小区27号楼地下室有人被劫持。到现场后，一个男的过来说有一男子要劫持她女朋友，两人都在屋里。我们用他的钥匙打不开门，喊话也没有回应。这时那男子过来说后面阳台有个洞。我和那男子到楼南侧的阳台，看见护网被弄开个洞，里面的窗帘是拉上的。我对里面喊话，那个男的抢过警棍要跳进去，并说听到他女朋友说话了，我劝他不要冲动。几分钟后增援警察到了，刘某某和我先后从洞口下去，刘某某用警棍打破玻璃后开了门。我们进去后见一个女的头朝北趴在地上，一个男子仰面躺在地上，脖子上有个大口子，一会儿“120”医生来了，说女的死了，男的还活着。

3. 证人刘某某的证言：2005年9月27日16时许，我和李某到现场后，一个男的说屋里有个男的劫持了他女朋友。我们到地下室但打不开门。报警的人说阳台被弄了个洞，可能对方是从那进去的。李某和他过去看，我留在门口敲门，并给其他警察打电话让他们过来。他们到了后，我到楼南侧的阳台，和李某先后从洞里跳进去，我撩开窗帘时看见卧室地上躺着一男一女，地上有很多血。我打碎阳台门玻璃伸手进去开了门，并让人赶紧打“120”，李某进屋打开了房门。屋里的男子仰面躺着，脖子上有个大口子，女的趴在地上。急救车来后，医生说女的死了，男的还活着。

4. 证人石某的证言：2005年9月26日23时许，因一个男的纠缠党某某的女朋友李某某，党某某让我和他一起陪李某某到苏州桥附近去见那个男的和他的亲戚，到那后我和党某某在附近等着。27日零时许，李某某去见过那个男的和他亲戚后回来，说那人还缠着她，不听他亲戚的。

5. 证人田某的证言：2005年9月27日2时许，因一个男的纠缠党某某的女朋友“小雪”，我与宋某某、石某、党某某、“小雪”等人在五里店小区附近欲找那个男的。那男的来了后，“小雪”过去了，我们在原地等着。这时来了辆警车，“小雪”过来说那个男的报的警，警察来时他走了。警察问完“小雪”

话后走了。

6. 证人宋某某的证言：2005年9月27日2时许，因一个男的纠缠党某某的女朋友李某某，我与田某、石某、党某某、李某某等人在五里店小区附近欲找那个男的。那个男的到后与李某某谈了话，后来就报警了。我们几个人没找到那男的，警察到场问明情况后我们就走了。

7. 证人杨某某（杨某的叔叔）的证言：2005年9月27日16时许，杨某给我打电话说把他的尸体放到香山去，还说有人和他一块死，一个女的接过电话说控制不了他，我刚问"你是谁呀"，杨某就把电话挂了。后来杨某某告诉我杨某可能在五里店小区，我就报警了。

8. 证人阎某的证言：杨某是我的亲戚，2005年9月25日他给我打电话说要和女朋友在香山自杀，但他女友"小雪"在电话里说不想死，我让她把杨某给劝回来。9月26日23时许，我为杨某约了李某某，让他们见面说清楚后，杨某就回老家，他们见面后杨某还是不愿意走，最后我把杨某劝走了。9月27日16时许，杨某给我打电话说他俩要去死，我认为是开玩笑，后警察来找我才知道出事了。

9. 证人张某（李某某的朋友）的证言：2005年9月26日李某某说25日杨某曾强行把她带到香山想和他交朋友。9月27日13时许，李某某发短信告诉我在收拾家，后来就联系不上了。我和李某某在一起的时候，杨某总给李某某发短信或打电话。

10. 证人杨某某（杨某的亲戚）的证言：2005年9月初，我帮杨某送过李某某回丰台区五里店小区。9月27日19时许，杨某某（杨某的叔叔）给我打电话问杨某在哪，我说可能在丰台区五里店小区李某某的住处。

11. 证人尹某某的证言：杨某2005年夏天在汉华购物中心当保安时脾气挺火的，还说过如果女朋友不跟他交往就杀了她。

12. 证人王某的证言及辨认笔录：我与李某某及其男友在丰台区五里店27楼2单元地下室共同租住，杨某也曾到过李某某的租住处。2005 年 9 月 27 日 14 时许我回屋时李某某一个人在屋，后我走了。王某辨认出刀身有不规则孔的菜刀是她住那儿时用过的。

13. 证人张某（李某某母亲）的证言：党某某是李某某的男朋友，二人租住在丰台区五里店小区 27 号楼 2 单元地下室，有个女的和他们同住，住处厨房有两把菜刀。

14. 证人金某（北京市急救中心员工）的证言：2005 年 9 月 27 日 16 时 46 分，我们接到通知说丰台区五里店小区 27 号楼地下室有人受伤，到现场后发现屋内床上有血和菜刀，一个女的趴在地上，脖子两侧有锐器切割伤，一个男的仰面躺在地上，颈部有锐器切割伤，左手腕有切割伤。女的已经死亡，男的还有呼吸。

15. 证人王某某证言：2005 年 9 月 28 日我们在市公安局法医中心对李某某尸体进行解剖时，邀请了其他法医到现场指导。9 月 29 日，又邀请了市局法医中心的专家到场进行复核。经复核现场血迹分布，结合尸体创口情况，认定李某某的创伤为他人用锐器（砍刀类）砍切颈部，造成左侧颈总动脉破裂、左侧颈静脉完全离断，致急性失血性休克死亡，排除自杀的可能性。

16. 证人李某甲的证言，证实救治杨某的情况；证人李某甲的证言，证实将房子出租给李某某的情况；证人霍某某的证言，证实李某某工作单位情况及李在丰台区五里店小区租住。

17. 现场勘查笔录及现场照片证实：现场位于北京市丰台区五里店南里 27 号楼 2 单元 002 号南卧室，屋内西墙及南侧房顶有甩溅血迹，床上有血泊及带血的塑料柄菜刀、木柄菜刀各一把，地面有滴落及甩溅血迹。室内地面头北脚南俯卧一具女尸，头部及上半身有大量血迹。南侧阳台顶部铁丝护网有方形撕开处。

18. 北京市公安局丰台分局法医检验鉴定所出具的尸体检验鉴定书证实：李某某符合被他人用锐器（砍刀类）砍切颈部，造成左侧颈总动脉破裂、左侧颈静脉完全离断，致急性失血性休克死亡。

19.《工作说明》，证实公安人员咨询鉴定人尹某某得出鉴定结论的情况。

20.《关于李某某死亡一案的专家会诊意见》证实：根据下颏创口及颈部损伤创缘整齐、创道深达椎体、椎体可见砍痕等损伤特征，分析李某某颈部之损伤符合他人形成。

21. 北京市公安局法医检验鉴定中心出具的生物物证鉴定书证实：现场及现场物证上血迹分别为李某某和杨某各自所留或二人混合所留，其中菜刀1、杨某左鞋、裤子、内裤上血迹为杨某所留，菜刀2、杨某右鞋、李某某指甲上血迹为李某某和杨某混合所留。

22. 接受刑事案件登记表、“110”接处警记录、到案经过、工作说明证实报案、破案情况和刘某某、李某出现场经过。

23. 手机通信记录证实2005年9月27日16时许李某某给党某某发短信的内容及李某某与杨某某、杨某、党某某、阎某等人通话的时间。

24. 户籍证明、考勤表证实被告人身份、工作情况及被害人身份情况；河北省肥乡县人民法院（2002）肥刑初字第165号刑事判决书证实杨某前科情况。

以上证据经庭审举证、质证，法庭审查属实，予以采信。

庭审中，杨某辩称李某某系与其一同自杀，其没有故意杀人。侦查期间，杨某一直保持沉默，拒绝回答讯问，仅有的一次供述称李某某在案发前说自己有病，经常吐血，没有钱看病，说要跟其一起死，就自己拿刀先抹脖子，然后其用菜刀砍自己脖子，又割了左手腕，后来晕倒了，醒来就在医院。其辩护人提出，没有任何直接证据证实杨某故意杀害李某某，认定李某某系杨某杀害的证据不足，请求法院按疑罪从轻处理。

本案中，被告人杨某拒不认罪，没有证人在现场目击杨某动手杀害李某某，亦无监控录像等其他直接证据，在案所有有罪证据都是间接证据。如本案的尸体检验鉴定书和专家会诊意见，仅能证明李某某系他杀，而不能证明是谁实施了杀人行为。但是，审查本案的诸多间接证据，我们认为，完全可以形成一个完整证据链，得出指控罪名成立的结论。首先，所有的间接证据经查证都是客观真实的。如部分证人虽系被害人的朋友，与被告人存在一定的利益冲突，但他们的证言与被告人亲属的证言能够相互印证，不存在作假证问题。再如，参与鉴定的法医、参加会诊的专家均有合法的鉴定资格和多年的法医临床检验鉴定经验，且专家会诊意见结合尸检情况对李某某的死因进行了详细分析，最终得出的结论是一致的，不存在不同意见或提出存疑问题，故作为本案最关键证据的尸体检验报告、专家会诊意见也是客观、可信的。其次，这些间接证据分别证实本案事实的某一方面，相互结合，共同证明一个完整的事实。具体体现在：（1）证人阎某、张某、尹某某、杨某某的证言相结合，证明被告人杨某有以自杀、杀人方式胁迫李某某与其交友的心理倾向，具有杀人动机。（2）证人党某某、阎某、石某、田某、宋某某、杨某某的证言相结合，证明被害人李某某与杨某虽存在感情纠葛，但无自杀或和杨某相约自杀的想法。（3）证人党某某、刘某某、李某、王某、杨某某、张某的证言和现场勘查笔录、生物物证鉴定书相结合，证明党某某等到达现场后李某某尚未死亡，现场房内只有杨某、李某某二人，杨某有作案条件，并可排除第三人作案。（4）尸体检验鉴定书、专家会诊意见和法医王某某的证言证明被害人李某某系他杀，排除了自杀可能。这些间接证据综合起来形成的唯一的、排他性结论是：被告人杨某故意杀害了李某某。一审宣判后，杨某服判，未提出上诉，这也在一定程度上印证了上述分析结论。该案例生动诠释了实践中间接证据定案规则的运用。

第六章　刑事再审程序中的证据问题

刑事再审程序是针对已生效裁判进行救济与纠错的程序。在司法实践中，证据的运用集中在再审理由中“新证据”“证据不确定、不充分或主要证据之间存在矛盾”的理解；如何通过再审中证据规则的适用纠正冤错案件。

本部分在厘清再审基本模式后，针对“新证据”与纠正冤错案件展开分析。

第一节　刑事再审程序基本模式选择

刑事再审程序是针对已生效裁判进行的再次审理，因此其遵循的基本理念和原则涉及再审程序的基本模式，进而影响再审程序的审理范围、方式等问题，与再审程序中的证据规则适用息息相关。

如前所述，在世界范围内和联合国刑事司法准则的层面上，均认可一事不再理原则。对于该原则的不同立法选择体现了各国刑事再审程序的不同模式。英美法系一事不再理原则体现为禁止双重危险。禁止双重危险规则（the rule against double jeopardy）是指国家不得对任何人的同一行为进行再次追诉和惩罚。该规则是英美法系刑事诉讼程序中一项基本原则，在大陆法系国家称为一事不再理原则（ne bis in idem），但后者是适用于刑事和民事诉讼的通称。一事不再理原则（禁止双重危险）是一项人权保障原则。

笔者认为，作为特殊救济程序的刑事再审要吸收该原则的基本精神，依据司法改革的精神，完善刑事再审模式。刑事再审要从实事求是、有错必纠走向重在依法纠错，维护裁判权威，这隐含一罪不二审之意。

对于一事不再理原则的立法，世界各国和地区做法不一，大致分为两种模式：不采取例外模式，即不允许提起对被判决人不利的再审，如美国、法国、日本；采取例外模式，即在特定情况下允许提起对被判决人不利的再审，如英国、德国、俄罗斯以及我国台湾地区。英国是禁止双重危险的发源地，长期不搞例外，导致一些严重犯罪分子逍遥法外，社会公众强烈不满。[①] 在这样的背景下，英国于2003年11月20日通过的《2003年刑事司法法》（*Criminal Justice Act* 2003），对禁止双重危险规则进行了改革。根据该法，在英格兰和威尔士，对二十九种非常严重的犯罪包括故意杀人、强奸、贩毒等，如果发现新的和令人信服的证据证明原无罪判决确实存在错误，允许对被判决人再次追究。该新规定适用的严重犯罪的法定最高刑是无期徒刑，并且犯罪对被害人或者整个社会的危害后果特别严重。[②]

联合国1984年人权事务委员会在对第14条第7款规定的一罪不再审原则所做的13号一般性评论意见中提到对该原则的保留问题，认为该原则是存在例外的，文件指出：“在审议缔约国报告时往往对第14条第7款的规定的范围产生不同的意见。有些缔约国认为必须对刑事案件的恢复审判程序持保留意见。委员会觉得大多数缔约国对在例外情况下恢复审判和依第7款所载一罪不二审

① 例如有一个名叫弗莱德·福尔曼的人，曾因多起杀人案件遭到起诉。但由于此人十分狡诈，反侦查能力极强，追诉机关搜集证据一直特别困难，因此，此人虽数次被带入法庭，但却屡次被陪审团宣告无罪，一直逍遥法外。1996年，福尔曼出版了一本叫《尊重》的自传。在该书的封面，福尔曼自称“英国犯罪总经理”。书中福尔曼记述了他20多年前实施的数起杀人行动。但是，根据英国当时法律，由于当年陪审团对福尔曼的案件作出了无罪判决，即便今天有了新的证据，也不能对福尔曼再行起诉。因此，福尔曼依然可以逍遥法外。英国公众认为，福尔曼发表自传，向社会公开讲述自己杀人但却逍遥法外的历史，显然是在嘲弄英国的刑事司法制度，同时也是对整个社会的一种挑战，对被害人也是最大的不公和伤害。有的学者指出，福尔曼事件使英国的刑事司法制度声名狼藉。

② 详见 www. hmso. gov. uk/acts/acts2003/30044 – af. htm，www. hmso. gov. uk/acts/acts2003/30044 – – k. htm，www. hmso. gov. uk/acts/en2003/2003en44 – a. htm。

原则禁止进行重审这两点明确地加以区别。了解一罪不二审这一词的意义可能会促使缔约国重新考虑它们对第 14 条第 7 款规定所持的保留意见。"① 2004 年 9 月在北京召开的第十七届国际刑法大会新通过的《专题四：国内和国际刑事司法管辖权竞合和"一事不再理"原则决议》，既确认一事不再理原则是"司法公正、法律确定性、适当性和法院判决权威性的一项要求"，同时又指出一事之再理，"只能是在符合正义的最高利益和法律明确规定的特别情况下，尤其是在有利于被告的情况下才可以被允许。"可见，一事之再理主要适用于有利于被告，但不利于被告也不是绝对不允许。

人权保障应当是我国实行法治、进行立法和司法活动的基本理念，也是刑事诉讼法的基本理念。一事不再理或者说禁止双重危险规则是符合法治、人权保障理念的。我国的《刑事诉讼法》虽然从来没有规定禁止双重危险规则，但是我国已经签署了联合国《公民权利和政治权利国际公约》，公约所规定的禁止双重危险规则不可逆转地会在我国确立，问题在于如何确立。笔者认为，我国要确立一事不再理原则，并设立适当例外情形。因为一事不再理原则的核心在于保障人权，但是诉讼的目的不仅仅是保障人权，还要与惩罚犯罪的目的相平衡，而且还必须考虑到我国民众的承受能力。在我国，如果原判以事实不清、证据不足判被告人无罪，后来发现新的证据证明被判决人确实有罪，特别是罪行比较严重，在此情况下如不加以改判，可能放纵罪犯，甚至放纵严重犯罪分子，这必然对社会治安产生负面影响，民众也难以接受。当然，例外的设计必须合理，从严掌握，否则就会否定禁

---

① 参见人权事务委员会 13 号一般性评论意见第 19 段。英文原文是：General Comment13, in considering States reports differing views have often been expressed as to the scope of paragraph 7 of article14. Some States parties have even felt the need to make reservations in relation to procedure for the resumption of criminal cases. It seems to the Committee that most States parties make a clear distinction between a resumption of a trial justified by exceptional circumstances and a re – trial prohibited pursuant to the principle of ne bis in dem as contained in paragraph 7. This understanding of the meaning of ne bis in dem may encourage States parties to reconsider their reservations to article14, paragraph 7.

止双重危险规则。

这个模式最核心的体现在于再审理由的确立。再审理由是指启动刑事再审的必备缘由，实际上也即再审申诉的理由。它与再审改判理由在某种程度上也是一致的。立法上明确、科学地规定再审理由是重构再审程序的前提，也是改革申诉制度的关键所在。“确有错误”的再审理由过于笼统，且与现代司法理念不太符合，所以需要重新构建。基于以上情况，具体再审理由的设计要区分有利于被判决人和不利于被判决人两种情况。

关于有利于被判决人的再审理由。根据上述我国《刑事诉讼法》第242条规定[①]的提起再审的情形及司法实际，并参考法国、俄罗斯等国刑事诉讼法典的规定[②]，笔者认为凡存在以下情

---

① 我国《刑事诉讼法》第242条规定，当事人及其法定代理人、近亲属的申诉符合下列情形之一的，人民法院应当重新审判：(1) 有新的证据证明原判决、裁定认定的事实确有错误，可能影响定罪量刑的；(2) 据以定罪量刑的证据不确实、不充分、依法应当予以排除，或者证明案件事实的主要证据之间存在矛盾的；(3) 原判决、裁定适用法律确有错误的；(4) 违反法律规定的诉讼程序，可能影响公正审判的；(5) 审判人员在审理该案件的时候，有贪污受贿，徇私舞弊，枉法裁判行为的。

② 法国《刑事诉讼法》第622条规定：“有下列情况之一，任何人可以为任何被判定犯有重罪或轻罪的人对已确定的刑事判决进行申诉：1. 在判处杀人罪以后，有足够的证据证明所认定的被杀害的人仍然存活；2. 在判决一项重罪或轻罪以后，对同一案件事实又作出另一新的裁定或判定，对另一被告人定罪判刑，而这两个判决不能统一并存，其矛盾证明其中有一名被判罪人是无辜的；3. 在定罪以后，证人之一被追诉并判定对被告人犯有伪证罪；因此，在新的审理中被判罪的证人，不得再行作证；4. 在定罪以后，以提供或揭发出原判决法院在审理时所不知悉的新的事实或证据，足以对被判罪人是否有罪产生怀疑。”俄罗斯《刑事诉讼法》第413条详细规定了新的情况和新发现的情况而恢复刑事案件诉讼的根据，其中指出新发现的情况包括：“1. 已经发生法律效力的法院刑事判决确认，被害人或证人故意做虚假陈述、鉴定人的故意提供虚假鉴定结论，以及伪造的物证、侦查行为、审判行为笔录和其他文件，或者翻译人员做故意不正确的翻译，导致作出了不合法的、没有根据的或不公正的刑事判决，导致做出了不合法的或没有根据的裁定或裁决；2. 已经发生法律效力的法院刑事判决确认，调查人员、侦查员或检察长的犯罪行为导致作出了不合法的、没有根据的或不公正的刑事判决，导致作出了不合法的或没有根据的裁定或裁决；3. 已经发生法律效力的法律刑事判决确认，法官在审理该刑事案件时实施了犯罪行为。”

形之一的，致使原判在事实认定、法律适用上确有错误，均可以提起有利于被判决人的再审，（1）发现原生效裁判所依据的实物证据系伪造、变造，或者原审所依据的言词证据经查证为不真实或者是采取刑讯等非法手段取得的，不具有可采性。（2）同一案件事实，发现新的犯罪人，足以证实原判有罪人为无辜的。（3）据以定罪量刑的证据未达到法律规定的证明标准的，即证据不确实充分。（4）发现新证据，与证明原裁判事实的证据存在严重矛盾的。（5）适用法律上的错误。各国刑事诉讼法对此未做具体规定，结合我国司法实际，主要指违反刑法关于犯罪构成的规定、违反追诉期限规定以及量刑违反刑法规定等。（6）审判人员、检察人员、侦查人员在办理该案件过程中有索贿受贿、徇私舞弊、枉法处理行为的。

应当注意的是：有利于被判决人的再审所纠正的错误并非所有错误，而只应包括：第一，在性质上将无罪错判有罪，这种情况下，无论重罪还是轻罪都应当予以纠正。第二，定罪量刑畸重的，包括轻罪错判成重罪和量刑上畸重。量刑畸重一般是指在定罪没有错误的情况下，超出了刑法法定刑的量刑幅度；刑种上加重；或者刑期上明显重于适度量刑。考虑到既判力和诉讼效率，如果在定罪量刑上偏重的，如罪名偏重，但量刑差不多或者量刑在法定幅度内，稍重于适度刑等略有不公的情况，就不宜提起再审了。

关于不利于被判决人的再审，是指根据法律规定的理由提起再审可能改判被判决人有罪或者加重刑罚的。德国《刑事诉讼法》第362条规定了以下四种情况可以提起不利被判决人的再审：（1）审判时作为真实证书对受有罪判决人有利地出示的证书，是伪造或者变造的；（2）证人、鉴定人犯有故意或者过失违反宣誓义务，或者故意作出违背誓言的虚假陈述之罪，作出对受有罪判决人有利的证词、鉴定；（3）参与了判决的法官、陪审员，在与案件有关的问题上犯有应处罚的违反其职务义务的罪行；（4）被宣告无罪人在法庭上、法庭外做了值得相信的犯罪行为自白。这些具体情形可供我国再审立法时参考。笔者认为在我国，作为禁止双重危险规则的例外，不利于被判决人的再审理由应当严格限于：（1）严重犯罪漏判的，即原判因证据不足判为无罪，后来发现新的证据证明原被判无罪的人确实实施了严重犯罪。严重犯罪是指实际刑罚可能判处有期徒刑 10 年以上的。在我国《刑法》中，有期徒刑 10 年是个重要的分界线。至于再审改判可能判处 10 年以下有期徒刑的就不再启动再审了。（2）由于以下两种情形导致错判无罪、重罪轻判、量刑畸轻的：①审判人员、检察人员、侦查人员在办理该案件过程中有索贿受贿、徇私舞弊、枉法处理行为的；②被判决人方串通证人、鉴定人作伪证、虚假鉴定的。诉讼公正不允许当事人从其不法行为中获利，因此对于由被判决人方的行为引起的枉法处理必须加以纠正，这也可以说是咎由自取。当然，这种行为必须查证属实。

程序违法是否都能成为再审理由以及如何限定，是个需要进一步探讨的问题。在大陆法系国家，程序违法的特殊救济一般有专门的纠错程序，如法国的总检察长因法律利益提起的非常上诉，日本的非常上告。在我国，最高人民法院《关于规范人民法院再审立案的若干意见（试行）》第 7 条规定，审判程序不合法，影响案件公正裁判的，应裁定再审。因此目前在我国，程序违法是否作为再审理由要看其是否影响案件公正裁判，此公正裁判是指案件的实体公正，这明显体现了我国《刑事诉讼法》对于实体真实的追求。笔者认为，对于程序违法可以分成两种情况来看，一是程序违法引起结果不公，则属于前面所述的再审理由的范畴；二是程序违法，而实体上并无不公正，对于这种情况是否要启动再审呢？回答是肯定的，为了尊重程序价值，对于这种情况迟早应当纳入再审理由的范围。程序有着独立于实体的价值，是维护诉讼人权的关键。如果在一审、二审程序中存在严重的程序违法，则应当启动再审予以纠正，哪怕实体部分没有任何改变，有了这种理念和规定，程序的价值就会真正在刑事诉讼法中扎下根。目前以下严重的程序违法可以作为再审理由：（1）违反公开审判规定的；（2）违反回避制度的；（3）审判组织的组成不合法的；（4）剥夺或者明显限制了被告人的辩护权的；（5）一审未经开庭审理而作出判决的；（6）其他严重违反程序公正的情况。[①]

第二节　刑事再审程序中的新证据问题

刑事再审理由中，如果出现新的证据，足以推翻原生效判决，则应当启动再审。可以说，刑事再审程序的新证据问题是该程序最有特色的话题，涉及新证据的标准认定和程序操作。

从诉讼理论而言，新证据具有两个基本特性，即崭新性和显著性，详言之，对于新证据有两个方面的要求：一是形式要求，讨论的是哪些证据算是新的证据即证据的崭新性。二是证明要求，讨论的是这些新的情况或者新的证据对案件事实认定产生影响的程度，即证据的显著性，这是新证据的实质要件。

从比较法而言，新证据的崭新性是指对于法官而言是新发现的证据，而不论是否之前客观存在。如在德国，证据的崭新性被理解为证据对法院来说具有崭新性，因此即使受有罪判决之人已知悉有利于己的证据但是因懈怠而没有向原审法院提出主张，这种证据也不会丧失其崭新性。在法国，证据的崭新性也是被理解为对法官而言的具有崭新性。判决生效后证人改变证言，改变后的证言是新证据吗？判决生效后被判决人请鉴定人对原审中已经请专家鉴定过的专门性问题作出新的鉴定结论，该鉴定结论是新证据吗？这很大程度上决定了新证据的范围。现代各国一般都认为即使某证人曾经在前审中出过庭，只要存在以下两种情况该证人仍然能被认定为新证人：一是在原审中该证人因行使了拒证权

① 2004年9月通过的《广东省法院再审诉讼暂行规定》第19条列举了可以提起再审的程序违法的情况，有一定借鉴意义。

而没有作证，但其后又愿意作证的。二是该证人在原审中曾经以证人的身份出庭作证也确实作证了，但此后仍然愿意再次出庭作证并且其再次作证所陈述的内容属于新事实。①

新证据的显著性是指即其证明力足以动摇原生效判决，涉及显著性的判断方式和程度。判断方式上存在，仅凭该新证据就足以推翻原判决（孤立评价说）和只要该新证据与原确定判决所依据的证据结合起来足以推翻原判决就可以了（综合评价说）。德国、日本采用的都是综合评价说。而显著性的判断程度各国都没有达到排除合理怀疑的程度，如在德国，新证据的显著性程度要达到“使得有理由宣告被判决人无罪或者对他适用较轻的刑法或科处完全不同的矫正及保安处分”（德国《刑事诉讼法典》第359条第5款）。

司法实践中，如何对待和确定新证据呢？比如在聂树斌案件中，王书金供述其作案是否是新证据呢？

最高人民法院《司法解释》给我们提供了基本的依据。第376条规定，具有下列情形之一，可能改变原判决、裁定据以定罪量刑的事实的证据，应当认定为《刑事诉讼法》第242条第1项规定的“新的证据”：（1）原判决、裁定生效后新发现的证据；（2）原判决、裁定生效前已经发现，但未予收集的证据；（3）原判决、裁定生效前已经收集，但未经质证的证据；（4）原判决、裁定所依据的鉴定意见，勘验、检查等笔录或者其他证据被改变或者否定的。该条文在崭新性上秉持新发现立场，但没有明确是否从法官角度而言。而在显著性判断方面，要求“可能改变原判”。笔者认为，应当从法官角度看待新证据，且采取综合评价方式进行显著性判断。故在聂案中，王书金的供述符合“新证据”的两个特点，属于“新证据”。

笔者在北大法宝上输入“刑事”“再审新证据”全文搜索，

① 参见黄士元：《刑事再审事由中的“新证据”、“证据虚假”和“证据不足”》，载《证据科学》2008年第6期。

只有9个案件涉及这个问题。通过个案统计分析可以提供丰富的实践经验。比如，于某某危险驾驶罪。[①] 文书阐述“因本案出现新证据，本院决定再审。再审中，原审被告人于某某认罪，对原审起诉书指控的事实及证据没有异议，且不做辩解。原检察机关的再审公诉意见与原审公诉意见一致。经本院再审查明的事实与原审查明的事实一致。另查明，原审被告人于某某患有高血压病3级和冠心病。上述事实，有原审被告人于某某当庭供述及控辩双方原审中举证的证据和再审新证据证实，对原审证据控辩双方再审中的质证意见与原审一致。本院再审依法取得新证据两份：一是2015年11月30日和2016年1月27日大庆市第六医院出具的门诊诊断书各一份，证实于某某患有疾病。二是2015年12月14日大庆市第四看守所出具的“看守所不予收押通知书”一份，证实于某某因病未羁押”。本案中量刑证据发生变化，因此由原审的“判处拘役六个月”改成“判处拘役六个月，缓刑一年”。

第三节 刑事再审程序与冤错案件的纠正
——从证据规则构建的角度

在中国当前的司法环境下，冤错案件的预防与纠正是大家特别关心的话题。冤错案件的预防涉及整个刑事诉讼程序乃至司法体制的改革完善，重点在于一审、二审程序。从再审的层面上而言，涉及的是纠正问题。

在展开具体的探讨之前，笔者认为首先要界定冤错案件，从文义上而言，冤错案都属于错案范畴，冤案是指冤枉无辜的案件，而结合前一问题探讨的再审一事不再理原则精神，笔者只探讨冤案的纠正问题。

① （2016）黑0606刑再1号。

2013年以来，全国法院纠正重大刑事冤错案件34起，[①] 比较典型的是浙江张氏叔侄案和河北聂树斌奸杀案。十八大之前，谈论比较多的是杜培武杀人案、赵作海杀人案、佘祥林杀妻案。这些案件有以下几个特征：第一，能够得到平反的主要原因是真凶出现或者亡者归来，证据方面存疑作出纠正的常态机制尚未完全确立；第二，所有已经发现的冤错案件都存在刑讯逼供的影子；第三，罪名集中在故意杀人等。

在此，重点从聂树斌案再审判决书出发谈谈再审中证据规则的运用。聂树斌案再审判决书共计1.4万余字，其中1.2万字是阐述证据的审查与运用，尽可能地“让证据说话”是其最大特色。除了文书的结构进行了创新外，文书立足于证据裁判原则，体现了多个证据规则的运用。

第一，关联性规则。聂案再审判决指出原审定案证据体系存在九大问题，首要的便是聂树斌的抓获经过与康某被害案之间缺乏关联性。“关联性是证据进入诉讼的第一道‘门槛’，是证据的首要属性。”证据要与待证事实之间有“关联性”。如果缺乏关联性，则不是适格的证据，不可以进入诉讼中，更不得作为定案依据。案件中的关键物证——花上衣，也是首先从证据关联性入手，指出现场勘查提取到的缠绕被害人尸体颈部的花上衣，其来源无法查清，由此该花上衣与被告人之间的联系难以确定。

需要指出的是，在司法实践中，抓获经过是非常重要的证据材料。其通常是刑事案件侦破过程中侦查机关第一时间收集到的证据材料，也是所有证据中最为直接并相对更为客观的第一手材料，抓获经过不仅关系到定案，而且对案件来源、立案时间、强制措施的运用等程序性事实，以及自首、坦白、悔罪等量刑情节都能起到重要的证明作用。司法实践中，许多法官的阅卷习惯是

---

① 《最高法数据报告：4年多纠正重大刑事冤错案34起》，载 http://news.xinhuanet.com/legal/2017-07/08/c_1121284694.htm。

按照案件发生顺序进行的，首先关注的是抓获经过。

第二，证据排除规则。证据排除规则的典型代表是非法证据排除，在我国现阶段还主要是瑕疵证据的补正问题，这两个规则均将焦点指向取证程序和手段。比如文书从证据合法性入手，指出辨认程序没有依法进行，导致用于被告人辨认的花上衣与缠绕尸体颈部的衣物是否同一存在疑问，由此认定花上衣为被告人故意杀人的作案工具的证据不足。裁判文书还指出包括现场勘查无见证人违反规定，辨认、指认不规范等程序违法问题。又如文书明确指出，聂树斌有罪供述的真实性存疑，且不能排除指供、诱供可能。“对办案机关是否存在刑讯逼供、指供、诱供等非法取证行为，经审查原审检察人员和审判人员讯问聂树斌的材料、一审开庭笔录、原审辩护人的有关证言以及原办案人员的解释，没有发现原办案人员在制作这些笔录时实施刑讯逼供的证据。但是，聂树斌曾经供述自己本来想不说，后在办案人员‘劝说和帮助下说清整个过程’；聂树斌供述偷花上衣的地点存在随证而变的情形；一些笔录显示讯问内容指向明确；参与现场勘查的办案人员曾称被安排到讯问场所与聂树斌核对案发现场情况等，故不能排除存在指供、诱供的可能。”这段分析非常精准、到位。需要注意的是，文书对是否存在非法取证立足于事实及证据进行判断，因没有发现原办案人员在制作讯问笔录时实施刑讯逼供的证据，而对申诉人的相关主张不予采纳等。这种合法性审查的司法立场及裁判思路，同样具有实践指导意义。

文书对于不同证据类型采取灵活多样的审查方式，对被告人供述主要从甄别其供述内容并结合其他相关证据或线索进行审查，对现场勘查及辨认、指认笔录主要从其有无违反程序规定的角度进行审查。

第三，再审的开庭方式问题——直接言词原则的体现。再审案件是否开庭审理，早在 2001 年最高人民法院就有规定。2001 年颁布的最高人民法院《关于刑事再审案件开庭审理程序的具体规定》做了很好的尝试，其第 5 条和第 6 条对哪些情况应当开庭哪些情况可以不开庭作出了规定。① 总体而言，笔者认为，存在事实分歧、可能作出不利于被判决人的再审结果以及检察院抗诉的案件，应当开庭审理，而因其他法律适用错误包括程序违法的情况的再审可以采用不开庭审理方式。2012 年《刑事诉讼法》修改后，配套的司法解释对该问题也有规定，即第 384 条规定，原审人民法院审理依照审判监督程序重新审判的案件，应当另行组成合议庭。原来是第一审案件，应当依照第一审程序进行审判，所作的判决、裁定可以上诉、抗诉；原来是第二审案件，或者是上级人民法院提审的案件，应当依照第二审程序进行审判，所作的判决、裁定是终审的判决、裁定。对原审被告人、原审自诉人已经死亡或者丧失行为能力的再审案件，可以不开庭审理。

在聂案中，原审生效裁判是二审，按照《刑事诉讼法》的规定，再审按照二审程序进行。聂案的特殊性在于，涉及事实争议，但是被追诉人已经死亡，此时开庭是否有意义？根据上述司法解释，可以不开庭审理。文书审理经过部分详细介绍了案件的诉讼流程，包括选择的庭审方式——书面审理，“本院对山东省高级人民法院的复查意见进行了审查，于 2016 年 6 月 6 日作出（2016）最高法刑申 188 号再审决定，提审本案。本院依法组成合议庭，根据《中华人民共和国刑事诉讼法》第二百四十五条第一款、《最高人民法院关于适用〈中华人民共和国刑事诉讼法〉的解释》第三百八十四条第三款之规定，依照第二审程序

① 第 5 条规定，人民法院审理下列再审案件应当依法开庭审理：依照第一审程序审理的；依照第二审程序需要对事实或者证据进行审理的；人民检察院按照审判监督程序提出抗诉的；可能对原审被告人（原审上诉人）加重刑罚的；有其他应当开庭审理情形的。第 6 条则对可以不开庭审理的案件加以明确：原判决、裁定认定事实清楚，证据确实、充分，但适用法律错误，量刑畸重的；1979 年《刑事诉讼法》施行以前裁判的；原审被告人（原审上诉人）、原审自诉人已经死亡、或者丧失刑事责任能力的；原审被告人（原审上诉人）在交通十分不便的边远地区监狱服刑，提押到庭确有困难的；但人民检察院提出抗诉的，人民法院应征得人民检察院的同意；人民法院按照审判监督程序决定再审，按本规定第 9 条第 4 项规定，经两次通知，人民检察院不派员出庭的。

对本案进行了书面审理。审理期间，本院审查了本案原审卷宗、河北省高级人民法院和山东省高级人民法院复查卷宗；赴案发地核实了相关证据，察看了案发现场、被害人上下班路线、原审被告人聂树斌被抓获地点及其所供偷衣地点，询问了部分原办案人员和相关证人；就有关尸体照片及尸体检验报告等证据的审查判断咨询了刑侦技术专家，就有关程序问题征求了法学专家意见；多次约谈申诉人及其代理人，听取意见，依法保障其诉讼权利；多次听取最高人民检察院意见。就附带民事诉讼部分通知原附带民事诉讼原告人康某2，其近亲属告知，康某2已去世，并表示不再参与本案诉讼。本案现已审理终结”。

聂案中在没有开庭的情况下，典型意义的直接言词原则没有承载的空间，所谓的证人出庭也没有必要，传闻证据规则也没有探讨空间。但是，合议庭成员在对证人证言的分析中，充分体现了裁判者与言词提供者的直接言词接触，最大限度上穷尽一切方式审查言词证据的真实性。

第四，体现了一系列司法实践中证据审查判断的经验和规则。(1）对于口供的审查，体现由供到证和由证到供思路的不同。在司法实践中，先证后供模式下，由于侦查人员掌握了一定的证据或者线索，遇到犯罪嫌疑人不认罪的情况，容易采取非法手段取证，口供的真实性值得怀疑。因此先证后供模式下，对案件事实认定的价值低。反之，从供到证的模式下，犯罪嫌疑人供述中得到物证等线索，尤其是隐蔽性物证，其对案件事实的认定价值较高。

(2）非常重视对客观性证据的运用。客观性证据往往有较强的证明力，重视客观性证据有助于减少对口供的依赖，从而确立其更加扎实的证据锁链。比如聂案中对于死亡原因的分析体现了对客观性证据的运用，“尸体检验报告对康某1死亡时间没有作出推断。本案因案发时尸体高度腐败，法医在尸体检验时没有提取、检验康某1的胃内容物以确定死亡时间。现场勘查时，尸体及周围布满蛆虫，但法医未根据尸体蛆虫情况对死亡时间作出推断”。

（3）确立了证据缺失的裁判思路。依照证据裁判原则，办案机关要依照法定程序，全面、及时收集能够证明犯罪嫌疑人、被告人有罪或者无罪、犯罪情节轻重的各种证据，并将这些证据通过庭审举证等方式提交法庭。但囿于各种原因，实践中有一些案件的证据（特别是有利于被告人的证据）虽然已经提取到，但在诉讼进行中被忽略甚至灭失而最终未能移交法庭裁判。例如聂案，被告人归案后前5天在侦查机关作过含有无罪辩解的供述，但相关笔录材料在原审卷宗中缺失。案发之后前50天内侦查机关对多名证人进行询问并制作了笔录，但这些证人证言也全部缺失。还有考勤表缺失。这些证据缺失还严重影响对具体证据的裁判和事实认定。再审判决书所指出的，“聂树斌被抓获之后前5天的讯问笔录缺失，严重影响在卷讯问笔录的完整性和真实性”；“原审卷宗内案发之后前50天内证明被害人遇害前后情况的证人证言缺失，严重影响在案证人证言的证明力”；“聂树斌所在车间案发当月的考勤表缺失，导致认定聂树斌有无作案时间失去重要原始书证”等。面对证据缺失如何裁判呢，该案再审判决提出：首先应由原办案机关作出合理解释，进而重新评估在案相关证据的证明力。当原办案机关对有关证据缺失不能作出合理解释时，法庭可以就缺失证据作出对被告人有利的裁判意见。这是一个有着重要现实意义的证据裁判规则，不仅为类似案件的办理提供了权威性的参照样本，也必将促进有关部门进一步规范诉讼行为、严格依法办事。

此外，聂案还体现出充分遵循经验和逻辑法则进行证据审查。如在评判本案原办案人员当年的行为和事后的解释时多次使用了“不合常理”这一表述；在对被告人供述进行客观性审查时，认为其关于偷拿花上衣自穿的供述不符合常识；等等。“从近年来纠正的冤假错案来看，很多案件从侦查之初，就不仅违背了法律规定的诉讼程序和办案规则，而且背离了常情常理，违背了生活的逻辑”，由此将案件的“侦查方向引入歧途，最后酿成冤错案件”。[①] 比如呼格吉勒图案，被告人是一个刚成年且涉世未深的年轻人，在主动向公安机关报案时因害怕而精神有些紧张，本属正常，但是办案人员却据此认为他有犯罪嫌疑以致弄假成真。[②] “生活经验虽然不能像理论法则那样揭示事物之间联系的规律性，但它揭示的事物之间的某种常态联系、某种程度的可能性或盖然性，也可以作为审查判断证据的重要依据。”[③] 对此，我国立法也是加以明确的。

① 胡云腾：《向群众和传统学习司法智慧》，载《中国审判》2016 年第 19 期。

② 参见于同志：《从聂树斌案再审看刑事证据裁判规则与方法》，载《法律适用》（司法案例）2017 年第 2 期。

③ 汪健等：《客观性证据审查模式探索》，载《检察日报》2015 年 8 月 25 日。

附录一：刑事证据制度司法适用中的问题

国家法官学院及分院承担全国法院系统法官的教育培训工作。为适应人民法院干部教育培训不断发展的客观需要，学院要求每一个到法官学院参加培训的学员带来审判实践中的问题、本院有特色的经验和对最高人民法院工作的建议，以进一步加大培训需求调研力度，不断增强法官培训的针对性、层次性和实效性。笔者所在的刑事审判教研部主要负责刑事法官的教育培训。笔者以2012~2015年国家法官学院刑事培训班学员提交的问题为基础，按照证据法学学科体系对其中的证据问题进行分类整理和编辑。这也是进行研究的重要实践基础。

2012~2015年刑事审判教研部承担了40余期培训班的培训工作，涉及预备法官班、副院长班、续职班和各具特色的专题研修班，包括刑事证据专题、量刑专题、刑事司法解释专题、新刑事诉讼法等。

2012年《刑事诉讼法》刚刚修改尚未实施，法官学院举办了三期大规模的《刑事诉讼法》培训班，参训的学员反映的问题主要是围绕对新法的理解和适用展开的。2013年《刑事诉讼法》开始实施，在运用新法的过程中，伴随着司法改革的深入，司法适用中的新问题逐步出现，老问题也呈现出新样态，因此本附录重点整理的是2013~2015年间培训班反馈的问题和提出的疑问。

一、证据论

新《刑事诉讼法》对证据概念和证据种类进行了修改，并且确认了行政机关收集的证据的合法性，还肯定了对技术侦查所获材料的证据资格。实践中对电子数据和技术侦查所获材料的运用问题颇多。

1. 电子数据的有关问题：电子数据这一类证据应当以何种形式提交给法庭？是否需要制作证据提取笔录，是否需要电子数据的持有人和见证人的签字？实践中此类证据多由公安机关以打印文本的形式归档到公安卷宗并移送，法院在案件审理过程中无法核实此类证据的真实性。

2. 现阶段，存在公安机关在侦查刑事案件中使用技术侦查措施搜集证据材料，但是该部分材料却拒绝向法庭提交，导致部分案件抓获经过或确定被告人有重大嫌疑的根据存疑，进而影响案件事实的认定。

3. 新《刑事诉讼法》规定了公安机关可以采用技术侦查措施，但是对于采取技术侦查措施获取的证据材料，如何保护相关方的合法利益、如何转化为证据，在司法实践中是个新的课题，需要进一步探讨研究。

4. 侦查机关采取电子监听、电话监听、手机定位等技术侦查措施取得的证据，能否作为定案证据使用？如何转化为法定证据种类？在判决文书中如何表述？

5. 技术侦查所获证据的使用：在实践中，通过技侦措施获得的证据并不规范，侦查机关在使用技侦手段侦查案件时往往没有审批手续；公安机关往往以保密为由拒绝随案移送技侦证据。

6. 在审理重大责任事故案件中，最关键的证据是安监局或政府关于事故责任的调查报告，该报告对于责任人责任的认定直接关系到被告人的刑事责任。如何认识事故调查报告在刑事诉讼中的证据地位和作用？当法官的认识与调查报告的认识不一致时如何采信证据？

二、证据规则

非法证据排除规则是目前实践中最为关注的证据规则，实践中存在非法证据认定难、排除难的问题，除了司法制度和观念的原因之外，相当一部分法官们认为规则本身还是不够明确，操作性要加强。而另一个关注的问题则是证人、鉴定人出庭难的问题依旧没有解决，这涉及对直接言词原则的具体适用，也涉及传闻证据规则。

（一）非法证据排除

1. 非法证据排除制度虽作出了具体规定，但实践中操作起来仍困难重重、阻力不断，特别是职务犯罪，希望对此出台更有效的推动办法。立法对非法证据排除的证据类型，非法证据排除程序、非法证据排除标准等都没有相对完善的标准。因认识不同，导致司法实践中各家法院的做法不统一，需要最高人民法院细化司法解释，增强司法实践的可操作性。

2. 实践中存在下列情况：受贿案件的被告人及辩护人在庭审中提出存在刑讯逼供，要求排除非法证据，要纪检委和反贪局出示讯问材料，证明存在刑讯。但纪委和反贪局不提供第一次谈话经过和案件来源，所提供影像资料仅有讯问图像，并无声音且光盘属压缩后快进图像，并不清晰。

3. 被告人提出在“双规”阶段被刑讯逼供，案件已移送检察机关立案侦查，检察机关将其在“双规”期间的有罪供述转化为讯问笔录并作为证据使用。这种证据该不该排除？如何排除？

4. 职务犯罪的案件中，被告人在纪委调查阶段有自书材料。但侦查阶段全盘翻供，对自书材料的形成问题提出了刑讯逼供的辩解。审判人员能否将自书材料当证据使用，若能用是否进行非法证据排除？

5. 排除非法证据程序的启动标准在实践操作中不够明确。无正当事由对被告人提外审，取得的口供是否一律排除？

6. 被告人在羁押期间作出多份供述，其中几份供述可能存在非法取得的问题，而其余多份供述是合法取得。采用非法证据排除规则，是对该被告人的所有供述予以排除，还是只排除存在可能非法取得的那份供述？

7. 侦查人员将犯罪嫌疑人提外审，对其进行殴打折磨和审讯，但不形成笔录，然后将犯罪嫌疑人送回看守所，过几天再正式提审并形成笔录，在审讯中不对嫌疑人刑讯逼供，只暗示或让嫌疑人感受到，如果不按以前的口供进行供述，极有可能会被再次提外审，所以又违心供述。那么，对这样的情境下制作的笔录要排除吗？是以后的供述都排除吗？

8. 非法证据排除的操作在实践中有以下几个问题：第一，非法证据排除程序是否必须公开进行。最高人民法院《关于适用〈中华人民共和国刑事诉讼法〉的解释》规定，开庭审理前，当事人及其辩护人、诉讼代理人申请排除非法证据，人民法院经审查，对证据收集的合法性有疑问的，应当召开庭前会议，就非法证据排除等问题了解情况，听取意见。但该解释对于应当公开审理的案件，有关非法证据排除庭前会议是否也必须公开进行未予明确，实践中存在较大争议。第二，非法证据排除的召集主体。对于非法证据排除庭前会议的召集主体，应当由本案合议庭全部成员组成还是仅由审判长或承办法官主持即可，存在不同认识。目前，我院的做法是由承办法官负责召集和主持。第三，非法证据排除调查结论的告知程序。按照司法解释的规定，人民法院对证据收集的合法性进行调查后，应当将调查结论告知公诉人、当事人和辩护人、诉讼代理人。但司法解释没有进一步明确调查结论的告知时间，以及告知方式应当符合哪些形式要件等，导致实践中做法不一，容易引发当事人质疑。

9. 法官对于证据的合法性问题审查难度较大。公诉人证明取证手段合法性的证明方法在设计上存在有效性与合理性的瑕疵。

10. 被告人一审审理期间认罪，二审期间提出刑讯逼供，是否有必要再次启动非法证据排除？

11. 对非法证据的排除在形式上、程序上应如何处理？在形式上，是以判决的方式、决定的方式还是以裁定的方式作出？另外在时间上，是在作出实体裁决以前单独进行排除还是跟实体裁决一起排除？以及针对非法证据排除控辩双方能否单独就非法证据排除法院所作出的决定提出上诉或者抗诉？

12. 合议庭以什么方式对非法证据的排除结果予以告知，是制作裁定书、决定书、还是要口头告知控辩双方，是否要用专门的文书格式并加盖公章？还是仅作为一般的证据认定，评议后即告知双方结果？

13. 非法证据排除的法律效力如何？一审排除的非法证据，合议庭、审委会评议、讨论案件的时候是否应汇报、审查该证据？如进行二审，二审法院是否还能理会该证据？一审决定排除的非法证据是否应附卷，以备二审、再审审查？二审、再审可否审查原审排除非法证据是否正确？

（二）证人、鉴定人出庭问题

1. 需要提高证人出庭率，保障证人证言能经庭审的举证质证，促使法官形成正确的心证。证人出庭率低是刑事诉讼中的一个普遍的问题，在基层法院的刑事案件审理中更是普遍。

2. 证人出庭经费无细则规定，无法保障。证人出庭作证问题在审判实践中很难得到落实，检察机关、证人对此都不积极；强制证人出庭还需要出台具体措施

3. 证人、鉴定人出庭落实不到位，由谁通知不明确。现有的证人出庭作证制度仍只是原则性规定，在实践中难以操作，特别是证人不愿出庭作证的情况下，法庭往往陷入尴尬境地。

4. 司法鉴定人出庭作证很难，多因路途遥远（2～4小时车程）、工作人员少等因素难以协调相关工作。

5. 证人、鉴定人出庭问题：在审判程序上，《刑事诉讼法》修改所着重要求的证人、鉴定人出庭作证仍主要停留在纸面和培训阶段，真正操作起来由于配套制度仍未建立，难度很大。比如证人出庭作证的误工损失，各地财政均未列支，实际上没有任何保障；证人保护制度尚在探索阶段，没有成型的制度可供执行，证人害怕报复的心理阻止其出庭作证；又比如何时强制证人出庭

及如何强制；出庭鉴定人拒不接受出庭通知的现象非常普遍，由于案件特殊原因，又不能完全排除其鉴定结论的运用，势成骑虎难下的状态。

（三）其他规则

1. 口供补强规则的适用问题：需要补强的对象有哪些，是否包括共犯的口供？补强的程度如何？

2. 法院在何种情况下应向律师签发准予调查决定书？如果律师在未取得准于调查决定书的情况下得到的证据，是否要排除？

3.《刑事诉讼法》规定，公安机关在拘留犯罪嫌疑人时，应当立即送看守所羁押，不超过24小时。如何保证这24小时不刑讯？

三、证明论

刑事案件的证明难题一直存在，最为实践关注的是如何在个案中把握证明标准，认定案件事实。

（一）证明标准

1. 贩卖毒品案件中，被告人供述与吸毒人员证言部分不能相互印证的，根据证据裁判原则，贩卖毒品的事实应如何认定？是以被告人供述与证人证言能够印证的部分认定被告人贩卖毒品的事实，还是以证据不足，宣告被告人无罪？

2. 在一起强奸案件中，由于公安机关未及时立案侦查，一年才立案，导致案发时宾馆的监控视频、被告人陈某的通话记录以及体液、精液等证据都无法提取到，但被害人陈述了详细的案件经过，辨认出了被告人陈某，并说出了被告人手臂上有疤痕（之前相互不认识），同时还有3名女同案犯证实陈某当天与被害人发生了性关系。请问，在本案中无相关客观性证据的情况下，能否凭被害人陈述、3名同案犯供述定案？

3. 何谓形成完整的证据锁链？某盗窃案，被告人否定实施犯罪，也没有其他客观证据，仅有两名同案犯的供述和辨认能否认定被告人的犯罪事实？

（二）死刑案件的证据标准

1. 定罪事实基本证据充分，能够排除其他人作案，但部分其他证据因客观原因存在瑕疵，被告人情节特别恶劣，当处死刑。这种情况是否符合判处死刑立即执行标准，还是要判处死缓限制减刑为宜？

2. 证明标准上“死刑案件与非死刑案件允许有差别”，学理上如何理解？该种差别如何量化？

（三）其他

1. 对于一些案发时间久远的案件，由于当时侦查人员水平、侦查技术手段的不足，导致证据上存在欠缺，检察机关起诉至法院，被害人亲属也向法院施加压力，使法院处于定放两难的境地。

2. 涉及量刑的证据，如自首、立功、抓获过程等，请公安补查，公安不配合怎么办？

3. 律师可不可以到法院查阅、复制被告人的全程录音录像？

附录二：2010年以来《刑事审判参考》刊登的非法证据排除的案例

1.【第763号】王维喜强奸案——关于瑕疵证据的采信与排除；

2.【第823号】渚明剑受贿案——法院如何审查受贿案件辩方提出的非法证据排除申请；

3.【第869号】刘晓鹏、罗永全贩卖毒品案——如何把握非法言词证据的认定标准与排除程序；

4.【第926号】邢某、吴某故意杀人案——故意杀人案件中非法证据的审查判断及处理；

5.【第971号】李刚、李飞贩卖毒品案——如何审查未查获毒品实物的指控事实，以及在毒品案件中如何运用非法证据排除规则；

6.【第1038号】文某非法持有毒品案——如何审查判断是否存在刑讯逼供等非法方法收集证据的情形以及审查起诉阶段未审查排除侦查阶段刑讯逼供取得的有罪供述，继续获取的不稳定有罪供述是否应当排除；

7.【第1039号】李志周运输毒品案——如何把握证据收集合法性的证明标准，以及排除非法证据后案件的处理方式；

8.【第1040号】尹某受贿案——如何审查被告人在侦查阶段不同期间所作供述的合法性；

9.【1140号】郑祖文贪污、受贿、滥用职权案——如何处理以威胁方法收集的被告人供述及司法实践中对“重复供述”如何采信；

10.【1141号】吴毅、朱蓓娅贪污案——侦查机关通过疲劳审讯获得的被告人供述是否属于非法证据以及非法证据排除后是否对量刑事实形成影响。

主要参考文献

一、著 作

1. 张军主编：《刑事证据规则理解与适用》，法律出版社2010年版；

2. 杨宇冠：《非法证据排除规则研究》，中国人民公安大学出版社2002年版；

3. 张智辉主编：《刑事非法证据排除规则研究》，北京大学出版社2006年版；

4. 郑旭：《非法证据排除规则》，中国法制出版社2009年版；

5. 戴长林、罗国良、刘静坤：《中国非法证据排除制度原理·案例·适用》，法律出版社2016年版；

6. 吴宏耀等译：《比较法视野中的证据制度》，中国人民公安大学出版社2006年版；

7. 刘玫：《传闻证据规则及其在中国刑事诉讼中的运用》，中国人民公安大学出版社2007年版；

8. 陈瑞华：《刑事证据法的理论问题》，法律出版社2015年版；

9. 江必新主编：《〈最高人民法院关于适用《中华人民共和国刑事诉讼法》的解释〉理解与适用》，中国法制出版社2013年版；

10. 陈光中主编：《证据法学》，法律出版社2011年版；

11. 郭志媛：《刑事证据可采性研究》，中国人民公安大学出版社 2004 年版；

12. ［美］乔恩·R. 华尔兹：《刑事证据大全》，何家弘等译，中国人民公安大学出版社 2004 年版；

13. 樊崇义主编：《证据法学》（第三版），法律出版社 2004 年版；

14. 卞建林主编：《证据法学》，中国政法大学出版社 2000 年版和 2005 年版；

15. MeCormiek on Evidenee （sthed，），editedbyJohnW. Strong，Hornbook Series，ST. PAUL，MINN，1999；

16. 王进喜：《美国联邦证据规则（2011 年重塑版）条解》，中国法制出版社 2012 年版；

17. 陈瑞华：《刑事证据法学》，北京大学出版社 2012 年版；

18. 刘立霞等：《品格证据在刑事案件中的运用》，中国检察出版社 2008 年版；

19. 林钰雄：《刑事诉讼法》（上册总论编），中国人民大学出版社 2005 年版；

20. 宋英辉主编：《刑事诉讼原理》，法律出版社 2003 年版。

二、论 文

1. 陈光中：《改革、完善刑事证据法若干问题之思考》，载《证据法论坛》（第 8 卷），中国检察出版社 2004 年版；

2. 沈德咏:《论疑罪从无》，载《中国法学》2013 年第 5 期；

3. 于同志：《从聂树斌案再审看刑事证据裁判规则与方法》，载《法律适用》（司法案例）2017 年第 2 期；

4. 陈光中、曾新华：《刑事诉讼法再修改视野下的二审程序改革》，载《中国法学》2011 年第 5 期；

5. 宋英辉、吴宏耀：《传闻证据排除规则》，载《人民检察》2001 年第 6 期；

6. 戴长林：《非法证据排除规则司法适用疑难问题研究》，

载《人民司法》2013 年第 9 期；

7. 易延友：《非法证据排除规则的中国范式》，载《中国社会科学》2016 年第 1 期；

8. 易延友：《最佳证据规则》，载《比较法研究》2011 年第 6 期；

9. 易延友：《〈美国联邦证据规则〉中的关联性》，载《环球法律评论》2009 年第 6 期；

10. 傅郁林：《审级制度的建构原理——从民事程序视角分析》，载《中国社会科学》2002 年第 5 期；

11. 沈德咏：《略论推进以审判为中心的诉讼制度改革》，载《中国法学》2015 年第 3 期。

三、数据库

1. 北大法宝；

2. 中国裁判文书网。

[illegible]

[illegible] 2010 年 [illegible]

[illegible]

[illegible]

[illegible]

[illegible] 2015 年第 5 期。

三、数据库

[illegible]